भारत एवं राजस्थान की राजव्यवस्था

डॉ के सी सामोता

Copyright © Dr. K C Samota
All Rights Reserved.

This book has been published with all efforts taken to make the material error-free after the consent of the author. However, the author and the publisher do not assume and hereby disclaim any liability to any party for any loss, damage, or disruption caused by errors or omissions, whether such errors or omissions result from negligence, accident, or any other cause.

While every effort has been made to avoid any mistake or omission, this publication is being sold on the condition and understanding that neither the author nor the publishers or printers would be liable in any manner to any person by reason of any mistake or omission in this publication or for any action taken or omitted to be taken or advice rendered or accepted on the basis of this work. For any defect in printing or binding the publishers will be liable only to replace the defective copy by another copy of this work then available.

"मेरे प्रिय विध्यार्थियो को समर्पित

जो सदैव मेरी प्रेरणा की धुरी रहते है।"

क्रम-सूची

भूमिका vii

1. भारत शासन अधिनियम, 1919 1

2. भारत शासन अधिनियम, 1935 13

3. संविधान सभा- अम्बेडकर की भूमिका एवं संविधान निर्माण। 32

4. भारतीय संविधान की प्रमुख विशेषताए 62

5. मौलिक अधिकार 79

6. राज्य के नीति निदेशक तत्व 104

7. मौलिक कर्तव्य 116

8. भारत के राष्ट्रपति एवं प्रधानमंत्री का कार्यालय 121

9. राजनीतिक दल एवं दबाव समूह 126

10. भारतीय विदेश नीति के सिद्धांत एवं इसके निर्माण में नेहरू का योगदान 137

11. भारत व संयुक्त राष्ट्र संघ 146

12. भूमण्डलीकरण के विशेष संदर्भ में अंतर्राष्ट्रीय राजनीति की उभरती प्रवृतिया 150

13. राज्यपाल का कार्यालय, राज्यपाल की भूमिका एवं कार्य 152

14. मुख्यमंत्री एवं मंत्रिमण्डल-राज्य मंत्रिपरिषद् 167

15. राजस्थान में विधानसभा 172

16. राज्य सचिवालय एवं राज्य सचिव 179

17. राजस्थान लोक सेवा आयोग-संगठन एवं भूमिका 182

18. राज्य मानवाधिकार आयोग 188

• v •

क्रम-सूची

19. पंचायती राज- स्थानीय प्रशासन   194

भूमिका

“यह पुस्तक भारतीय एवं राजस्थान की शासन प्रणाली की विषय वस्तु को विद्यार्थियों तक सरल, सुपाठय एवं मौलिक स्वरूप मे पहुंचाने वाली एक आधारशिला है। मेरे द्वारा लिखित इस पुस्तक में मुख्य केन्द्र सामान्य स्तर के विद्यार्थियों को रखा गया है जो कि बिना कोंचिग के एक स्वयंपाठी के रूप में भी आसानी से इस विषय की व्यापक एवं गहन समझ को विकसित कर सकते है। पुस्तक की भाषा शैली को बहुत ही सरल और सुबोध स्वरूप दिया गया है। हिन्दी माध्यम में इस तरह की पुस्तके उपलब्ध नहीं है और जो उपलब्ध है उनको समसामयिक बदलाव के अनुरूप संशोधित और अद्यतन नहीं किया गया है। भारतीय संविधान की मूल अवधारणाओं के सन्दर्भ मे सामान्य लेखकों, शोधार्थियों और पाठकों के बीच विद्यमान भ्रान्तियों को प्रामाणिक पुस्तकों और विश्वसनीय तथ्यों का सहारा लेकर दूर करने का सार्थक प्रयास किया गया है। यह पुस्तक अन्य पूर्व रचनाओं से इस सन्दर्भ मे भी भिन्न है कि इसके अन्तर्गत विषय वस्तु को न तो जटिल स्वरूप दिया गया हैं और न ही निरर्थक विस्तार दिया गया हैं। पुस्तक के अन्तर्गत भारत एवं राजस्थान दोनों स्तर की राजनीतिक प्रणालियों का समावेश किया गया है। यह पुस्तक विशेष रूप से प्रतियागी परीक्षाओं की तैयारी कर रहे प्रतिभागियों के लिए बहुत उपयोगी व सार्थक सिद्व होगी। राजस्थान लोक सेवा आयोग द्वारा आयोजित विविध प्रतियोगी परीक्षाओ के लिए यह एक रामबाण के समान साबित होगी।
”

1

भारत शासन अधिनियम, 1919

1915 में पहली बार जब मुस्लिम लीग व कांग्रेस अदला बदली कार्यक्रम के तहत एस पी सिन्हा के द्वारा कहा गया कि ब्रिटिश सरकार को भारत के लिए अपने ध्येय की घोषणा करनी चाहिए। इसे चेम्सफोर्ड के द्वारा सहमति दी गई।

20 अगस्त 1917 को तत्कालीन सेक्रेट्री आफ स्टेट फॉर इंडिया मांटेग्यू ने हाउस ऑफ कॉमंस में एक ऐतिहासिक भाषण दिया। उन्होंने कहा कि अंग्रेजी राज के द्वारा भारत में जिम्मेदार सरकार की स्थापना का वादा किया गया है, हमें इस दिशा में आगें बढना है। इस निर्णय को ही मांटेग्यू घोषणा पत्र के नाम से जाना जाता है।

वॉइसराय लॉर्ड चेम्सफोर्ड और भारत सचिव एडमिन सैमुअल मोंटेग्यू के द्वारा संयुक्त रूप से तैयार किया गया, यह प्रस्ताव या प्रतिवेदन **08 जुलाई, 1918 में प्रकाशित** हुआ जिसे मांटेग्यू चेम्सफोर्ड रिपोर्ट या **माउंटफोर्ड रिपोर्ट** कहा जाता है। कांग्रेस-लीग समझौते, 1916 के बाद प्रस्तुत प्रस्ताव को भी मांटेग्यू चेम्सफोर्ड सुधार अधिनियम का आधार बनाया गया।

23 दिसंबर, 1919 को **शाही सम्राट** जॉर्ज पंचम के द्वारा ब्रिटिश संसद से पारित प्रस्ताव को मंजुरी प्रदान कर इसकी उद्घोषणा की गई। यह

मेरा इरादा है कि वेल्स के राजकुमार को अगले वर्ष की सर्दीयों में मेरी तरफ से अधिकृत व्यकित के रूप में ब्रिटिश भारत में नवीन संविधान एवं नरेश मण्डल के उद्घाटन के लिए भेजा जाए।

भारत शासन अधिनियम, 1919 की प्रमुख विशेषताएं :

इस अधिनियम के प्रमुख प्रावधानों एवं शासकीय स्वरूप को निम्न आधारों पर समझा जा सकता है :

1 अनुसूचियों, भागों एवं खण्ड का प्रावधान :

इस अधिनियम का औपचारिक नाम भारत शासन अधिनियम,1919 था जिसे तत्कालीन भारत सचिव या भारत मंत्री मॉन्टेग्यू एवं वायसराय चैम्सफोर्ड के नाम पर मॉण्टेग्यू-चैम्सफोर्ड सुधार अधिनियम के उपनाम से भी जाना जाता है। इस अधिनियम में **47 खण्ड, 6 भाग एवं 2** अनुसूचियां विद्यमान थी।

2 प्रस्तावना का प्रावधानः

इस अधिनियम में पहली बार प्रस्तावना का उपबंध किया गया। इस प्रस्तावना में ब्रिटिश सरकार ने अधिनियम, 1919 के ध्येय व लक्ष्यों को परिभाषित किया। अन्य किसी भी अधिनियम में मूल प्रस्तावना का प्रावधान नहीं किया गया था।

3 द्विव-सदनीय केन्द्रीय विधायिका :

इस अधिनियम के द्वारा पहली बार ब्रिटिश भारत के केन्द्रीय विधानमण्डल या इम्पीरियल विधायिका के दो सदन बनाए गए अर्थात् राज्य परिषद् एवं विधानसभा। इस अधिनियम के खण्ड 17 के अनुसार केन्द्रीय विधानमण्डल गवर्नर जनरल एवं दो चैम्बर्स से मिलकर बनेगा जिनमें एक चैम्बर्स या सदन का नाम राज्य परिषद् व दूसरे सदन का नाम विधानसभा होगा।

4 केन्द्रीय विधानमण्डल की सदस्य संख्या में वृद्धि :

अधिनियम की धारा 18 के अनुसार केन्द्रीय राज्य परिषद् की कुल सदस्य संख्या 60 निर्धारित की गई जिसमें से 34 सदस्य निर्वाचित एवं 26 सदस्य सरकारी व गैर-सरकारी श्रेणी से गवर्नर जनरल द्वारा मनोनीत किये जा सकते थे। इसी तरह से केन्द्रीय विधानसभा के लिए कुल सदस्य संख्या धारा 19 के तहत 140 निर्धारित की गई थी जिसमें

से 100 सदस्य निर्वाचित श्रेणी से एवं 40 सदस्य सरकारी व गैर-सरकारी श्रेणी से महाराज्यपाल द्वारा मनोनीत किये जा सकते थे। इसके अलावा इनकी सदस्य संख्या में गवर्नर जनरल या महाराज्यपाल परिवर्तन कर सकता था।

5 राज्य परिषद् एवं विधानसभा का गठन व कार्यकाल :
1919 के अधिनियम के तहत राज्य परिषद् का गठन कुल चार बार 1921, 1926, 1930 व 1936 के वर्षों में हुआ। इसका कार्यकाल 5 वर्ष था और यह भी विधानसभा की तरह अस्थायी सदन था। **अलेक्जेण्डर मुडीमैन** को राज्य परिषद् का **प्रथम सभापति** नियुक्त किया गया। इस तरह से विधानसभा का गठन कुल 6 बार 1920, 1923, 1926, 1930, 1934 एवं 1945 में हुआ। विधानसभ का कार्यकाल 3 वर्ष था। **विधानसभा के पहले अध्यक्ष फ्रैडरिक व्हाईट** को नियुक्त किया गया।

6 राज्य परिषद् एवं विधानसभा की शक्तियां :
इस अधिनियम के अंतर्गत राज्य परिषद् एवं विधानसभा दोनों को निर्वाचन, वितीय, विधायी शक्तियां प्रदान की गई। आज की तरह ही विधानसभा को राज्य परिषद की तुलना में शक्तिशाली सदन बनाया गया था। इसके बावजूद भी गवर्नर जनरल बहुत अधिक शक्तिशाली था और केन्द्र में मंत्रिपरिषद एवं उतरदायी शासन का अभाव था।

7 गवर्नर जनरल की कार्यकारी परिषद् का स्वरूप :
गवर्नर जनरल की कार्यकारी परिषद् में सदस्यों की अधिकतम संख्या जो 1909 में 08 थी और 1937 में 14 हो गई थी, के प्रतिबंध को 1919 के अधिनियम की धारा 28,1 के अंतर्गत हटा दिया गया एवं इसी के साथ कार्यकारिणी परिषद् में बैठक के दौरान सम्बन्धित प्रान्त का गवर्नर जनरल एक विशेष सदस्य के रूप में शामिल होता था, उसकी इस सदस्यता को अब समाप्त कर दिया गया और इसी के साथ गवर्नर जनरल की कार्यकारिणी परिषद् में भारतीय सदस्यों की संख्या कम से कम 2 और अधिकतम 3 कर दी गई। सामान्यतया सदस्यों का कार्यकाल 5 वर्ष का होता था।

8 गवर्नर जनरल की असीमित शक्तियां एवं केन्द्र में गैर-उतरदायी शासन :

भले ही 1919 के अधिनियम की प्रस्तावना में उतरदायी शासन की स्थापना को लक्ष्य घोषित किया गया हो परंतु हकीकत में स्थिति इसके विपरीत थी। यद्यपि दिखावे के रूप में संघात्मक और संसदीय व्यवस्था को अपनाया गया परंतु वास्तव में गवर्नर जनरल की विशेष शक्तियों के कारण यह एकात्मक एवं गैर संसदीय व्यवस्था ही थी। गवर्नर जनरल और उसकी कार्यकारिणी परिषद विधानसभा के प्रति उत्तरदाई नहीं होती थी। वह सपरिषद् गवर्नर जनरल को अविश्वास प्रस्ताव के द्वारा हटाने का कोई अधिकार नहीं रखती है। कार्यकारिणी परिषद् के सदस्य विधानमण्डल या विधानसभा के प्रति उतरदायी न होकर गवर्नर जनरल के प्रति उतरदायी होते थे। मंत्रिपरिषद् का केंद्र में अभाव था। गवर्नर जनरल ही समस्त विधायी, वितीय एवं आपातकालीन शक्तियों या अध्यादेश जारी करने की शक्तियों को धारित करता था। वह परिषदीय सचिवों की नियुक्ति करता था।

9 भारत सचिव एवं भारत परिषद् संबंधी बदलाव :

1858 के अधिनियम के तहत गठित भारत सचिव एवं भारत परिषद् के संबंध में 1919 के एक्ट में लॉर्ड क्रयू समिति, की अनुशंसा पर आंशिक बदलाव किया गया अर्थात् सदस्य संख्या में परिवर्तन, योग्यता में बदलाव और वेतन एवं कार्यालय खर्च ब्रिटिश राजकोष से दिये जाने का प्रावधान किया गया। 1858 से 1919 तक वेतन व खर्च भारतीय कोष से दिया जाता था। इसका कार्यालय लंदन में था। ज्ञातव्य रहे कि भारत का राज्य सचिव ब्रिटेन का केबिनेट मंत्री होता था।

10 लोक सेवा आयोग का प्रावधान :

धारा 38 के अन्तर्गत प्रावधान किया गया था कि भारत में भी केवल संघ या केंद्रीय स्तर के लिए एक लोक सेवा आयोग का गठन किया जा सकेगा जिसमें अध्यक्ष सहित 5 से ज्यादा सदस्य नहीं होंगें। आयोग का अध्यक्ष सपरिषद् राज्य सचिव के द्वारा नियुक्त किया जाएगा। प्रत्येक सदस्य 5 वर्ष के लिए नियुक्त किया जाएगा तथा पुनः नियक्ति के पात्र होगा। इसी प्रावधान के आधार पर **1923 में लॉर्ड हेमिल्टन** ली की अध्यक्षता में ली आयोग का गठन किया गया और **अक्टुबर, 1926 में** **रॉस बार्कर की अध्यक्षता** में लोक सेवा आयोग का गठन हुआ। ज्ञात रहे

कि इस एक्ट में प्रांतीय लोक सेवा आयोग का प्रावधान शामिल नहीं था।

11 महालेखा परीक्षक की नियुक्ति का प्रावधान :

धारा 39 के अनुसार सपरिषद् राज्य सचिव के द्‌वारा भारतीय वित पर नियंत्रक के रूप में एक महालेखापरीक्षक ऑडिटर जनरल ऑफ इण्डिया की नियुक्ति की जाएगी जो कि महामहिम के प्रासादपर्यन्त कार्यभार ग्रहण करेगा। महालेखापरीक्षक की नियुक्ति भारत सचिव के द्‌वारा की जाती थी।

12 भारत के लिए उच्चायुक्त का प्रावधान :

खण्ड 35 के माध्यम से महामहिम के द्‌वारा सपरिषद् भारत सचिव को निर्देशित किया गया कि वह संयुक्त ब्रिटेन में भारत के लिए एक उच्चायुक्त पद या हाई कमीश्नर का सृजन करे तथा उच्चायुक्त के वेतन, पेन्शन, भते, उसके लिए कार्य की जाने वाली परिस्थितियों इत्यादि का निर्धारण करे। वह गवर्नर जनरल या किसी स्थानीय शासन के विश्वास पर ब्रिटेन में कार्य करेगा। उसका समस्त वितीय भार भारतीय राजकोष पर देय होगा।

13 सांविधिक या वैधानिक आयोग का प्रावधान :

इस अधिनियम के भाग 5 में खण्ड 41 में यह प्रावधान किया गया कि इस अधिनियम के पारित होने के 10 वर्ष पूर्ण हो जाने पर महामहिम के द्‌वारा सांविधिक आयोग का गठन किया जाएगा और यह आयोग ब्रिटिश भारत में 1919 के तहत स्थापित भारतीय शासन व्यवस्था की कार्यप्रणाली, शिक्षा की उन्नति एवं प्रतिनिधि संस्थाओं के विकास के बारे में प्रतिवेदन प्रस्तुत करेगा तथा उतरदायी शासन की स्थापना हेतु इसके विस्तार की अनुशंसा करेगा और इस प्रश्न पर भी विचार करेगा कि प्रांतीय विधानमण्डलों में दूसरे सदन की स्थापना आवश्यक है या नहीं।

जैसा कि ज्ञातव्य है कि नवंबर, 1927 में सर जॉन साईमन की अध्यक्षता में आयोग का गठन हुआ और सात अंग्रेज सदस्यों वाला साईमन आयोग फरवरी, 1928 में भारत आया। इसके प्रतिवेदन को आगे चलकर 1930, 1931 व 1932 के तीन गोलमेज सम्मेलनों में प्रस्तुत किया गया जिसके बाद एक नया संवैधानिक सुधार अधिनियम, 1935 पारित

किया गया।

14 लघु प्रान्त एवं पिछड़े इलाकों संबंधी प्रावधान :

इसके अन्तर्गत इलाकों के प्रशासन को प्रत्यक्ष रूप से भारत सरकार के नियंत्रण में रखने की सिफ़ारिश की गई जिनमें सीमान्त प्रान्त, उतर पश्चिमी सीमान्त प्रान्त और ब्लूचिस्तान तथा छोटे इलाकों के रूप में दिल्ली, कुर्ग एवं अजमेर मेरवाड़ा इत्यादि के नामों का उल्लेख किया गया।

1919 के अधिनियम के खण्ड 15, 1 के अन्तर्गत स्थानीय सरकार एवं प्रान्तीय विधान परिषद् की अपील पर महामहिम की अनुमति तथा भारत राज्य परिषद् की अनुशंसा पर नवीन गवर्नर प्रान्त का सर्जन किया जा सकेगा अथवा गवर्नर के प्रान्त के किसी भाग के प्रशासन के संचालन के लिए गवर्नर जनरल के द्वारा डिप्टी गवर्नर नियुक्त किया जा सकेगा। मूल अधिनियम के खण्ड 15, 2 में यह प्रावधान किया गया कि ब्रिटिश भारत में महाराज्यपाल किसी क्षेत्र को 'पिछड़ा क्षेत्र घोषित कर सकेगा। इन क्षेत्रों में इस समय मद्रास प्रान्त में लक्षद्वीप एवं मिनीकाय द्वीप समूह, बंगाल का चटगांव पहाड़ी ईलाका, पंजाब का स्पीति, तथा अन्य क्षेत्रों में छोटा नागपुर, लाहोल, दार्जलिंग, संथाल परगना क्षेत्र इत्यादि थे।

बर्मा क्षेत्र को जनवरी, 1923 में प्रान्त का दर्जा दिया गया। अजमेर मेरवाड़ा 1871 से चीफ कमिश्नर क्षेत्र के अधीन किया गया जो कि 1932 से उतर पश्चिमी सीमान्त प्रान्त की प्रान्तीय सरकार के ऐसोसिएटेड था। उतर पश्चिमी सीमान्त प्रान्त को नए स्वरूप में गोलमेज सम्मेलन में की गई परिचर्चा के परिणामस्वरूप अप्रैल, 1932 में गवर्नर के प्रान्त का दर्जा या स्टेटस दिया गया।

15 प्रशासन के विषयों का विभाजन :

1919 के अधिनियम की पहली अनुसूची के भाग 1 के खण्ड 1 में केन्द्रीय और प्रान्तीय विषयों का विभाजन किया गया है। राष्ट्रीय महत्व के 46 विषयों को केन्द्रीय विषयों में शामिल किया गया जबकि सामान्य महत्व के 50 विषयों को प्रान्तीय विषयों के अन्तर्गत शामिल किया गया।

16 प्रांतों में द्वैध शासन की स्थापना :

1919 के अधिनियम के भाग 01 में धारा 1 से 16 तक स्थानीय शासन का उल्लेख किया गया है। यद्यपि केन्द्र में उतरदायी शासन की स्थापना नहीं की गई तथापि प्रांतों में उत्तरदाई शासन की या सरकार की स्थापना की गई। आंशिक उतरदायी शासन के लक्ष्य को अर्जित करने के लिए **पहली बार प्रांतीय स्तर पर द्वैध शासन प्रणाली की स्थापना** की गयी। प्रान्तीय विधानमण्डल केवल एकसदनीय थे अर्थात् प्रान्तीय विधान विधान परिषद। अधिनियम के द्वारा 8 प्रांतों में जिन्हें गवर्नर के प्रांत कहा जाता था, द्वैध शासन की एक नई पद्धति की शुरुआत की गई जो कि **01 अप्रैल, 1921 से शुरू होकर 01 अप्रैल, 1937** तक जारी रही।

अंग्रेजी भाषा का शब्द डाईर्की से निर्मित है जहाँ डि का अर्थ है दो तथा आर्किया का अभिप्राय है शासन। अतः दो इकाईयों के द्वारा किसी क्षेत्र **का शासन चलाना ही द्वैध शासन है।**

प्रान्तीय विषयों को **आरक्षित और स्थानान्तरित** या **हस्तांतरित** विषयों में विभाजित किया गया। आरक्षित विषय का संचालन सपरिषद गवर्नर या गवर्नर और उसकी कार्यकारिणी परिषद के द्वारा किया जाएगा जैसे कि वित, जल-आपूर्ति, सिंचाई और नहरें; भूमि राजस्व प्रशासन; अकाल राहत; पुलिस, जंगली पक्षियों और जानवरों की सुरक्षा, भारतीय कानून के अधीन समाचार पत्रों, पुस्तकों और प्रिंटिंग प्रेसों का नियंत्रण; बहिष्कृत क्षेत्र; आपराधिक जनजाति इत्यादि थे।

गवर्नर और उसके मंत्रियों को स्थानांतरित या हस्तांतरित विषय सौंपे गए जैसे कि शिक्षा, माप-तोल, सड़क, बांध, टनल, मत्स्य पालन, स्थानीय स्वशासन; चिकित्सा प्रशासन; सार्वजनिक स्वास्थ्य और स्वच्छता, कृषि; पशु चिकित्सा विभाग; मछली पालन; सहकारी समितियां; जन्म, मृत्यु और विवाह के पंजीकरण इत्यादि।

17 प्रांतीय विधानमण्डल एवं मंत्रिपरिषद :

इस समय एकसदनीय प्रांतीय विधानमण्डल थे जिन्हे प्रांतीय विधान परिषद् के नाम से जाना जाता था। इनका कार्यकाल 3 वर्ष था और यह अस्थायी सदन था। इस अधिनियम के अंतर्गत **पहली बार केवल**

प्रांतीय स्तर पर मंत्रिपरिषद् का प्रावधान किया गया। मंत्रिपरिषद की सदस्य संख्या, नियुक्ति, वेतन, पदमुक्ति गवर्नर के अधीन थी अथवा वह गवर्नर की मंत्रिपरिषद् हुआ करती थी। इसी के साथ गवर्नर की कार्यकारी परिषद् के सदस्य भी मंत्रिपरिषद के पदेन सदस्य होते थे।

18 साम्प्रदायिक एंव भेदभाव पर आधारित निर्वाचन प्रणाली का विस्तार :

सांप्रदायिक निर्वाचन की प्रणाली जो 1909 के अधिनियम में केवल मुसलमानों तक सीमित थी उसे बढ़ाकर मुस्लिम समुदाय के अलावा चार समुदायों अर्थात् यूरोपियन, सिक्खों के लिए, आंग्ल भारतीयों के लिए और भारतीय ईसाइयों तक विस्तृत कर दिया गया।

19 सार्वभौमिक व्यस्क मताधिकार प्रणाली के विचित्र प्रावधान :

इसके लिए सामान्य नियम निर्धारित किये गए जैसे कि जब तक अन्तिम निर्णय नहीं हो जाता है महिलाओं को मतदान का अधिकार नहीं होगा ;अन्ततः महिलाओं को सीमित मताधिकार दिया गया, मानसिक दिवालिया मतदान की प्रक्रिया से बाहर रहेगा, 21 वर्ष या उससे अधिक आयु के लोग मतदान के लिए अयोग्य होंगें, ब्रिटिश सूची से बाहर हो या भारतीय राज्य विषय से सम्बन्धित हो तो मतदान के अयोग्य होगें। इसके अलावा भूराजस्व का भुगतान करने के आधार पर सम्पति की योग्यता के प्रावधान को भी शामिल किया गया। शहरी क्षेत्रों में कर भुगतान को आधार बनाया गया। भारतीय सेना में कमीशन प्राप्त व गैर कमीशनधारी, पेन्शन प्राप्त एवं सेवानिवृत सभी भारतीयों को मताधिकार का अधिकार दिया गया। ऐसी ही सभी योग्यताएं सार्वभौमिक वयस्क मताधिकार के आधार पर निर्वाचित होने वाले प्रत्याशियों के लिए रखी और इसके अलावा निर्वाचित होने वाले व्यक्ति के लिए कम से कम 25 वर्ष की आयु का प्रावधान तथा उसके उपर किसी भी प्रकार की ब्रिटिश कार्यवाही नहीं की गई हो अथवा बार के द्वारा जो अन्य शर्तें आवश्यक समझी जाए उन्हें पूरा करना होगा। इस समय केवल 10 फीसदी लोगों को ही मतदान का अधिकार था। इस अधिनियम के माध्यम से पहली बार महिलाओं को भी सीमित मताधिकार प्राप्त हुआ।

20 देशी रियासतों के लिए नरेश मण्डल की स्थापना का प्रावधान : इन देशी रियासतों में अथवा राजाओं के क्षेत्रों में ब्रिटिश प्रान्तों एवं प्रशासनिक इकाईयों से भिन्न संरचना विद्‌यमान थी। राजाओं के साथ की गई सन्धि शर्तों के अनुरूप इन क्षेत्रों में विद्‌यमान और स्थापित परम्पराओं एवं अभ्यासों को सन्धि अधिकारों के सम्मान के रूप में स्वीकार करना ब्रिटिसर ने उपयुक्त माना। अतः राजाओं के साथ नियमित रूप से विचार विमर्श करने के लिए एक परामर्शीय व्यवस्था को स्थापित करना वांछनीय समझा गया और इसकी शुरूआत लॉर्ड हॉर्डिंग के द्‌वारा की गई जिसे आगे बढ़ाते हुए भारत के वायसराय लॉर्ड चैम्सफोर्ड के द्‌वारा प्रतिवर्ष या वार्षिक आधर पर सामान्य हित के विषयों पर परिचर्चा करने के लिए एक **नरेश मण्डल की स्थापना 1921** में की गई। यह ज्ञातव्य है कि छोटे शासक नरेश मण्डल के परामर्शीय मंच को साझा नहीं करते थे। इसके अलावा यह प्रस्ताव भी लाया गया कि सभी महत्वपूर्ण रजवाड़े स्थानीय सरकार के बजाय प्रत्यक्ष रूप से वायसराय के साथ जुड सकेगें तथा कुछ मामलों में राजा एवं ब्रिटिश भारत के प्रतिनिधियों के बीच परामर्श की व्यवस्था का भी प्रावधान किया गया।

विविध प्रतियोंगी परीक्षाओं में आए हुए महत्वपूर्ण प्रश्नोत्तर :

प्रश्न 1 भारत शासन अधिनियम, 1919 की विशेषता नहीं थी-

(1) प्रत्यक्ष निर्वाचन (2) केन्द्र में द्‌विसदनीय विधायिका (3) केन्द्र में द्‌वैध शासन की स्थापना (4) केन्द्रीय एवं प्रान्तीय विधानमण्डलों की विधान निर्माण की शक्ति

उतर- (3)

प्रश्न-2 किस अधिनियम के अन्तर्गत भारत में द्‌वैध शासन की स्थापना की गई-

(1) भारत शासन अधिनियम, 1919 (2) भारत शासन अधिनियम, 1935 (3) भारत परिषद अधिनियम, 1861 (4) भारत परिषद अधिनियम, 1870

उतर- (1)

प्रश्न-4 कौनसा सांविधानिक अधिनियम 'मॉण्टेग्यू घोषणा' की

परिणति था-

(1) भारतीय शासन अधिनियम, 1919 (2) भारतीय परिषद अधिनियम, 1892 (3) भारतीय परिषद अधिनियम, 1909 (4) भारतीय शासन अधिनियम, 1935

उत्तर- (1)

प्रश्न-5 निम्न में से त्रुटिपूर्ण युग्म को पहचानिए-

(1) भारत परिषद अधिनियम, 1892- परिषदों के लिए प्रत्यक्ष निर्वाचन

(2) भारत परिषद अधिनियम, 1909- मुस्लिमों के लिए पृथ्थक निर्वाचन

(3) भारत परिषद अधिनियम, 1919- प्रान्तों में द्वैध शासन

(4) भारत परिषद अधिनियम, 1935- प्रान्तीय स्वायतता

उत्तर- (1)

प्रश्न-6 त्रुटिपूर्ण युग्म की पहचान कीजिए-

(1) भारत शासन अधिनियम -1935 (2) वेवेल योजना - 1946 (3) क्रिप्श प्रस्ताव - 1942 (4) अगस्त प्रस्ताव - 1940

उत्तर- (2)

प्रश्न-7 भारत शासन अधिनियम, 1935 की विशेषता नहीं है -

(1) प्रान्तीय स्वायतता (2) प्रांतों में द्वैध शासन की स्थापना (3) संघीय न्यायालय की स्थापना (4) केन्द्र में अखिल भारतीय संघ

उत्तर- (2)

प्रश्न-8 केन्द्रीय विधान सभा के कौनसे निर्वाचन भारत शासन अधिनियम, 1919 के तहत नहीं हुए

(1) 1926 के निर्वाचन (2) 1937 के निर्वाचन (3) 1945 के निर्वाचन (4) कोई नहीं

उत्तर- (2)

प्रश्न-9 भारत शासन अधिनियम, 1919 महत्वपूर्ण है क्योंकि इसने शुरू किया-

(1) पृथ्थक प्रतिनिधित्व (2) द्वैध शासन (3) प्रांतीय स्वायतता (4) केंद्र एवं प्रांतीय सरकारों में विषयों का विभाजन

उत्तर- (2)

प्रश्न-10 1919 के तहत गठित राज्य परिषद के पहले अध्यक्ष कौन रहे है-
(1) सर अलैक्जेंडर मुडीमैन (2) एस एन सिन्हा (3) एस सी मुखर्जी (4) अली जिन्ना
उतर- (1)
प्रश्न-11 ब्रिटिश भारत में राज्य परिषद का गठन कुल कितनी बार हुआ है-
(1) चार (2) पांच (3) छह (4) सात
उतर- (1)
प्रश्न-12 ब्रिटिश भारत में विधानसभा के आम चुनाव कितनी बार हुए है-
(1) 6 (2) 5 (3) 3 (4) 7
उतर- (1)
प्रश्न-13 1935 की संघ शासन की योजना किसकी देन रही है-
(1) नेहरू (2) जिन्ना (3) माउण्टबेटन (4) लिनलिथगों
उतर- (4)
प्रश्न-14 किस योजना ने भारत विभाजन का द्वार खोला है-
(1) केबिनेट मिशन (2) वेवेल मिशन (3) माउण्टबेटन मिशन (4) लियाकत योजना
उतर- (3)
प्रश्न-14 ब्रिटिश भारत की केन्द्रीय व्यवस्थापिका में द्विसदनीय व्यवस्था का प्रावधान किस अधिनियम के द्वारा शुरू किया गया-
(1) भारत परिषद अधिनियम, 1892 (2) भारत शासन अधिनियम, 1858 (3) भारत सरकार अधिनियिम, 1935 (4) भारत सरकार अधिनियम, 1919
उतर- (4)
प्रश्न-15 निम्न में से कौनसी विशेषता 1919 के अधिनियम की नहीं है-
(1) विधानसभा में निर्वाचित बहुमत का होना (2) केन्द्र में द्विसदनीय विधानमण्डल (3) सिखों को साम्प्रदायिक प्रतिनिधित्व दिया गया (4) विधान परिषद् को बजट पर संकल्प पारित करने का अधिकार दिया

गया

उतर- (4)

प्रश्न-16 1919 के अधिनियम की विशेषता नहीं है-

(1) केन्द्र में द्विसदनीय विधानमण्डल (2) विधानसभा में एक निर्वाचित बहुमत होगा और उसका मंत्रियों पर नियंत्रण होगा (3) साम्प्रदायिक प्रतिनिधित्व को न केवल बरकरार रखा गया अपितु बढाया गया (4) प्रांतों एवं इम्पिरियल विधानमण्डल दोनों के लिए निर्वाचकों को बढ़ा दिया गया

उतर- (2)

2

भारत शासन अधिनियम, 1935

ब्रिटिश सरकार ने संवैधानिक सुधारों पर विचार करने के लिए लंदन में गोलमेज सम्मेलन बुलाने का निर्णय किया। अतः तीन गोलमेज सम्मेलन 1930, 1931, 1932 में आयोजन किये गए।

इसके बाद ब्रिटिश सरकार ने 15, मार्च, 1933 में संविधान की सम्पूर्ण रूपरेखा का एक श्वेत पत्र प्रकाशित किया जो कि कमोबेश साईमन की सिफरिशों पर आधारित था जिसमें दो अन्य प्रावधान केंद्रीय स्तर पर कुछ निश्चित शर्तो की पूर्ति सहित संघीय ढांचे की सरकार का निर्माण और अधिक राज्यों का समावेश।

अतः 27 मार्च, 1933 को भारत सचिव हर्बट सेमुअल होर ने इसे संसद की संयुक्त समिति का प्रेषित कर दिया। ब्रिटिश हितों एवं अल्पसंख्यकों के हितों की सुरक्षा के साथ लार्ड सभा ने इसे अप्रैल, 1934 में सर्वसम्मति से स्वीकार कर लिया।

श्वेत पत्र पर विचार करने के लिए दोनों सदनों की संयुक्त समिति का अध्यक्ष लॉर्ड लिनलिथगों को बनाया गया। अतः इस एक्ट को लॉर्ड लिनलिथगों की देन माना जा सकता है। ज्ञातव्य हो कि इस समय भारत के वायसराय लॉर्ड विलिंग्टन थे परंतु एक्ट लागू होने पर लिनलिथगों ही वायसराय के पद पर नियुक्त हो चुके थे। लिनलिथगों 18 अप्रैल, 1936

को भारत के वायसराय बने।

ब्रिटिश भारत के 22 तथा देशी रियासतों के 07 प्रतिनिधियों को इस समिति के सामने गवाह के रूप में साक्ष्य देने एवं परिचर्चा के लिए आमंत्रित किया गया था। इसके बाद समिति ने संसद में अक्टुबर,1934 के अंत में अपनी रिपोर्ट प्रस्तुत की तथा दोहराया कि फेडरेशन की स्थापना तभी की जाएगी जब कम से कम 50 फीसदी देशी रियासते भी इसमें शामिल होने को तैयार हो। लिंननिथगों के नेतृत्व वाली कमेटी की रिपोर्ट के आधार पर एक विधेयक तैयार किया गया जिसे 19 दिसंबर 1934 को ब्रिटिश संसद ने पारित किया और 4 अगस्त 1935 को सम्राट जॉर्ज पंचम 1910 से 1936 तक, की शाही अनुमति एवं हस्ताक्षर के साथ ही इस बिल ने भारत परिषद विधेयक 1935 ने अधिनियम या एक्ट का स्वरूप ले लिया।

अनेक दलों के द्वारा विविध कारणों से इस एक्ट का विरोध किया गया। नेहरू ने कहा कि जब हमने 1929 में ही पूर्ण स्वराज की बात कही तो अब दासता का बंधपत्र क्यों जारी किया गयाहै। विरोध के कारण से कांग्रेस को बेन कर दिया गया और अततः ब्रिटिश सरकार ने घोषणा कर दी कि 1935 के एक्ट का प्रांतीय शासन वाला भाग 1 अप्रैल, 1937 से लागू होगा।

इस समय भारत के वायसराय लॉर्ड विलिंगडन भारत सचिव से सेमुअल होर और ब्रिटिश प्रधानमंत्री मैक्डोनाल्ड था।

इस अधिनियम के भाग 1 के अनुच्छेद 1 में उल्लिखित किया गया है कि इस अधिनियम का नाम भारत शासन अधिनियम, 1935 के नाम से जाना जाएगा।

अधिनियम, 1935 की मुख्य विशेषताएं :

1 1919 की प्रस्तावना की स्वकृति :

भारत परिषद अधिनियम 1935 के अंतर्गत विस्तृत घोषणा पत्र जारी किया गया तथापि इस अधिनियम की स्वयं की मौलिक प्रस्तावना नहीं थी अपितु 1919 के अधिनियम की प्रस्तावना को ही स्वीकृत किया गया। 321 के अन्तर्गत उल्लिखित किया गया कि इस अधिनियम का कोई भी उपबन्ध भारत शासन अधिनियम, 1919 की प्रस्तावना को

प्रभावित नहीं करेगा।

2 प्रमुख भाग, अनुसूची एवं धाराएं :

भारत परिषद अधिनियम 1935 के अंतर्गत 321 अनुच्छेद या धाराएं तथा 10 अनुसूचियां व 14 भाग शामिल थे। इसे ब्रिटिश भारत में उत्तरदायी शासन की दिशा में उठाया गया दूसरा निर्णायक कदम कहा जा सकता है।

3 भारत संघ का प्रावधान :

कि फेडरेशन की स्थापना तभी की जाएगी जब कम से कम 50 फीसदी देशी रियासते भी इसमें शामिल होने को तैयार हो। भारतीय संघ में 11 ब्रिटिश प्रांतों- बंगाल, बिहार, बम्बई, उडीसा, मद्रास, मध्य प्रान्त और बरार, संयुक्त प्रांत, सिन्ध, उतर पश्चिमी सीमान्त प्रांत, पंजाब, असम, 6 चीफ कमिश्नर क्षेत्रों-ब्रिटिश बलूचिस्तान, अजमेर-मेरवाडा, दिल्ली, कुर्ग, अण्डमान व निकोबार द्वीप समूह, पंथ पिपलोदा, इन 6 में से अन्तिम दो का राज्य परिषद् और विधानसभा में कोई प्रतिनिधित्व नहीं था तथा देशी रियासतों लगभग 562 से मिलकर बनेगा। प्रांतों और चीफ कमिश्नर क्षेत्रों के लिए इस संघ में मिलना अनिवार्य था परंतु देसी रियासतों का विलय राजाओं की इच्छा पर छोडा गया अर्थात् स्वैच्छिक बनाया गया जो कि विलय पत्र इंस्ट्रमेंट ऑफ ऐसेसन पर हस्ताक्षर करके संघ में शामिल हो सकते थे।

एक्ट के खण्ड या धारा 5 के अनुसार ब्रिटिश संसद का प्रत्येक सदन जैसा कि उचित समझे, ब्रिटिश ताज के अधीन एक संघ को संयुक्त किये जाने के प्रावधान निर्धारित करेगा जिसे भारत संघ या दि फेडरेशन ऑफ इण्डिया के नाम से जाना जाएगा।

भारत संघ दो शर्तो के अधीन होगा अर्थात्

1 अधिनियम की प्रथम अनुसूची के राज्यों के लिए कम से कम केन्द्रीय राज्य परिषद में 52 सदस्य ;

2 उस राज्य की निर्धारित कुल संख्या में से आधी जनसंख्या महासंघ को मान्यता प्रदान करती हो।

याद रहे कि भारत संघ अथवा फेडरेशन ऑफ इंडिया का प्रावधान लागू नहीं हुआ।

4 केन्द्रीय विधानमण्डल की संरचना :

ब्रिटिश भारत सरकार को संघीय विधानमण्डल, संघीय कार्यपालिका और संघीय न्यायपालिका के रूप में विभाजित कर सकते है।

भाग 2 के अनुच्छेद 18 के तहत एक संघीय विधानमण्डल होगा जो कि महामहिम के प्रतिनिधि गवर्नर जनरल एवं दो सदनों से मिलकर बनेगा और इन चैम्बर्स को राज्य परिषद, उच्च सदन के रूप में और संघीय विधानसभा, निम्न सदन के नाम से जाना जाएगा।

राज्य परिषद् की सदस्य संरचना :

राज्य परिषद् में ब्रिटिश भारत के प्रतिनिधियों की सदस्य संख्या 156 तथा देशी राज्यों या देशी रियासतों के प्रतिनिधियों की सदस्य संख्या 104 से अधिक नहीं होगी अर्थात् राज्य परिषद् की अधिकतम सदस्य संख्या 260 होगी। राज्य परिषद् एक स्थायी सदन होगा जिसका विघटन नहीं किया जाएगा लेकिन उसके एक तिहाई सदस्य प्रति तीन वर्ष पर सेवानिवृत हो जायेंगें। अतः राज्य परिषद् का कार्यकाल 9 वर्ष का होगा। पहली राज्य परिषद में एक तिहाई सदस्य 3 वर्ष के लिए, एक तिहाई 6 वर्ष के लिए तथा एक तिहाई 9 वर्ष के लिए निर्वाचित हांगें। अन्य प्रावधान लगभग 1919 की तरह रखे गए।

संघीय विधानसभा की सदस्य संरचना :

ब्रिटिश भारत के प्रतिनिधियों की सदस्य संख्या 250 तथा देशी राज्यों या देशी रियासतों के प्रतिनिधियों की सदस्य संख्या 125 से अधिक नहीं होगी अर्थात् विधानसभा की अधिकतम सदस्य संख्या 375 होगी। संघीय विधानसभा का कार्यकाल 5 वर्ष का होगा अर्थात् वह अपनी प्रथम बैठक से पाँच वर्ष तक बनी रहेगी और इसके बाद उसका स्वतः ही विघटन हो जाएगा तथापि निर्धारित पाँच वर्ष से पहले भी महाराज्यपाल संघीय विधानसभा का विघटन कर सकेगा।

5 गवर्नर जनरल एवं उसकी मंत्रीपरिषद् :

संघीय मामलों के प्रशासन के संचालन के लिए पार्षदों के अलावा गवर्नर जनरल की सहायता हेतु पहली बार एक मंत्रिपरिषद् का प्रावधान किया गया।

अनुच्छेद 9 गवर्नर जनरल को उसके स्वविवेकीय क्षेत्राधिकार या

विवेकाधिकार में हो और जो कि इस अधिनियम के अन्तर्गत प्रदत की गई हो उनके अलावा कार्यों के निष्पादन में सहायता एवं सलाह देने के लिए एक मंत्रिपरिषद् कौंसिल ऑफ मिनिस्टर्स होगी जिसकी सदस्य संख्या 10 से अधिक नहीं होगी। मंत्रिपरिषद् की बैठक की अध्यक्षता महाराज्यपाल के स्वविवेकाधिकार क्षेत्र में अन्तनिर्हित होगी। यदि इस सम्बन्ध में यदि यह प्रश्न उठता है कि कोई विषय महाराज्यपाल के विवेकाधिकार क्षेत्र में आता है या नहीं तो इसका अन्तिम निर्णय महाराज्यपाल के व्यक्तिगत निर्णय पर निर्भर होगा और ऐसे निर्णय को किसी न्यायालय में चुनौती नहीं दी जा सकेगी।
अनुच्छेद 10 के अनुसार मंत्रिपरिषद के सदस्य महाराज्यपाल के द्वारा ही चुने जाएगें, मंत्रिपरिषद् की बैठक उसी के द्वारा बुलायी जाएगी तथा सभी मंत्री उसी के समक्ष शपथ लेंगें और उसके प्रार्साद प्रयन्त ही पद धारण करेंगें। यदि कोई मंत्री जो कि संघीय विधानमण्डल का सदस्य नहीं हो उसे पद ग्रहण करने की तारीख से 6 माह के भीतर सदस्यता प्राप्त करनी होगी अन्यथा वह इस अवधि के बाद मंत्री पद पर नहीं रह सकेगा अर्थात् महाराज्यपाल ऐसे व्यक्ति को भी मंत्री बना सकता है जो कि किसी भी सदन का सदस्य नहीं हो लेकिन वह सदस्यता प्राप्त किये बिना केवल एक बार और 6 माह तक ही मंत्री पद पर बना रह सकता है। मंत्रियों को प्रदत वेतन या तो संघीय विधानमण्डल द्वारा निर्धारित देय होगा अन्यथा जो कि महाराज्यपाल तय करे तथापि कार्यकाल के दौरान इसमें कोई अलाभकारी परिवर्तन नहीं किया जाएगा। मंत्रीपरिषद् के सदस्यों का चयन करना, मंत्रीपरिषद् की बैठकें आहूत करना, मंत्रियों को कार्यभार प्रदान करना तथा मंत्रियों को हटाना या बर्खास्त करना इत्यादि, यह सब महाराज्यपाल का स्वविवेकाधिकार होगा।

6 गवर्नर जनरल एवं उसकी कार्यकारी परिषद् के पार्षद :

अनुच्छेद 11 के अन्तर्गत यह महाराज्यपाल का कार्यक्षेत्र होगा कि वह रक्षा, इसाई धर्म सम्बन्धी व विदेश मामलों ;महामहिम के उपनिवेशों एवं संघ के किसी भाग के बीच के मामलों को छोड़करदृध का एवं जनजातीय क्षेत्रों से सम्बन्धित विषयों का संचालन अपने स्वविवेक से करेगा। 11, 2 के अनुसार महाराज्यपाल को इन कार्यों में सहायता करने

के लिए सभासद या पार्षद होंगे जिनकी नियुक्ति गवर्नर जनरल करेगा तथापि इन सभासदों की सदस्य संख्या 3 से अधिक नहीं होगी। द्वितीय महायुद्ध, 1939-1945 के दौरान गवर्नर जनरल की कार्यकारिणी परिषद के सदस्यों या पार्षदों की संख्या 14 तक विस्तृत कर दी गई थी।

7 गवर्नर जनरल के विशेष उतरदायित्व :

धारा 12 के अन्तर्गत के किसी भी क्षेत्र में शान्तिपूर्ण व्यवस्था के सामने उत्पन्न होने वाले खतरों का निदान करेगा ; संघ सरकार की वितीय स्थिरता एवं साख की अभिरक्षा करेगा; अल्पसंख्यकों के वैधानिक हितों की सुरक्षा करेगा या उन्हें सुरक्षित रखेगा; लोक सेवा के सदस्यों एवं उन पर निर्भर व्यक्तियों के वैधानिक हितों की सुरक्षा करेगा; इस अधिनियम के प्रावधानों के अनुसार कार्यपालिका के उतरदायित्वों के निर्वहन का ध्यान रखेगा; देशी रियासतों या राज्यों के हितों का संरक्षण तथा राजाओं की गरिमा एवं अधिकारों कों संरक्षण देना इत्यादि।

8 गवर्नर जनरल का वितीय सलाहकार :

महाराज्यपाल एक व्यक्ति को अपने वितीय सलाहकार के रूप में नियुक्त करेगा। जो कि 15, 2 के अनुसार वह महाराज्यपाल को उसके विशेष उतरदायित्वों का निर्वहन करने हेतु संघ सरकार की वितीय स्थिरता एवं साख की सुरक्षा हेतु वितीय सलाह देगा और इसी के साथ संघ सरकार के अन्य किसी वितीय मामले पर जैसा कि गवर्नर जनरल परिचर्चा करे सलाह देगा। वह महाराज्यपाल के प्रासाद प्रयन्त पद धारण करेगा तथा उसके वेतन, भत्ते व सेवा शर्तें, अधिनस्थों की संख्या इत्यादि गवर्नर जनरल के द्वारा निर्धारित की जाएगी। वितीय सलाहकार की नियुक्ति व पदमुक्ति तथा उसके अधीन कार्मिकों की नियुक्ति, सेवा शर्तें एवं वेतन इत्यादि का निर्धारण करने की शक्तियां गवर्नर जनरल की स्वविवेकीय शक्तियां होगी।

9 संघ के लिए महाधिवक्ता :

अनुच्छेद 16,1 के तहत गवर्नर जनरल किसी ऐसे व्यक्ति को जो कि संघीय न्यायालय का न्यायधिश बनने की योग्यता रखता हो उसे संघ के लिए महाधिवक्ता के रूप में नियुक्त करेगा।

16, 2 के अनुसार महाधिवक्ता का यह कर्तव्य होगा कि वह संघ सरकार को वैधानिक मामलों में सलाह प्रदान करे और विधि सलाहकार के रूप में उन अन्य दायित्वों का निर्वहन करेगा जो कि महाराज्यपाल के द्वारा उसे प्रदत किये गए हो और इन कर्तव्यों का निष्पादन करते हुए उसे यह अधिकार होगा कि वह ब्रिटिश भारत के सभी न्यायालयों में सुनवाई में भाग ले सके और यदि कोई मामला संघ सरकार से जुडा हो तो किसी भी संघीय राज्य के न्यायालय में श्रोता हो सकेगा।

10 आपातकाल के दौरान गवर्नर जनरल के कार्य :

अनुच्छेद 45,1 के अधीन यदि महाराज्यपाल कभी भी इस बात से संतुष्ट हो कि ऐसी स्थिति उत्पन्न हो चुकी है कि संघ की सरकार इस अधिनियम के प्रावधानों के अनुसार शासन का संचालन करने में असमर्थ है तो वह उद्घोषणा कर सकेगा कि संघीय निकाय या प्राधिकार से सम्बन्धित किसी भी प्रकार के आकस्मिक एवं महत्वपूर्ण परिवर्तन हो सकते है जो कि इसे लागू करने के लिए अपरिहार्य या वांछनीय हो जिसमें की इस अधिनियम के प्रावधानों को जो कि संघ सरकार से सम्बन्धित हो, उन्हें पूर्ण रूप से या आंशिक रूप से निलंबित किया जाना भी शामिल है। लेकिन इस प्रावधान का कोई भी बदलाव संघीय न्यायालय के प्राधिकार पर लागू नहीं होगा।

ऐसी उद्घोषणा किसी भी समय समाप्त किया जा सकता है या वापस लिया जा सकता है।

ऐसी घोषणा के बारे में भारत राज्य सचिव से संचार किया जाएगा तथा वह इसे संसद के समक्ष रखेगा। यदि इसे वापस नहीं लिया गया हो अथवा समाप्ति की घोषणा नहीं की गई हो तो यह 6 माह बाद स्वतः समाप्त हो जाएगी।

ऐसी घोषणा को यदि संसद के द्वारा प्रस्ताव के रूप में स्वीकृति प्रदान कर दी जाती है तो यह आगामी 12 माह तक लागू रहेगी।

इस खण्ड से सम्बन्धित उपबन्ध महाराज्यपाल की स्वविवेकीय शक्तियों के अधीन होंगे।

अनुच्छेद 123, 1 तहत अनुसूचित क्षेत्रों के सम्बन्ध में, 123,2 के तहत

रक्षा, विदेश एवं इसाई धर्म के मामलों के सन्दर्भ में तथा 123,3 के तहत राज्यपाल के द्वारा अपने विवेकाधिकार से किये जाने वाले कार्यों के लिए किसी भी प्रान्त के गवर्नर को महाराज्यपाल अपने अभिकर्ता या एजेण्ट के रूप में निर्देशित करने का प्राधिकार रखता है। महाराज्यपाल का कुछ मामलों में प्रान्तों के गवर्नरों पर सीधा नियंत्रण हुआ करता था। 125 के तहत देशी राज्य या रियासतों के शासक महाराज्यपाल से यदि विलय पत्र के आधार पर समझौता करते है तो वहाँ के प्रशासन का संचालन संघीय परिषद के माध्यम से किया जाएगा।

12 प्रांतीय सरकार संबंधी प्रावधान :

ब्रिटिश भारत के प्रान्तों में भी संसदीय व्यवस्था स्थापना का प्रयास किया गया। प्रान्तीय सरकार के अन्तर्गत सम्बन्धित प्रान्त के गवर्नर व प्रान्त के विधानमण्डल को शामिल किया गया। इस एक्ट के भाग 3 में अनुच्छेद 46 से 93 तक प्रान्तीय सरकार का उल्लेख किया गया है। अनुच्छेद 46, 1 के अन्तर्गत 11 ब्रिटिश भारत के प्रान्तों के नामों का उल्लेख किया गया जिनमें मद्रास, बम्बई, बंगाल, संयुक्त प्रान्त, पंजाब, बिहार, मध्य प्रान्त व बरार, असम, उतर पश्चिमी सीमान्त प्रान्त, उड़ीसा तथा सिंध तथा वे अन्य प्रान्त जो इस अधिनियम के अन्तर्गत सर्जित किये गए हो। उडीसा एवं सिन्ध दो नए प्रांत क्रमशः बिहार और बम्बई से अलग करके इसी समय बनाए गए थे।

13 प्रान्तीय विधानमण्डलों का स्वरूप :

इस भाग के अनुच्छेद 60, 1 के अनुसार प्रत्येक प्रान्त के लिए प्रान्तीय विधानमण्डल होगा जो कि महामहिम के प्रतिनिधि गवर्नर या राज्यपाल एवं एक अथवा द्विसदनीय विधानमण्डल से मिलकर बनेगा जहाँ छह प्रान्तों मद्रास, बम्बई, बंगाल, संयुक्त प्रान्त, बिहार एवं असम में यह दो सदनीय होगा तथा अन्य प्रान्तों में एक सदनीय विधानमण्डल होगा। 60, 2 के अनुसार जिन प्रान्तों में यह दो सदनीय होगा वहाँ पर इनका नाम विधान परिषद् एवं विधानसभा होगा तथा जहाँ पर एक सदनीय होगा वहाँ इसे विधान सभा के नाम से जाना जाएगा।

प्रान्तीय विधानमण्डल की संरचना, कार्यकाल, सत्र, बैठक :

अनुच्छेद 61 के अनुसार प्रान्तीय विधानमण्डल की संरचना ऐसी होगी

जैसा कि पांचवी अनुसूची में निर्देशित किया गया है। 61, 2 के अनुसार प्रत्येक विधानसभा अपनी प्रथम बैठक की तारीख से पाँच वर्ष तक निरतंर बनी रहेगी और इस अवधि के पश्चात् स्वतः ही विघटित हो जाएगी तथापि गवर्नर इस समयावधि से पूर्व भी इसका विघटन कर सकेगा। 61, 3 के अनुसार प्रत्येक विधान परिषद् एक स्थायी निकाय होगी जिसका विघटन नहीं किया जा सकेगा तथापि इसके एक तिहाई सदस्य प्रत्येक तीन वर्ष पर सेवानिवृत हो जाएंगें अर्थात् इसके सदस्यों का कार्यकाल 9 वर्ष होगा।

मंत्री एवं महाधिवक्ता के विशेषाधिकार :

64 के अनुसार प्रत्येक मंत्री और राज्य का महाधिवक्ता किसी भी सदन की कार्यवाहियों में, बैठको या संयुक्त बैठकों में भाग ले सकेगा, बोल सकेगा और जिन समितियों में उनका नाम सदस्य के रूप में शामिल हो, लेकिन इसके बावजूद भी वे मतदान नहीं कर सकेंगें।

14 गवर्नर और प्रान्तीय मंत्रीपरिषद :

50, 1 के तहत गवर्नर को उन मामलों को छोड़कर जो कि उसके स्वविवेकाधिकार क्षेत्र में आते है, अन्य कार्यों के सम्पादन में सहायता एवं सलाह देने के लिए एक मंत्रिपरिषद होगी। मंत्रिपरिषद के सदस्य राज्यपाल के द्वारा ही चुने जाएगें, मंत्रिपरिषद् की बैठक उसी के द्वारा बुलायी जाएगी तथा सभी मंत्री उसी के समक्ष शपथ लेंगें और उसके प्रार्साद प्रयन्त ही पद धारण करेंगें। विधानमण्डल का सदस्य न होन पर भी 6 माह तक मंत्री बन सकेगा। यदि यह प्रश्न उत्पन्न होता है कि मंत्री या मंत्रियों के द्वारा महाराज्यपाल को क्या सलाह दी गई है? यह किसी भी न्यायालय में विचारणीय नहीं होगा अर्थात् यह जानने का हक किसी को नहीं है। मंत्रीपरिषद् के सदस्यों का चयन करना, मंत्रीपरिषद् की बैठकें आहूत करना, मंत्रियों को कार्यभार प्रदान करना तथा मंत्रियों को हटाना या बर्खास्त करना इत्यादि, यह सब राज्यपाल का स्वविवेकाधिकार होगा।

15 गवर्नर के विशेष उतरदायित्व :

अनुच्छेद 52 के अन्तर्गत यह प्रावधान किया गया है कि राज्यपाल अपने कर्तव्यों का निर्वहन करते हुए, कुछ विशेष जिम्मेदारियों का

निर्वहन करेगा जैसे कि

1. अपने प्राप्त या प्रान्त के किसी भी क्षेत्र में शान्तिपूर्ण व्यवस्था के सामने उत्पन्न होने वाले खतरों का निदान करेगा ;
2. अल्पसंख्यकों के वैधानिक हितों की सुरक्षा करेगा या उन्हें सुरक्षित रखेगा;
3. लोक सेवा के सदस्यों एवं उन पर निर्भर व्यक्तियों के वैधानिक हितों की सुरक्षा करेगा;
4. इस अधिनियम के प्रावधानों के अनुसार कार्यपालिका के उतरदायित्वों के निर्वहन का ध्यान रखेगा;
5. बहिष्कृत क्षेत्रों में शान्ति एवं सुशासन स्थापित करेगा;
6. भारतीय राजाओं के अधिकारों एवं गरिमा की रक्षा करेगा;
7. इसके अलावा जैसा कि वह अपने विवेक से जैसा उचित समझे कार्यो का निर्वहन कर सकेगा।
8. अनुच्छेद 53 के अन्तर्गत भारत राज्य सचिव और उसके निर्देशित पत्र सम्बन्धी प्रावधानों का उल्लेख किया गया है। 54 के अन्तर्गत वह महाराज्यपाल के अधीन कार्यों का निर्वहन करेगा।

16 प्रान्तीय महाधिवक्ता :

केंद्र की तरह प्रांतीय स्तर पर भी विधि सलाह के लिए महाधिवक्ता का प्रावधान किया गया जो कि प्रान्तीय सरकार को वैधानिक मामलों में कानूनी राय प्रदान करेगा तथा अन्य कर्तव्यों का निर्वहन करेगा जो कि समय समय पर गवर्नर के द्वारा प्रदत या निर्धारित हो। वह महाधिवक्ता राज्यपाल के प्रसाद पर्यन्त पद धारण करेगा और उसके द्वारा निर्धारित वेतन प्राप्त करेगा। 55,4 के अनुरूप उसकी नियुक्ति, पदमुक्ति एवं पारिश्रमिक, दायित्व इत्यादि का निर्धारण गवर्नर के द्वारा ही किया जाएगा।

17 संघात्मक व्यवस्था के रूप में शक्तियों का वितरण :

अनुच्छेद 100 के तहत और सातवीं सूची में उल्लिखित सूची प्रणाली के माध्यम से विधायी शक्तियों का विभाजन क्रमशः इस प्रकार किया गया

है।

1 'संघीय विधायी सूची' संघ सरकार का प्राधिकार और इसमें 59 विषय थे।

2 'समवर्ती विधायी सूची' संघ एवं प्रान्त दोनों के क्षेत्राधिकार व 36 विषय शामिल थे।

3 'प्रान्तीय विधायी सूची' प्रांतों का प्राधिकार, जिसमें 54 विषय शामिल थे।

इसके अलावा संघीय विधानमण्डल को प्रान्तीय विधायी सूची को छोड़कर किसी भी प्रान्त या भाग के लिए कानून बनाने की शक्ति है।

18 मुख्य आयुक्तों के प्रान्तों का प्रावधान :

भाग 4 में अनुच्छेद 94 से 98 तक चीफ कमिश्नर्स के प्रान्तों का उल्लेख किया गया है।

94, 1 के अनुसार इस समय 6 चीफ कमिश्नर्स क्षेत्र ब्रिटिश ब्लूचिस्तान, दिल्ली, अजमेर मेरवाड़ा, कुर्ग और अण्डमान और निकोबार द्वीप समूह तथा पंथ पिपलोदा के नाम से प्रसिद्ध क्षेत्र इस एक्ट के अधीन सर्जित हुए। अनुच्छेद 94,2 के तहत अदन को भारत से पृथ्थ्क ब्रिटेन का उपनिवेश कार्यालय घोषित कर दिया गया। 94,3 के अन्तर्गत चीफ कमिश्नर के प्रान्त का प्रशासन महाराज्यपाल के द्वारा कार्यकारी के रूप में अथवा उसके द्वारा अपने विवेकाधिकार से नियुक्त मुख्य आयुक्त के माध्यम से संचालित किया जाएगा। 95,1 के अनुसार ब्रिटिश ब्लूचिस्तान के प्रशासन का निर्देशन एवं नियंत्रण महाराज्यपाल के द्वारा विवेकाधिकार के माध्यम से चलाया जाएगा। 96 के तहत अण्डमान व निकोबार के प्रशासन का संचालन भी ब्रिटिश ब्लूचिस्तान की तरह गवर्नर जनरल एवं संघीय विधानमण्डल के माध्यम से ही चलाया जाएगा। 97 के तहत जब तक कि महामहिम सपरिषद कोई बदलाव नहीं करे तब तक कुर्ग की विधान परिषद एवं प्रशासन तथा संविधान में कोई बदलाव नहीं होगा।

19 बर्मा, बरार एवं अडन, सिन्ध, उडीसा प्रान्त से सम्बन्धित निर्णय :

1. अनुच्छेद 46, 1 के अन्तर्गत 11 ब्रिटिश भारत के प्रान्तों के नामों का उल्लेख किया गया जिनमें मद्रास, बम्बई, बंगाल, संयुक्त प्रान्त, पंजाब, बिहार, मध्य प्रान्त व बरार, असम, उतर पश्चिमी सीमान्त प्रान्त, उड़ीसा तथा सिंध तथा वे अन्य प्रान्त जो इस अधिनियम के अन्तर्गत सर्जित किये गए हो।
2. इस एक्ट के तहत बम्बई प्रान्त से अलग गवर्नर प्रान्त के रूप में सिन्ध प्रान्त और बिहार, मद्रास, मध्य प्रान्त एवं उडीसा के आंशिक क्षेत्रों को मिलाकर नये गवर्नर प्रान्त के रूप में उड़ीसा प्रान्त होगा और जो प्रान्त औपचारिक रूप से बिहार एवं उडीसा के नाम से जाना जाता था वह अब बिहार प्रान्त के नाम से जाना जाएगा।
3. 290 के तहत महामहिम सपरिषद आदेश के माध्यम से नवीन प्रान्त का सर्जन करने, नाम बदलने, क्षेत्रफल में परिवर्तन करने का अधिकार होगा।
4. इस अधिनियम के अनुच्छेद 46, 2 के तहत बर्मा या म्यांमार को भारत से अलग एक पृथ्थक व स्वतंत्र देश या राज्य बना दिया गया।
5. बरार जो कि हैदराबाद के निजाम के अधीन का क्षेत्र था उसे महामहिम के द्वारा समझौते के माध्यम से इस अधिनियम के पारित होने की दिनांक से मध्य प्रांत में विलय कर करने का निर्णय लिया गया जिसे अब एक नवीन प्रान्त के नाम से जाना जाएगा अर्थात् मध्य प्रान्त और बरार का प्रान्त।
6. अनुच्छेद 288 के अन्तर्गत अरब क्षेत्र में स्थित अडन को ब्रिटिश भारत से पृथ्थ्क करने का प्रावधान बनाया गया। अब वह चीफ आयुक्त का प्रान्त नहीं रहेगा।

20 केन्द्र में द्वैध शासन की स्थापना :

1935 के अधिनियम के द्वारा इनके द्वारा प्रांतों में द्वैध शासन को समाप्त करके उसे केंद्र में लागू कर दिया गया। केंद्र सरकार की मंत्रिपरिषद गवर्नर जनरल की कार्यकारिणी में शामिल नहीं थी। शासन के विषयों का दोहरा विभाजन कर इन्हें रक्षित और हस्तांतरित विषयों में विभाजित कर दिया गया। रक्षित विषय में प्रति रक्षा, विदेश मामले,

धार्मिक विषय, जनजाति क्षेत्र शामिल थे जिनका प्रशासन गवर्नर जनरल अपनी कार्यकारी परिषद की सहायता से करता था। यद्यपि वे परिषद की सलाह मानने के लिए बाध्य नहीं था। हस्तांतरित विषय गवर्नर जनरल और मंत्रीपरिषद को दिए गए।

21 संघीय न्यायपालिका का प्रावधान :

भाग 9 में अनुच्छेद 200 से 218 तक ब्रिटिश भारत के फेडरल न्यायालय से सम्बन्धित उपबन्धों का उल्लेख किया गया है।

एक संघीय न्यायालय में एक मुख्य न्यायधिश होगा एवं अन्य न्यायधिशों की संख्या 06 से अधिक नहीं होगी। न्यायधिशों की संख्या में अभिवृद्धि महामहिम के द्वारा गवर्नर जनरल एवं उसके संघीय विधानमण्डल की प्रार्थना पर की जा सकेगी। प्रत्येक न्यायधिश महामहिम के द्वारा स्वहस्ताक्षरित नियुक्त किया जाएगा और वह उसके अधीन 65 वर्ष की आयु तक पद धारण करेगा परन्तु कोई भी न्यायधिश महाराज्यपाल को सम्बोधित स्वहस्तलिखित अपने पद से त्यागपत्र दे सकेगा; किसी भी न्यायधिश को महामहिम के द्वारा उसके पद से इस आधार पर हटाया जा सकेगा कि उसने दुर्व्यवहार किया है अथवा उसकी मानसिक या शारीरिक क्षमता विकृत या असक्षम हो चुकी है और इस आशय का प्रस्ताव प्रिवी कौंसिल की न्यायिक समिति प्रस्तुत कर देती है तो उसे महामहिम पदमुक्त या बर्खास्त कर सकता है।

संघीय न्यायालय अभिलेख न्यायालय होगा तथा इसकी पीठ दिल्ली में तथा अन्य जगह जो कि मुख्य न्यायधिश महाराज्यपाल के साथ परामर्श से तय करे, वहाँ होगी। यह सर्वोच्च न्यायालय नहीं था क्योंकि इसके निर्णय के विरूद्ध धारा 209 के तहत प्रिवी कौंसिल में अपील की जा सकती थी।

22 ब्रिटिश भारत में उच्च न्यायालय :

अनुच्छेद 219 से 231 तक उच्च न्यायालयों का प्रावधान किया गया है। इस दौरान कलकता, मद्रास, बम्बई, इलाहाबाद, लाहौर, पटना और अवध में 7 मुख्य न्यायालय तथा सिन्ध, उतर पश्चिमी सीमान्त प्रान्त एवं मध्य प्रान्त व बरार में न्यायिक आयुक्त के न्यायालय विद्यमान थे। उच्च न्यायालय एक अभिलेख न्यायालय था। इसमें एक मुख्य

न्यायधिश और उन अन्य न्यायधिश, जिनकी संख्या महामहिम के द्वारा समय-समय पर निर्धारित की जाए। उच्च न्यायालयों में सभी न्यायधिशों की नियुक्ति महामहिम के द्वारा की जाएगी और वे 60 वर्ष की आयु तक अपना पद ग्रहण करेंगे जबकि उच्च न्यायालयों में अतिरिक्त न्यायधिशों की नियुक्ति गवर्नर जनरल के द्वारा की जाएगी। वे अपने पद से गवर्नर को लिखित त्यागपत्र दे सकते है अथवा उनकों अपने पद से उसी आधार पर महामहिम के द्वारा हटाया जा सकेगा जैसे कि फेडरल न्यायालय के न्यायधिशां को हटाया जाता है। वह अपना पद ग्रहण करने से पहले गवर्नर या उसके द्वारा नियुक्त व्यक्ति के समक्ष चौथी अनुसूची के अनुरूप शपथ ग्रहण करेगा। कार्यकारी मुख्य न्यायधिश एवं अतिरिक्त न्यायधिशों की नियुक्ति गवर्नर जनरल के द्वारा की जा सकेगी।

23 लोक सेवा आयोग का प्रावधान :

264, 1 के अन्तर्गत संघ के लिए एक संघ लोक सेवा आयोग फेडरल पब्लिक सर्विस कमीशन होगा तथा प्रत्येक राज्य के लिए एक प्रान्तीय लोक सेवा आयोग होगा। यदि दो या दो से अधिक प्रान्त सहमत हो तो उनके लिए संयुक्त लोक सेवा आयोग का गठन किया जा सकेगा। संघ लोक सेवा आयोग के अध्यक्ष एवं अन्य सदस्यों की नियुक्ति गवर्नर जनरल के द्वारा और प्रान्तीय लोक सेवा आयोग के अध्यक्ष एवं अन्य सदस्यों की नियुक्ति गवर्नर के द्वारा की जाएगी।

24 भारत परिषद का अंत व सलाकहार परिषद का निर्माण :

इस अधिनियम के माध्यम से 1858 में सर्जित भारत सचिव की 15 सदस्यों वाली भारत परिषद का अंत कर दिया गया तथा लंदन में इसके समकक्ष एक परिषद को प्रतिस्थापित किया गया। ज्ञातव्य रहे कि इस अधिनियम से भारत परिषद का तो अंत हो गया लेकिन भारत सचिव का पद 1947 तक बना रहा।

25 भारतीय उच्चायुक्त का प्रावधान :

1919 के अधिनियम द्वारा सर्जित पद को बरकरार रखा गया है। 302 के अन्तर्गत ब्रिटेन में एक भारतीय उच्चायुक्त होगा और जिसकी नियुक्ति, सेवा शर्ते, वेतन इत्यादि गवर्नर जनरल के व्यक्तिगत

निर्णयों के अधीन हांगें। वह महाराज्यपाल के निर्देशानुसार भारत संघ, देशी राज्यों और बर्मा के हितों के लिए कार्य करेगा।

26 शैरिफ का प्रावधान :

अनुच्छेद 303 के उपबन्धों के अधीन कलकता उच्च न्यायालय में प्रत्येक रिक्ती पर तीन व्यक्तियों के पैनल में से बंगाल के गवर्नर को यह प्राधिकार दिया गया कि वह कलकता के लिए कलकता उच्च न्यायालय में वार्षिक आधार पर एक शैरिफ की नियुक्ति करेगा। शैरिफ़ जो कि एक बड़ा न्यायिक या कानूनी अधिकारी होता था।

27 प्रान्तीय स्वायतता का प्रावधान : :

केंद्र में प्रस्तावित योजना को ध्यान में रखते हुए गवर्नरों के 11 प्रांतों को कतिपय बाध्यताओं को छोड़कर केंद्रीय सरकार तथा भारत सचिव की निगरानी, निर्देशन और नियंत्रण से पूरी तरह मुक्त कर दिया गया। अन्य शब्दों में प्रांतों को एक पृथक कानूनी व्यक्तित्व प्रदान कर दिया गया। इसे प्रांतीय स्वायत्तता की योजना कहा जाता है। प्रांतीय स्वायत्तता की योजना में प्रत्येक प्रांत में से एक कार्यपालिका तथा एक विधानमंडल का उपबन्ध रखा गया था। प्रांतों के विधान मंडलों को अनेक शक्तियां दी गई। मंत्रिपरिषद को विधानमंडल के प्रति जिम्मेदार बना दिया गया। उसे अविश्वास प्रस्ताव के द्वारा हटाने का प्रावधान किया गया। प्रश्न और पूरक प्रश्नों के माध्यम से भी नियंत्रण था। यद्यपि विधानमंडल 80 फीसदी अनुदान मांगों को अस्वीकार नहीं कर सकता था। विधानमंडल समवर्ती सूची में भी सम्मिलित विषय पर कानून बना सकता था।

प्रांतीय स्वायत शासन जुलाई, 1937 से अक्टुबर, 1939 तक 28 महिने रहा जिसके बाद महायुद्ध एवं भारतीय स्वाधीनता के संघर्ष के बीच कांग्रेस मंत्रिमण्डलों ने त्यागपत्र दे दिए।

28 सीमित एवं भेदभावपूर्ण मतदान प्रणाली का विस्तार :

इस अधिनियम के माध्यम से सीमित और भेदभाव की सांप्रदायिक प्रणाली का विस्तार करते हुए उसे दलित जातियों, पूंजीपतियों, मजदूरों और महिलाओं के लिए आगे बढ़ाया दिया गया। इस एक्ट में पृथ्थक निर्वाचन प्रतिनिधित्व प्रणाली के सिद्धांत को अनुसूचित जातियों ,

महिलाओं और मजदूरों तक विस्तारित कर दिया गया। इस अधिनियम के माध्यम से लगभग 10 फीसदी से अधिक जनता को मताधिकार प्राप्त हुआ।

29 भारत के केन्द्रीय बैंक की स्थापना का प्रावधान :
अधिनियम 1934 की धारा के अनुसार ;1 अप्रैल 1935 को स्थापितद्ध को मुद्रा और साख का नियंत्रण रखने हेतु रिजर्व बैंक ऑफ इंडिया को एक केन्द्रीय बैंक के रूप में अधिकृत कर दिया गया।

1935 के एक्ट के बारे में प्रमुख वक्तव्य :

- पंडित जवाहरलाल नेहरू ने इस अधिनियम को के बारे में कहा है कि '1935 का अधिनियम अधिकारों का नहीं दासता का चार्टर है।' यह दासता का बंधन पत्र है।
- '1935 का अधिनियम अनेक ब्रेक वाली मोटर गाड़ी है परंतु इसमें इंजन नहीं है।'
- राजेंद्र प्रसाद के शब्दों में 'प्रान्तीय स्वराज सच्चे अर्थों में गवर्नरों का स्वराज था'।
- मदन मोहन मालवीय की शब्दों में 'नया संविधान दिन शासन का निकृष्ट स्वरूप था'।
- अली जिन्ना के शब्दों में '1935 का यह अधिनियम प्रतिक्रियावादी, हानिकारक और रूढ़िवादी था।'
- जैनिंग्स के अनुसार संविधान प्रत्यक्ष रूप से 1935 के एक्ट की नकल है।
- अम्बेडकर मुझे यह स्वीकार करने में जरा सी भी लज्जा नहीं है कि हमने अच्छे अनुभव उधार लिए है।

पूर्व में आयोजित विविध प्रतियोगी परीक्षाओं में आए हुए प्रश्नोंतर :

प्रश्न-1 प्रान्तीय स्वयातता को स्वीकार किया गया :

(1) 1919 के अधिनियम के अंतर्गत (2) 1861 के भारत परिषद अधिनियम के अंतर्गत (3) 1935 के भारत शासन अधिनियम के द्वारा

(4) 1892 के अधिनियम के अन्तर्गत

उतर- (3)

प्रश्न-2 किसने कहा कि भारतीय अधिनियम, 1935 दासता का बन्धन पत्र था-

(1) महात्मा गांधी (2) जवाहर लाल नेहरू (3) मोहम्मद अली जिन्ना (4) गोपाल कृष्ण गोखले

उतर- (2)

प्रश्न-3 1935 के अधिनियम की विशेषता नहीं है -

(1) केन्द्र में द्‌वैध शासन (2) प्रान्तों में द्‌वैध शासन की शुरूआत (3) प्रान्तीय स्वायतता (4) अखिल भारतीय संघ

उतर- (2)

प्रश्न-4 किस अधिनियम के द्‌वारा केन्द्र में द्‌वैध शासन की स्थापना की गई-

(1) भारत परिषद अधिनियम, 1891 (2) भारत परिषद अधिनियम, 1909 (3) भारत शासन अधिनियम, 1919 (4) भारत शासन अधिनियम, 1935

उतर- (4)

प्रश्न-5 किसने कहा कि भारतीय अधिनियम, 1935 दासता का बन्धन पत्र था-

(1) महात्मा गांधी (2) जवाहर लाल नेहरू (3) मोहम्मद अली जिन्ना (4) गोपाल कृष्ण गोखले

उतर- (2)

प्रश्न-6 1935 के अधिनियम के बारे में क्या सही है-

(1) इसमें 14 भाग थे। (2) रिजर्व बैंक ऑफ इण्डिया की स्थापना की गई। (3) इसमें अखिल भारतीय संघ की स्थापना का प्रावधान किया गया। (4) अवशिष्ट शक्तिया संघीय विधानमण्डल में निहित थी।

उतर- (3)

प्रश्न-7 1935 के एक्ट की किस धारा के तहत संघ का नाम दि फेडरेशन ऑफ इण्डिया या भारत संघ रखा गया -

(1) 2 (2) 3 (3) 4 (4) 5

उतर- (4)

प्रश्न-8 1935 के अधिनियम द्वारा प्रस्तावित संघ शासन किसके विरोध के कारण लागू न हो सका है-

(1) कांग्रेस अध्यक्ष नेहरू के कारण (2) मुस्लिम लीग अध्यक्ष जिन्ना के कारण (3) देशी रियासतों के राजाओं के कारण (4) गवर्नर जनरल लिनलिथगों के कारण

उतर- (1)

प्रश्न-8 भारत में साम्प्रदायिक निर्वाचन प्रणाली के बारे में क्या सही नहीं है-

(1) यह 1909 में शुरू हुई (2) यह 1919 में विस्तृत कर दी गई (3) 1935 में शुरू हुई (4) 1935 में इसे और अधिक विस्तृत किया गया

उतर- (3)

प्रश्न-9 संघ द्वारा राज्यों को आदेश देने का विचार कहाँ से अपनाया गया -

(1) 1919 से (2) 1935 से (3) 1909 से (4) 1947 से

उतर- (2)

प्रश्न-10 भारतीय संविधान सबसे अधिक ऋणी है-

(1) 1919 के अधिनियम का (2) अमेरिका के संविधान का (3) 1935 के भारत शासन अधिनियम का (4) कनाडा के संविधान का

उतर- (3)

प्रश्न-11 भारत सरकार अधिनियम, 1935 ने-

(1) भारत को एकात्मक व्यवस्था प्रदान की (2) अध्यक्षात्मक व्यवस्था प्रदान की (3) राज्यपाल की शक्तियों की व्याख्या की (4) भारतीय संघीय व्यवस्था का प्रबंध किया

उतर- (4)

प्रश्न-12, 1935 के बारे में क्या सही नहीं है -

(1) भारतीय संविधान का अधिकांश भाग अधिनियम, 1935 से लिया गया (2) संघीय प्रावधान लागू नहीं हुआ (3) क्रांगेस पार्टी ने अधिनियम 1935 को संविधान के आधार के रूप में स्वीकारने का प्रस्ताव पारित किया (4) कांग्रेस ने इसका विरोध किया

उतर- (3)

प्रश्न-13 संघ लोक सेवा आयोग की उत्पति का अधिनियम कौनसा है-
(1) 1919 का अधिनियम (2) 1909 का अधिनियम (3) 1935 का अधिनियम (4) कोई नहीं

उतर- (1)

3
संविधान सभा- अम्बेडकर की भूमिका एवं संविधान निर्माण।

भारतीय संविधान की ऐतिहासिक पृष्ठभूमि :

- भारत का संविधान निश्चित रूप से भारतीयों की आशाओं का उत्पाद था। सविधान सभा की मांग पहली बार अनौपचारिक रूप से 1895 में तिलक ने स्वराज बिल के माध्यम से की।
- 1922 ई. में गांधी ने अपने समाचार पत्र यंग इण्डिया में 'स्वतंत्रता' नामक शीर्षक से एक आलेख लिखा जिसमें उन्होंने व्यक्त किया कि भारतीय स्वराज अंग्रेजों का मुक्त का उपहार नहीं होगा। उन्होंने संविधान सभा के अनौपचारिक विचार को स्पष्ट करते हुए कहा गया कि भारत में स्वराज कैसा होगा, इसका निर्णय भारत के लोगों के द्वारा किया जाएगा।

- ऐनी बेसेण्ट, तेज बहादुर संप्रु एवं वि एस श्रीनिवास शास्त्री के द्वारा तैयार दि कॉमनवेल्थ ऑफ इण्डिया बिल को 1925 में कॉमन सभा में पढा गया।
- 1924 में मोतीलाल नेहरू के द्वारा केंद्रीय विधानसभा में राष्ट्रीय मांग के रूप में अल्पसंख्यकों के अधिकारों संबंधी प्रस्ताव पारित कराया गया।
- 1924 में स्वराज पार्टी के द्वारा तथा 1928 में नेहरू रिपोर्ट के माध्यम से भारत के भावी संविधान का प्रारूप बनाया गया।
- भारतीय राष्ट्रीय कांग्रेस के द्वारा पहली बार संविधान सभा की औपचारिक मांग के रूप में 1934 में एम एन राय के नेतृत्व में श्वेत पत्र के माध्यम से सविधान सभा का प्रस्ताव तैयार किया गया। मई, 1934 में अखिल भारतीय कोग्रेस कमेटी के द्वारा पटना में संविधान सभा की मांग को पहली बार स्वीकार किया गया।
- 1942 में क्रिप्श मिशन, 1945 में लॉर्ड वेवेल योजना, 1946 में कैबिनेट मिशन योजना तथा अन्ततः 1947 में माउंटबेटन योजना में क्रमशः संविधान निर्माण की कहानी को अन्तिम स्वरूप मिला।
- 22, मार्च, 1942 बसंत के मौसम में क्रिप्श भारत आया और वह दिल्ली में 22 मार्च से 12 अप्रैल, 1942 तक रहा। गांधी ने क्रिप्श को कहा कि 'वह पाकिस्तान का निर्माण करने के लिए मुस्लिमों के निमंत्रण के रूप में भारत आया है।' इसी कारण से गांधी ने पूरी वार्ता के दौरान क्रिप्श का विरोध किया और उसे पोस्ट डेटेड चैक की संज्ञा दी। इस प्रस्ताव की असफलता के परिणामस्वरूप गांधी ने 'भारत छोड़ो आन्दोलन' को घोषणा की। वैवेल प्लान, 1945 में भारत की राजनीतिक एवं संवैधानिक समस्या के समाधान की दिशा में ब्रिटिश सरकार के द्वारा क्रिप्श मिशन की असफलता एवं भारत छोड़ो आंदोलन की सफलता के पश्चात् उठाया जाने वाला दूसरा महत्वपूर्ण एवं निर्णायक कदम था। इसके तहत शिमला सम्मेलन, 25 जून से 14 जुलाई, 1945 का आयोजन हुआ। यह योजना सफल नहीं हुई।

कैबिनेट मिशन का भारत आगमन :

23 मार्च, 1946 को कैबिनेट मिशन कराची पहुँचा और 24 मार्च को दिल्ली आया। एटली सरकार ने जनवरी, 1946 में तीन ब्रिटिश कैबिनेट सदस्यों भारत के राज्य सचिव के रूप में मिशन के अध्यक्ष लॉर्ड पेथिक लॉरेंस तथा दो अन्य सदस्यों के रूप में व्यापार बोर्ड के अध्यक्ष सर स्टैफोर्ड क्रिप्स और एडमिरल्टी के पहले लॉर्ड ए वी अलेक्जेंडर को एक उच्च शक्ति वाले मिशन को मार्च के अन्त तक भारत भेजने की घोषणा की। यह मिशन मार्च, 1946 को भारत पहुँचा और मई, 1946 को इसने अपनी अनुशंसाएं की जो कि निम्नलिखित थी :

1. **प्रत्यक्ष रूप से पाकिस्तान की अस्वीकृति :** कैबिनेट मिशन योजना के अन्तर्गत क्रिप्श द्वारा एक पृथ्थ्क प्रभूता से परिपूर्ण पाकिस्तान की मांग को अस्वीकार कर दिया गया क्योंकि इस प्रकार बने पाकिस्तान के बहुसंख्यक मुस्लिम इलाकों में एक बड़ी गैर-मुस्लिम आबादी उत्तर-पश्चिम में 38 प्रतिशत और उत्तर-पूर्व में 48 प्रतिशत को शामिल होना पडेगा ;
2. **प्रान्तीय समूह का प्रावधान** : मौजूदा प्रांतीय विधानसभाओं को तीन खण्डों में समाहित करना अर्थात् खण्ड या सेक्शन ए में हिन्दू बाहुल्य प्रान्त अर्थात् 6 प्रान्त- 1 मद्रास, 2 बम्बई, 3 मध्य प्रान्त 4 संयुक्त प्रांत, 5 बिहार, 6 उड़ीसा। खंड बी में मुस्लिम बाहुल्य 3 प्रान्त अर्थात् 1 पंजाब, 2 उत्तर पश्चिम सीमान्त प्रांत और 3 सिंध और ब्लूचिस्तान। खंड सी में भी 2 मुस्लिम बहुसंख्यक प्रान्त अर्थात् 1 बंगाल और 2 असम।
3. **मुस्लिम अल्पसंख्यकों के हितों के संरक्षण हेतु तीन स्तरीय संवैधानिक संरचना का निर्माण** : मुस्लिम अल्पसंख्यकों के हितों के संरक्षण हेतु प्रान्तीय समूहों का प्रावधान जो कि अन्ततः भारत संघ के रूप में समाहित होंगे। सरकार का विभाजन तीन स्तरों पर किया गया। संविधान सभा में समूह ए, बी और सी के सदस्यों को प्रांतों के लिए और यदि संभव हो तो अपने समूहों के लिए भी संविधान का फैसला करने के लिए अलग-अलग बैठना था। फिर, पूरी संविधान

सभा (तीनों खंड ए, बी और सी संयुक्त) संघ संविधान बनाने के लिए एक साथ बैठेंगे।

4. **तीन साम्प्रदायिक निर्वाचन क्षेत्रों का निर्धारण** : संविधान सभा के लिए प्रस्तावित निर्वाचनों के क्षेत्रों का निर्धारण सामान्य निर्वाचन क्षेत्रों के रूप में, मुस्लिम निर्वाचन क्षेत्रों के रूप में तथा सिक्ख निर्वाचन क्षेत्रों का निर्धारण किया गया। केबिनेट मिशन के द्वारा प्रस्तावित 389 सीटों में से 210 सामान्य निवार्चन क्षेत्रों के रूप में 78 मुस्लिम निर्वाचन क्षेत्रों के रूप में तथा 04 सिक्ख निर्वाचन क्षेत्र के रूप में रिजर्व किये गए।

संविधान सभा के सदस्यों की संख्या व निर्वाचन प्रणाली का निर्धारण :

- संविधान सभा 389 सदस्यों वाली निकाय होगी जिसमें प्रांतीय विधानसभाओं के द्वारा अप्रत्यक्षतया निर्वाचित 292 प्रतिनिधि, मुख्य आयुक्त के प्रांतों से अप्रत्यक्ष रूप से निर्वाचित 4 प्रतिनिधि और लगभग 562 देशी रियासतों के तीन खण्डों के 43 देशी राज्यों से 93 सदस्य प्रतिनिधि होंगे।
- संविधान सभा की सीटे प्रांतीय समूहों को या प्रांतों को उनकी जनसंख्या के आधार पर आंवटित अर्थात 10 लाख पर एक प्रांत, आयुक्त प्रांत एवं देशी राज्यों सभी के लिए इसी आधार पर सीटे विभाजित की गई।
- भारतीय संविधान सभा के सदस्य प्रांतीय विधान मण्डलों या विधान सभाओं के द्वारा, कुछ प्रांतों में दोहरे विधानमण्डल भी थे। अथवा अप्रत्यक्ष रूप से निर्वाचित होंगें। 11 ब्रिटिश प्रांतों से या गवर्नर के प्रांतों से प्रान्तीय विधान सभाओं के सदस्यों के द्वारा संविधान सभा के प्रतिनिधियों का अप्रत्यक्ष निर्वाचन किया जाएगा अर्थात् प्रांतीय विधान मंडलों के सदस्यों के द्वारा आनुपातिक प्रतिनिधित्व की एकल संक्रमणीय मत पद्धति के माध्यम से संविधान सभा के सदस्यों का चुनाव किया जाएगा। ठीक इसी प्रारूप पर या इसी

तरीके से चार चीफ कमिश्नर क्षेत्रों अजमेर-मेरवाड़ा, दिल्ली, कुर्ग व ब्रिटिश बलूचिस्तान से चार सदस्यों का निर्वाचन किया जाएगा या एक प्रतिनिधि होगा। जुलाई-अगस्त, 1946 तक 296 सीटों के लिए निर्वाचन सम्पन्न हो गए थे।

- प्रिंसली स्टेट्स या राजाओं के राज्यों या देशी रियासतों या देशी राज्यों या रजवाडों की तरफ से परामर्श व मंत्रणा के द्वारा संविधान सभा के सदस्यों का चयन किया जाएगा अर्थात मनोनयन किया जाएगा। जैसा कि समयानुरूप राजाओं का मानस बदला तो वे अंतराल सहित अपने प्रतिनिधि संविधान सभा में भेजते रहे। संविधान सभा में उनकी संख्या धीरे-धीरे बढी।

देशी राज्यों से ब्रिटिश सता की उन्मुक्ति :
रियासतें अब ब्रिटिश सरकार की सर्वोच्चता के अधीन नही होंगी। इस समय विद्यमान 562 देशी राज्यों या भारतीय रियासतों को नरेश मण्डल से वार्तालाप के बाद यह छुट है कि वे चाहे संघ में शामिल हो या स्वतंत्र रहे। इसी के साथ 562 देशी राज्यों के लिए उन्हें तीन समूहों वाले राज्यों में विभाजित कर संविधान सभा में 93 स्थान आरक्षित रखे गए और प्रतिनिधियों के चयन के लिए राजाओं को अपनी इच्छानुसार विकल्प दिया गया। वे नवसर्जित उतरदायी सरकारों या ब्रिटिश सरकार के साथ समझौता करने के लिए स्वतंत्र होंगे।

अन्तरिम सरकार के गठन का प्रावधान :
शिमला वार्ता की विफलता के पश्चात् क्रिप्श ने 16 मई, 1946 को घोषित मिशन योजना के अन्तर्गत संवैधानिक सेटलमेण्ट के रूप में दो बिन्दू रखे अर्थात् एक अल्पकालिक स्वरूप में अन्तरिम सरकार का प्रावधान। यह अन्तरिम सरकार वायसराय के सुपरविजन में पूरे देश में प्रशासनिक व्यवस्था का संचालन करेगी और यह पूर्णतया भारतीय होगी। दूसरे दीर्घकालीन तत्व के रूप में एक संविधान सभा की स्थापना की जाएगी जो कि प्रान्तीय विधानमण्डलों के सदस्यों के द्वारा निर्वाचित होगी। सभी राजनीतिक दलों से सहमति प्राप्त एक अन्तरीम सरकार की स्थापना करना। 04 जुलाई, 1946 को वेवेल ने सरकार के

गठन के लिए नेहरू एवं जिन्ना को बताया कि 14 लोगों की अंतरिम सरकार का गठन होगा जिसमें से 06 मंत्री, अनुसूचित जाति सहित कांग्रेस के द्वारा मनोनीत, 05 मुस्लिम लीग के द्वारा मनोनीत एवं 03 अल्पसंख्यक वायसराय के द्वारा मनोनीत होगें। 10 जुलाई, 1946 को नेहरू ने कहा, "हम किसी एक चीज से बंधे नहीं हैं, सिवाय इसके कि हमने संविधान सभा में जाने का फैसला किया है (इसका मतलब यह है कि संविधान सभा संप्रभु थी और प्रक्रिया के नियम तय करेगी)। बड़ी संभावना यह है कि उतर पश्चिमी सीमान्त प्रान्त के रूप में कोई समूह नहीं होगा और असम को खंड बी और सी में शामिल होने पर आपत्ति होगी। 29 जुलाई, 1946 लीग ने नेहरू के बयान के जवाब में दीर्घकालिक योजना की अपनी स्वीकृति वापस ले ली और 30 जुलाई, 1946 को लीग कार्यकारी समिति ने पूरे भारत में पाकिस्तान को हासिल करने के लिए 16 अगस्त से "प्रत्यक्ष कार्यवाही दिवस" का आह्वान किया।

जुलाई -अगस्त, 1946 में जिन्ना एवं नेहरू के बीच अंतरित राष्ट्रीय सरकार के गठन एवं केबिनेट मिशन योजना एवं वायसराय की घोषणा के स्पष्टीकरण को लेकर मनमुटाव चलता रहा। लीग ने 16 अगस्त, 1946 को पाकिस्तान की मांग के पक्ष में प्रत्यक्ष कार्यवाही दिवस का ऐलान किया। इस दिन अनेक स्थानों पर साम्प्रदायिक दंगों में व्यापक जन-धन की क्षति हुई। अंततः 2 सितम्बर, 1946 को लीग के सहयोग के बिना 12 सदस्यों वाली नेहरू के नेतृत्व में अर्थात् नेहरू उपाध्यक्ष एवं अध्यक्ष वायसराय, एक अंतरिम सरकार का गठन किया गया। लीग के 05 प्रतिनिधि 25 अक्टुबर, 1946 को अंतरिम सरकार में शामिल हुए तथापि इसके बाद लीग ने दिसंबर, 1946 में संविधान सभा की कार्यवाही में भाग लेने से इंकार कर दिया।

ज्ञातव्य रहे कि 6 जून को मुस्लिम लीग और 24 जून 1946 को कांग्रेस ने कैबिनेट मिशन द्वारा रखी गई दीर्घकालिक योजना को स्वीकार किया।

संविधान सभा के निर्वाचन एवं परिणाम :

- अंततः दिसंबर,1945 से अप्रैल, 1946 तक प्रांतीय विधान मंडलों के अन्तिम निर्वाचन 1919 के एक्ट के तहत संपन्न हुए। इन सदस्यों के द्वारा आगे चलकर 11-22 जुलाई, 1946 में संविधान सभा के लिए सदस्यों का आनुपातिक प्रतिनिधित्व की एकल संक्रमणीय मतदान पद्धति के द्वारा निर्वाचन किया गया।
- इनमें सामान्य क्षेत्र के लिए निर्धारित 210 सीटों में से 208 सीटें कांग्रेस ने जीती, मुस्लिम लीग के लिए निर्धारित 78 सीटों में से 73 सीटें मुस्लिम लीग ने जीती तथा सिखों के लिए निर्धारित 4 सीटों में से 4 सीटों पर सिक्ख अकाली दल ने जीती तथा 07 सींटों पर अन्य 7 दलों से स्वतंत्र उम्मीदवारों की विजय हुई जिनमें यूनियनिस्ट पार्टी, यूनियनिस्ट मुस्लिम पार्टी, यूनियनिस्ट अनुसूचित जाति या अखिल भारतीय दलित वर्ग संघ से जगजीवन राम, कृशक प्रजा पार्टी, अछूत जाति संघ या अखिल भारतीय अनूसुचित जाति वर्ग संघ से डॉ. अंबेडकर, सिख अकाली दल और साम्यवादी दल से सोमनाथ लाहिड़ी-बंगाल से प्रमुख थे। लगभग प्रत्येक दल से एक प्रत्याशी जीता। ज्ञात रहे कि साम्यवदी दल के एकमात्र प्रतिनिधि सोमनाथ लाहिड़ी ने केवल 3 अधिवेशनों में ही भाग लिया बाद में वे बंगाल विभाजन के कारण संविधान सभा के सदस्य नहीं रहे।
- कांग्रेस की तरफ से अनेक गैर कांग्रेसी सदस्यों जैसे कि के संथानम, एम आर जयकर, के एम मुंशी सच्चिदानंद सिन्हा इत्यादि निर्वाचित हुए। कुल सदस्यों में से 156 सदस्यों का नाम कांग्रेस प्रदेश कमेटी से प्रस्तावित था। इसीलिए इसे क्रांगेस या एक दल की संविधान सभा कहा गया।
- संविधान सभा में कुल 9 राजनीतिक दलों ने विजय प्राप्त की। निर्वाचन में सर्वाधिक सदस्य संख्या बंगाल से 60 और सबसे कम उत्तरी पश्चिमी सीमान्त प्रांत से केवल 3 निर्धारित थी। मौलाना आजाद और बादशाह खान उत्तर पश्चिम सीमांत प्रांत से निर्वाचित हुए। चीफ कमीश्नर्स क्षेत्रों में दिल्ली से अरूणा आसफ अली के पति मिस्टर एम आसफ अली, इनके बाद केन्द्रीय विधान सभा के सदस्य देशबंधु गुप्ता सदस्य निर्वाचित हुए थे, तथा अजमेर मेरवाड़ा से

मुकुट बिहारी लाल भार्गव, कुर्ग या कोडगु से सी एम पुनाका ने कुर्ग विधानपरिषद से निर्वाचित होकर, प्रतिनिधित्व किया। ब्लूचिस्तान से खान अब्दुस समद खान को विजय मिली परंतु नवाब मोहम्मद खान जोगजा के द्वारा उनके निर्वाचन की वैधता को चुनौती देते हुए 9 दिसंबर, 1946 को अस्थायी अध्यक्ष सचिदानंद सिन्हा के समक्ष पिटीशन दायर की जिसे स्थायी अध्यक्ष के निर्वाचन तक डेफर कर दिया गया। को विजय मिली। गांधी, जे पी नारायण व तेज बहादुर संप्रु ने निर्वाचन में भाग नहीं लिया।

- मुस्लिम लीग के अध्यक्ष मोहम्मद अली जिन्ना संविधान सभा के लिए पंजाब प्रान्त से निर्वाचित हुए। नेहरू संयुक्त प्रान्त से संविधान सभा के सदस्य निर्वाचित हुए।
- संविधान सभा प्रधानतः अप्रत्यक्ष निर्वाचित एवं अंशतः मनोनयन की प्रक्रिया से बनी।

अन्तरिम सरकार का गठन :

लीग के बिना ही 2 सितंबर 1946 को अंतरिम राष्ट्रीय सरकार का गठन किया गया। **16 अगस्त, 1946 को मुस्लिम लीग ने प्रत्यक्ष कार्यवाही दिवस के रूप में तथा 2 सितम्बर, 1946 को शोक दिवस के रूप में** मनाया। वेवेल के प्रयासों से अन्ततः अक्टुबर में जिन्ना नेहरू व पटेल के नेतृत्व वाली गठबन्धन की अन्तरिम सरकार में लीग के शामिल होने पर सहमत हो गए। 26 अक्टूबर 1946 को अंतरिम सरकार का पुनर्गठन हुआ तों ;पुनर्गठन से पहले के सदस्य पंडित जवाहरलाल नेहरू और अन्य 11 सदस्य पटेल, राजेंद्र प्रसाद, आसफ अली, राजगोपालाचारी, शरत चंद्र बोस, जॉन मथाई, बलदेव सिंह, शफात अहमद खान, जगजीवन राम, अली जहीर और सी एच भाभा इसमें शामिल थेद्ध और पुनर्गठन के बाद सैयद अली जहीर, सरत चंद्र बोस और सर शेर सफाद अहमद खान को हटाकर मुस्लिम लीग की तरफ से 5 सदस्यों को शामिल किया गया। इस तरह से एक गंठबंधन वाले अंतरित मंत्रिमण्डल का गठन हुआ।

इस अंतरिम सरकार के अंतर्गत वायसराय की अध्यक्षता में कुल 14

मंत्री नियुक्त किये गए जिनमें कांग्रेस व वायसराय की तरफ से मनोनीत कुल 09 मंत्रियों में उपाध्यक्ष या वाइस प्रेसिडेंट या प्रधानमंत्री के रूप में विदेश मामलों और राष्ट्रमंडल मामलों के लिए पंडित जवाहरलाल नेहरू, श्रम मंत्री -अनुसूचित जाति से बाबू जगजीवन राम, रक्षा मंत्री -सिखों की तरफ से बलदेव सिंह, शिक्षा मंत्री- सी राजगोपालाचारी, रेलवे मंत्री -अरूणा आसफ अली, खाद्य व कृषि मंत्री -डॉ राजेंद्र प्रसाद, उद्योग व आपूर्ति मंत्री -जॉन मथाई, गृह सूचना और प्रसारण मंत्री -सरदार पटेल, खान व बंदरगाह मंत्री -एच जे भाभा और मुस्लिम लीग की तरफ से 5 मंत्रियों में संचार मंत्री - अबुल रब नास्तर, वित्त मंत्री -लियाकत अली, स्वास्थ्य मंत्री -अली खान, व्यापार और वाणिज्य मंत्री -आई आई चुन्दरीकर, विधि मंत्री -जोगेंद्र नाथ मंडल प्रमुख थे।

ब्रेकडाउन प्लान 1946 :

वेवेल की वह अन्तिम योजना जिसके माध्यम से वह अपने ब्रिटिश कार्मिकों को साम्प्रदायिक हिंसा से सुरक्षित कर ब्रिटेन ले जाना चाहता था। वह इस बात के लिए तैयार था कि यदि अन्ततः कोई शान्ति का समझौतापूर्ण मार्ग शेष नहीं रहता है तो भारत का विभाजन एवं ब्रिटिशर एवं यूरोपियन की रक्षा ही एकमात्र उपाय है। इसे ही विभाजन प्लान कहते है।

संविधान सभा की कार्यवाही : 9 दिसंबर, 1946 से 24 जनवरी, 1950 तक

- एटली व वेवेल ने 3 से 6 दिसंबर 1946 को एक संविधान सभा के लिए लंदन में सहमति का अंतिम चार दिवसीय असफल प्रयास किया गया जहाँ पर हिंदुओं की तरफ से जवाहरलाल नेहरू, मुसलमानों की तरफ से मोहम्मद अली जिन्ना व लियाकत अली और सिक्खों के प्रतिनिधि के रूप में बलदेव सिंह तथा राज्य सचिव लॉरेंस को बुलाया गया। इसमें कोई सहमति नहीं बनी।
- अतः वायसराय लॉर्ड वेवेल की 20 नवंबर, 1946 की घोषणा के अनुसार संविधान सभा के सचिव या वरिष्ठ भारतीय प्रशासक एच

वी आर आयंगर के द्वारा वायसराय वैवेल एवं अन्तरिम सरकार के उपाध्यक्ष नेहरू से परामर्श के बाद संविधान सभा के सदस्यों को कौंसिल चैम्बर के पुस्तकालय भवन में, सोमवार, 9 दिसम्बर, 1946 को 11 बजे उपस्थित होने के निमंत्रण के आधार पर दिल्ली में स्थित संसद भवन के संविधान हॉल जिसे अब सेंट्रल काउंसिल चेंबर या सेण्ट्रल हॉल ऑफ पार्लियामेण्ट हाउस या दि लायब्रेरी ऑफ द कौंसिल चैम्बर या केंद्रीय कक्ष के नाम से जाना जाता है, में प्रातः 11 बजे संविधान सभा की पहली बैठक आयोजित हुई।

- इस दिन कुल 207 सदस्यों ने उपस्थित होकर रजिस्टर में हस्ताक्षर किये।
- इसमें मुस्लिम लीग के 73 प्रतिनिधियों ने भाग नहीं लिया। देशी राज्यों से भी कोई प्रतिनिधि शामिल नहीं हुआ।
- संविधान सभा के संचालन हेतु अस्थायी अध्यक्ष या टेम्परेरी प्रेसीडेंट के लिए भारतीय राष्ट्रीय कांग्रेस के अध्यक्ष और संविधान सभा के प्रथम वक्ता के रूप में आचार्य जे बी कृपलानी के द्वारा बिहार प्रांत से निर्वाचित सबसे वयोवृद्ध या वरिष्ठ सदस्य डॉ. सच्चिदानंद सिन्हा को आसन्न ग्रहण करने का निमंत्रण दिया गया। संयुक्त प्रांत से सामान्य सीट पर निर्वाचित प्रतिनिधि सच्चिदानंद सिन्हा संविधान सभा के पहले अस्थायी अध्यक्ष या पहले प्रोटेम स्पीकर बने। ज्ञात रहे कि यह सुझाव बी एन राव ने 7 सितम्बर, 1946 को ही दे दिया था कि सबसे वयोवृद्ध सदस्य सिन्हा को अस्थायी सभापति नियुक्त किया जा सकता है।
- सभापति सिन्हा के आग्रह पर एंग्लो इण्डियन ऐसोसिएशन के अध्यक्ष एवं मुखिया एवं बंगाल कांग्रेस कमेटी से मनोनीत संविधान सभा सदस्य फ्रेंक ऐन्थोनी को प्रथम उपाध्यक्ष या उपसभापति के रूप में मनोनीत किया गया।
- संविधान सभा के प्रथम निर्वाचित उपाध्यक्ष के रूप में हरेंद्र कुमार मुखर्जी अथवा एच सी मुखर्जी को ;प्रथम निर्वाचित उपाध्यक्ष 25 जनवरी, 1947 को जो पश्चिम बंगाल से मनोनीत सदस्य थे तथा जयपुर से मनोनीत सदस्य वी टी कृष्णमाचारी को 16 जुलाई, 1947

को एक समय में दो उपाध्यक्ष संविधान सभा का दूसरा उपाध्यक्ष निर्वाचित किया गया। 3 जून 1947 के विभाजन के कारण मुकर्जी उपाध्यक्ष नहीं रहे परन्तु 16 जुलाई, 1947 को वी टी कृष्णामाचारी के साथ पुनः निर्वाचित हो गए।

- संविधान सभा की दूसरी बैठक 10 दिसंबर 1946 को प्रक्रिया नियम समिति का गठन कर दिया गया। संविधान सभा के चार मुख्य स्तंभ राजगोपालाचारी, पंडित जवाहरलाल नेहरू, सरदार वल्लभभाई पटेल और मौलाना आजाद थे। इस बैठक में स्थायी अध्यक्ष के निर्वाचन के लिए केवल नामांकन पत्र दाखिल किया गया।
- संविधान सभा की तीसरी बैठक 11 दिसंबर 1946 को संविधान सभा के स्थाई अध्यक्ष के रूप में अथवा सभापति के रूप में सर्वसम्मति से डॉक्टर राजेंद्र प्रसाद का निर्वाचन हुआ। वे निर्विरोध सभापति निर्वाचित हुए और कालांतर में इस पद को अध्यक्ष के नाम से पुकारा जाने लगा।
- संविधान सभा की पाँचवी बैठक 13 दिसंबर 1946 को जवाहरलाल नेहरू द्वारा सविधान का दर्पण, छोटा स्वरूप अथवा लक्ष्य के रूप में 08 लक्ष्यों वाला 'उद्देश्य प्रस्ताव' प्रस्तुत किया गया जिसमें भारतीय गणराज्य की प्रभुता, एकता, अखण्डता, सामाजिक, आर्थिक एवं राजनीतिक न्याय, समानता, समान अवसर, स्वतंत्रता, अंतराष्ट्रीय शांति एवं सुरक्षा इत्यादि का उल्लेख किया गया था, जिसे अन्तिम रूप से संविधान सभा ने 22 जनवरी, 1947 को सर्वसम्मति से स्वीकार किया या पारित किया। नेहरू का उद्देश्य प्रस्ताव भारतीय लोकतांत्रिक गणराज्य की रूपरेखा और संविधान की प्रस्तावना का आधार बना उसे एक सामाजिक दस्तावेज के रूप में देखा जा सकता है। यह भारतीय संविधान की प्रस्तावना का पूर्वरूप था।

स्वतंत्र भारतीय संविधान सभा में सदस्य संख्या :

- 03 जून, 1947 को डिकी प्लान या जून योजना या विभाजन योजना या माउण्टबेटन योजना के तहत भारत का विभाजन किया गया जिसे 18 जुलाई, 1947 को ब्रिटिश संसद ने भारत स्वतंत्रता अधिनियम के नाम से पारित किया। जून योजना के बाद भारतीय संविधान सभा के लिए प्रतिनिधियों की संख्या 389 के स्थान पर 318 निर्धारित की गई अर्थात् 9 प्रांतों से 226, तीन क्षेत्रों से 3 व देशी राज्यों से 89 सीटें होगीं। भारत वाले पंजाब या पूर्वी पंजाब के लिए 12 सीटें, भारत वाले बंगाल या पश्चिम बंगाल के लिए 19 सीटें व असम के लिए 08 सीटें निर्धारित की गई। पश्चिमी पंजाब को 17 सीटें, पूर्वी बंगाल को 41 सीटें व सिलहट को 3 सीटें प्रदान की गई। 296-70 सिंध प्रांत व उतर पश्चिमी सीमांत प्रांत व ब्रिटिश ब्लूचिस्तान क्षेत्र पाकिस्तान देश में शामिल हो गए। अतः उनकी सीटें भी पाकिस्तान में चली गई या भारतीय संविधान सभा में से कम हो गई। पंजाब व बंगाल के प्रतिनिधियों के लिए फिर से निर्वाचन का प्रावधान किया गया।
- 31 दिसंबर, 1947 की तिथि को संविधान सभा में 299 सदस्य प्रतिनिधित्व कर रहे थे, जिनमें 226 सदस्य 9 ब्रिटिश प्रांतों से, अर्थात् मद्रास -49, बंबई-21, पश्चिम बंगाल-19, संयुक्त प्रांत-55, पूर्वी पंजाब-12, बिहार-36, मध्य प्रांत व बरार-17, असम-08 व उड़ीसा-09 प्रतिनिधि तथा 03 सदस्य मुख्य आयुक्तों के प्रांतों से प्रत्येक से एक अर्थात् दिल्ली, अजमेर-मेरवाड़ा व कुर्ग से तथा 70 सदस्य 29 देशी राज्यों या रियासतों से थे।
- 27 जनवरी, 1948 को संविधान सभा के 6 वें अधिवेशन का आयोजन अर्थात् इस सत्र में केवल 1 दिन ही बैठक हुई थी। इस दिन पंजाब के लिए 4 सीटें अर्थात् 12 से 16 की गई व बंगाल के लिए 02 सीटें बढायी गई, अर्थात् 19 से 21 की गई तथा 1935 के अधिनियम में कुछ संशोधन किये गए। अतः अब 27 जनवरी, 1948 की तिथि को स्वतंत्र भारतीय संविधान सभा के लिए कुल 324 सीटें निर्धारित हुई। ज्ञातव्य हो कि संविधान सभा की अंतिम बैठक 24 जनवरी, 1950 में केवल 284 सदस्य उपस्थित थे।

स्वतंत्र भारत की अन्तरिम सरकार :
15 अगस्त, 1947 को जवाहरलाल नेहरू उपाध्यक्ष, प्रधानमंत्री के रूप में राष्ट्रमंडल, विदेश मामलों के संचालन हेतु, सरदार पटेल को गृह सूचना और राज्य मामलों के संचालन हेतु, डॉ राजेंद्र प्रसाद को कृषि और खाद्य मंत्री, मौलाना आजाद को शिक्षा मंत्री, जॉन मथाई को रेलवे व परिवहन मंत्री, अंबेडकर को विधि मंत्री, जगजीवन राम को श्रम मंत्री, बलदेव सिंह को रक्षा मंत्री, राजकुमारी अमृता कौर को स्वास्थ्य मंत्री, सी एस भाभा को वाणिज्य मंत्री, रफी अहमद किदवई को संचार मंत्री, आरके शणमुखम चेट्टी को वित्त मंत्री, श्यामा प्रसाद मुखर्जी को उद्योग और आपूर्ति मंत्री तथा वी एन गॉडगिल को कार्य, खान और ऊर्जा मंत्री को रूप में शामिल किया गया।

डॉ. बी आर अंबेडकर की संविधान सभा में भूमिका :
अंबेडकर संविधान सभा में बंगाल से चुने गए थे परंतु बंगाल का विभाजन होने के कारण उनकी सीट समाप्त हो गई। अतः कांग्रेस हाईकमान के निर्देशानुसार अंबेडकर को मुंबई कांग्रेस कमेटी के द्वारा बिना किसी शर्त के नेहरू ने संविधान सभा में निर्वाचित करवाया।
सत्यनारायण सिन्हा के द्वारा प्रस्तुत प्रस्ताव को स्वीकार करते हुए 29 अगस्त 1947 को प्रारूप या ड्राफ्टिंग कमेटी का गठन हुआ। इस समिति का औपचारिक नाम प्रारूप संविधान की संवीक्षा समिति था। संविधान सभा में 7 सदस्यों का निर्वाचन किया गया। बी आर अंबेडकर इसके अध्यक्ष और छह अन्य सदस्य निर्वाचित हुए थे। यह कुल 7 सदस्य समिति थी जिसमें अन्य छ सदस्य गोपालस्वामी आयंगर, अल्लादी कृष्णस्वामी अय्यर, कन्हैयालाल माणिकलाल मुंशी, सैयद मोहम्मद सादुल्ला, बीएल मित्तर और डी पी खेतान। बीएल मित्तर के त्यागपत्र के कारण रिक्त स्थान पर उनकी जगह माधवराव को मनोनीत किया गया तथा डी पी खेतान की मृत्यु हो जाने के कारण उसके स्थान पर वी टी कृष्णमाचारी को नामांकित किया गया। दोनों सदस्यों को संविधान सभा के अध्यक्ष राजेन्द्र प्रसाद के द्वारा मनोनीत किया गया था। बी एन राव के द्वारा तैयार प्रारूप संविधान पर विचार करना इस समिति का मुख्य कार्य था। राव के प्रारूप संविधान में 240 अनुच्छेद व 13 अनुसूचियां

थी। इस समिति ने अपना प्रारूप संविधान 21 फरवरी, 1948 को तैयार कर लिया था जिसे 4 नवंबर, 1948 को शुरू होने वाले सातवें अधिवेशन में अंबेडकर के द्वारा प्रस्तुत किया गया जिसमें 315 अनुच्छेद व 8 अनुसूचियां थी।

संविधान सभा के लिए कुल 17 महिलाएं दिसंबर, 1948 तक, निर्वाचित हुई। दिसम्बर, 1946 तक 12 महिलाए संविधान सभा के लिए निर्वाचित हुई। संविधान सभा की पहली बैठक 09 दिसम्बर, 1946, को केवल 10 महिलाओं ने भाग लिया था जिनमें तीन मद्रास प्रांत से अम्मू स्वामीनाथन, दाक्षायानी वेलायूथन तथा जी दुर्गाबाई तथा तीन संयुक्त प्रांत से सुचेता कृपलानी, पूर्णिमा बनर्जी, कमला चौधरी, एक बम्बई से हंसा मेहता और एक बंगाल से लीला राय, एक बिहार से सरोजनी नायडू और एक उडीसा से मालती चौधरी इत्यादि प्रमुख थी। इसके बाद संयुक्त प्रान्त से विजयलक्ष्मी पण्डित ने 17 दिसम्बर, 1946 को तथा मध्य प्रान्त व बरार से राजकुमारी अमृता कौर ने 21 दिसम्बर, 1946 को संविधान सभा में भाग लिया। अतः यह कहा जा सकता है कि 21 दिसम्बर, 1946 के अंत तक 12 महिलाओं ने भाग लिया था तथा अंत तक कुल 15 महिलाओं ने भाग लिया।

संयुक्त या भारतीय संविधान सभा के लिए कुल 17 महिलाएं निर्वाचित व मनोनीत हुई जिनमें तीन मद्रास से अम्मू स्वामीनाथन, दाक्षायानी वेलायूथन तथा जी दुर्गाबाई तथा पांच संयुक्त प्रान्त से सुचेता कृपलानी, पूर्णिमा बनर्जी, कमला चौधरी, विजयलक्ष्मी पण्डित, एकमात्र मुस्लिम महिला बेगम एजाज रसूल 14 जुलाई, 1947 जो कि जुलाई, 1946 में ही मुस्लिम लीग की ओर से सदस्य निर्वाचित हुई थी परन्तु लीग के बहिष्कार के कारण उसने संविधान सभा की बैठको में भाग नहीं लिया परन्तु वह पुनः पृथ्थक भारतीय संविधान सभा के लिए फिर से निर्वाचित होकर संविधान सभा में 14 जुलाई 1947 से शामिल हुई जबकि पंजाब से बेगम जहांआरा शाह नवाज व बंगाल से बेगम शाहिस्ता सोहरावर्दी निर्वाचित हुई लेकिन मुस्लिम लीग के द्वारा संविधान सभा का बहिष्कार करने के कारण इन्होंने संविधान सभा की कार्यवाही में भाग नहीं लिया और बाद में ये क्षेत्र पाकिस्तान में चले गए तथा मध्य

प्रान्त व बरार से राजकुमारी अमृता कौर, बंगाल से रेणुका राय 14 जुलाई, 1947 को शामिल हुई तथा त्रावणकौर व कोच्ची देशी रियासत से देशी रियासतों की तरफ से एकमात्र महिला प्रतिनिधि के रूप में ऐनी मस्करीनी 29 दिसम्बर, 1948 को संविधान सभा शामिल हुई थी।

संविधान सभा में भारतीय देशी राज्य या रियासतों का प्रतिनिधित्व :

चैम्बर ऑफ प्रिंसेज ने 26 जून, 1946 को पत्र लिखकर वार्तालाप समिति नियुक्त करने की मांग रखी। कांग्रेस ने इसका प्रतिरोध किया। अंत में 29 जनवरी, 1947 को राजाओं का सम्मेलन हुआ और उन्हांने इसे केबिनेट द्वारा स्वीकृति देने की बात रखी। वे मूलतः अपनी सता को बरकरार रखने के प्रावधान चाहते थे। इस समय संविधान सभा की कार्यवाही चल रही थी। संविधान सभा की देशी राज्य समिति के अध्यक्ष नेहरू ही थे। अतः 08 व 09 फरवरी, 1947 को नेहरू की अध्यक्षता वाली राज्य समिति ने नरेश मण्डल की वार्तालाप समिति से परामर्श किया। संविधान सभा के संवैधानिक सलाहकार बी एन राव के द्वारा देशी राज्यों के प्रतिनिधित्व के लिए एक अस्थायी योजना का विकल्प बताया। इस योजना के अनुसार देशी राज्यों को भी ए, बी एवं सी समूह में विभाजित किया गया।

ए खण्ड में राजा व्यक्तिगत रूप से प्रतिनिधि का चयन करेंगे। इस खण्ड में 62 मिलियन जनसंख्या वाले 20 देशी राज्य और उनके लिए 60 सीटों का प्रावधान रखा गया।

खण्ड बी में 03 मिलियन जनसंख्या वाले उतरी पूर्वी एवं उतर पश्चिमी सीमान्त राज्यों को रखा गया जहाँ 14 राज्यों के लिए उनकी भौगोलिक प्रस्थिति के हिसाब से केवल 04 सीटे रखी गई। खड सी में शेष राज्यों के 9 समूहों को रखा गया जिनके लिए 29 सीटे निर्धारित की गई।

इन 93 प्रतिनिधियों के चयन के लिए लगभग 50 फीसदी राजाओं द्वारा मनोनीत एवं 50 फीसदी विविध प्रकार के निर्वाचित निकायों के द्वारा निर्वाचित होने का प्रावधान रखा गया। ये निर्णय मार्च, 01-02, 1948 को लागू हुए।

राजस्थान की देशी रियासतों से संविधान सभा में नवंबर, 1949 तक

11 प्रतिनिधि शामिल हुए जिनमें वी टी कृष्णामाचारी, हीरालाल शास्त्री, माणिक्यलाल वर्मा, जयनारायण व्यास, गोकुल लाल असावा, बलवंत सिंह मेहता, जसवंत सिंह, खेतडी के सरदार सिंह जी, राजबहादुर, रामचंद्र उपाध्याय और दलेल सिंह प्रमुख थे।

संविधान सभा के बारे में कथन व संज्ञा :

- नेहरू ने संविधान सभा को चलायमान राष्ट्र की संज्ञा दी है। सर आईवर जेनिंग्स के द्वारा संविधान सभा को वकीलों का स्वर्ग कहा गया है। यद्यपि संविधान सभा में कुल 12 वकील शामिल थे।
- सर आईवर जेनिंग्स के शब्दों में "यह विश्व का सबसे बड़ा और विस्तृत सिंवधान था और वकीलों का स्वर्ग था।" अंबेडकर कहते है कि "यदि संविधान सफल होगा तो, यह भारत के लोगों की से सफलता होगी।" के सी व्हीयर के अनुसार "भारतीय संविधान सविधान कठोरता एवं लचीलेपन का संयोजन है।" के वी राव के शब्दों में "अंबेडकर को संविधान का जनक नहीं, जननी कहना चाहिए।"
- आलोचनात्मक कथन : विस्टर्न चर्चिल एवं जयकर के अनुसार संविधान सभा सम्पूर्ण प्रभुत्व सम्पन्न नहीं थी। जयप्रकाश नारायण के अनुसार संविधान सभा एक प्रतिनिधि संस्था नहीं थी। साइमन व चर्चिल ने इसे हिन्दुओं की संस्थान बताया है। जैनिग्स ने इसे वकीलों का स्वर्ग कहा है।

संविधान सभा के संवैधानिक सलाहकार :

वायसराय वैवेल के द्वारा बी एन राव को जुलाई, 1946 में संवैधानिक सलाहकार नियुक्त किया गया। उसर बेनेगल नरसिंह राव उर्फ बी एन राव भारतीय नागरिक सेवा के सदस्य, कलकता उच्च न्यायालय में न्यायधिश, 1944-45 के समय जम्मू कश्मीर के प्रधानमंत्री रहे एवं प्रसिद्ध कूटनीतिज्ञ, म्यांमार संविधान निर्माता इत्यादि थे। राव ने अपना कार्य निः शुल्क रूप से किया गया था।

संविधान सभा का समय, बैठक, अधिवेशन, निवर्चन एवं व्यय : भारतीय संविधान के निर्माण में 9 दिसंबर 1946 से लेकर 26 नवंबर 1949 तक 2 वर्ष 11 माह 18 दिन का समय लगा है। इस समयावधि में संविधान सभा के लगभग 11 अधिवेशन हुए। 165 बैठकें हुई जिनमें से 114 दिनों तक संविधान का प्रारूप पर बहस चली और लगभग 3 वाचन हुए। प्रथम वाचन 4 नवंबर 1948, से 9 नवंबर 1948 तक, दूसरा वचन 15 नवंबर 1948 से 17 अक्टूबर 1949 तक तथा तीसरा वाचन 17 अक्टूबर 1949 से 26 नवंबर 1949 तक संचालित हुआ। संवधिन सभा की कार्यवाही पर लगभग ₹63,96,729 खर्च हुए। इसी के साथ में 26 नवंबर 1949 की तारीख को 16 अनुच्छेद ;5, 6, 7, 8, 9, 60, 324, 366, 367, 379, 380, 388, 391, 392, 393, 394द्ध जो नागरिकता, निर्वाचन और अंतरिम व निर्वचन से संबंधित थे, को अनुच्छेद 394 के तहत एक साथ लागू कर दिया गया। 394 यह उदद्योषित करता है कि संविधान लागू होने की तारीख क्या होगी अर्थात् अनुच्छेद 394 व अमुख 15 अनुच्छेद अर्थात् कुल 16 अनुच्छेद एक साथ लागू होंगे तथा अन्य प्रावधान 26 जनवरी, 1950 से लागू होंगें। वह दिन संविधान के आरम्भ का दिन माना जाएगा। अतः प्रतिवर्ष 26 नवंम्बर को भारतीय संविधान दिवस भी मनाया जाता है।

संविधान सभा की अंतिम बैठक 24 जनवरी, 1950 :

24 जनवरी 1950 की तारीख को बुलायी गई बैठक में सर्वप्रथम बंबई से रन्नपा बरप्म्पा एंव हिमाचल प्रदेश से वाई एस परमार के शपथ एवं हस्ताक्षर की कार्यवाही हुई तथा चौथे नंबर पर निर्वाचन अधिकारी एवं संविधान सभा के सचिव एच वी आर आयंगर ने बताया कि निर्वाचन के लिए केवल एक ही नामांकन पत्र प्राप्त हुआ है जिसमें राजेन्द्र प्रसाद का नाम है। नेहरू ने राजेन्द्र प्रसाद का नामांकन प्रस्तावित किया तथा अनुमोदन या सैकंण्डेड सरदार पटेल के द्वारा किया गया। इसी के साथ राजेंद्र प्रसाद भारतीय गणतंत्र के प्रथम निर्वाचित राष्ट्रपति बन गए। इसके बाद सदस्यों के हस्ताक्षर हेतु संविधान की तीन प्रतिया सदन में प्रस्तुत की गई जिसमें एक नन्दलाल बोस की कलाकृतियों सहित अंग्रेजी की हस्तलिखित प्रति, एक प्रति मुद्रित या छपी हुई अंग्रेजी में

तथा एक घनश्याम सिंह गुप्ता द्वारा अनुवादित हस्तलिखित हिन्दी में थी। सर्वप्रथम राजेंद्र प्रसाद ने फिर प्रधानमंत्री नेहरू ने हस्ताक्षर किये और अतंतः 284 सदस्यों ने संविधान की तीन प्रतियों पर हस्ताक्षर किए। इसी के साथ बंदेमातरम एवं जन गण मन के गायन के साथ संविधान सभा को समाप्त कर दिया गया और उसे अंतरिम संसद में परिवर्तित कर दिया गया जो कि एक सदनीय विधायिका के रूप में 1952 अर्थात् संसद के नवीन निर्वाचन या पुनर्गठन तक अस्तित्व में रही।

ज्ञातव्य रहे कि संविधान सभा 9 दिसंबर, 1946 से 24 जनवरी, 1950 तक अस्तित्व में रही अर्थात् 3 वर्ष 1 माह एवं 16 दिन तक विद्यमान रही है। इस तिथि तक 12 अधिवेशन, 167 बैठके आयोजित हुई। 53000 हजार लोगों ने दर्शक दीर्घा में प्रवेश किया। संविधान सभा के नियमों के तहत राजेंद्र प्रसाद **संविधान सभा के प्रवक्ता थे।**

26 जनवरी 1950 की तारीख को भारतीय गणतंत्र के संविधान में मौलिक रूप से 395 अनुच्छेद 22 भाग और 8 अनुसूचियां थी। 26 जनवरी, 1950 को भारतीय गर्वनर जनरल सी राजगोपालाचारी ने 10:30 बजे आधिकारिक घोषणा कि भारत एक सम्पूर्ण प्रभूत्व सम्पन्न लोकतांत्रिक गणराज्य होगा।

संविधान की प्रस्तावना :

- सामानयतया प्रत्येक देश के संविधान की एक प्रस्तावना होती है। उसी तरह से भारत के संविधान की भी एक प्रस्तावना है। संविधान की प्रस्तावना का पूर्व रूप नेहरू का उधेश्य प्रस्ताव कहलाता है अर्थात् वर्तमान प्रस्तवना नेहरू के उेधश्य प्रस्ताव पर आधारित है।
- संविधान सभा की पाँचवी बैठक में 13 दिसंबर, 1946 को नेहरू ने 08 ध्येय वाला प्रस्ताव रखा जो कि 22 जनवरी, 1947 को पारित हो गया था तथापि प्रस्तावना के प्रारूप को संविधान सभा के दूसरे वाचन में 17 अक्टुबर, 1947 को स्वीकार किया गया और प्रस्तावना 26 जनवरी, 1950 को लागू हुई। यद्यपि के संथानम ने इसे 26 नवंबर को ही लागू करने का मत व्यक्त किया परंतु अल्लादी कृष्ण

अय्यर ने तकनीकी कारण को ध्यान में रखते हुए कहा कि प्रस्तावना गणराज्य की बात कह रही है जो कि भारत अभी तक गणराज्य बना नहीं है। भारत के राष्ट्रपति के चुनाव 24 जनवरी, 1950 को हुए और भारत 26 जनवरी को गणराज्य बना।

- इसी के साथ एक तथ्य यह भी ध्यान देने योग्य है कि सामान्यतया अधिनियम की प्रस्तावना पर विधानमण्डलों में बहस नहीं की जाती और मतदान नहीं होता है परंतु भारतीय संविधान सभा में प्रस्तावना पर अन्य भागों की तरह बहस हुई और मतदान भी हुआ और इसे विधिवित अधिनियमित एवं अंगीकृत किया गया। प्रस्तावना पर अंतिम मतदान करते समय राजेंद्र प्रसाद ने कहा कि प्रस्ताव यह है कि प्रस्तावना संविधान का अंग बने। अतः यह कहा जा सकता है कि संविधान सभा ने प्रस्तावना को संविधान का मूल अंग माना था।
- इस प्रस्तावना में अब तक केवल एक बार संशोधन हुआ। कांग्रेस के नेतृत्व में इंदिरा गांधी के समय रक्षामंत्री सरदार स्वर्ण सिंह की अध्यक्षता में गठित स्वर्ण सिंह समिति की अनुशंसा पर 42 वें संविधान संशोधन अधिनियम, 1976 की धारा 2 के तहत क्रमशः समाजवादी, पंथनिरपेक्ष और अखण्डता, तीन शब्दों को अंतः स्थापित किया गया है। 42 वां संविधान संशोधन अधिनियम, 1976 को भारत का लघु संविधान भी कहा जाता है। यह संशोधन 03 जनवरी, 1977 से प्रभावी या लागू हुआ। ब्रिटिश भारत के दौरान भारत शासन अधिनियम या मोण्टेग्यू-चैम्सफोर्ड अधिनियम, 1919 की अपनी एक प्रस्तावना पहली बार तैयार की गई थी।
- संविधान की प्रस्तावना में संशोधन के बाद 86 शब्द एवं 12 पंक्तिया है। हमारे संविधान की प्रस्तावना हम लोग तथा नागरिकों अर्थात् व्यक्त्यिं एवं नागरिकों दोनों को संबोधित करती है। इसमें गणराज्य, पंथनिरपेक्ष राज्य, समाजवादी राज्य, लोकतांत्रिक राज्य, तीन प्र्रकार की न्याय, पाँच प्रकार की स्वतंत्रताओं, दो प्रकार की समताओं एवं व्यक्ति की गरिमा, बंधुत्व, देश की एकता व अखण्डता के बारे में विवरण दिया गया है।

- संविधान की प्रस्तावना में न्याय, स्वतंत्रता एवं समता को सर्वोच्च स्थान दिया गया है। प्रस्तावना के शब्द स्वतंत्रता, समता एवं बंधुत्व फ्रांसीसी क्रांति के उद्‌गार को व्यक्त करती है। व्यक्तिगत स्वतंत्रता अमेरिकी क्रांति के प्रभाव को व्यक्त करती है।
- अंगीकृत, अधिनियमित एवं आत्मार्पित : भारत के लोगों ने अर्थात् संविधान निर्माताओं ने दिनांक 26 नवंबर, 1949 को प्रस्तावना में यह घोषणा कि हम इस संविधान को अंगीकृत, अधिनियमित एवं आत्मार्पित करते है। इस दिन संविधान आंशिक रूप से लागू हुआ क्योंकि **लगभग 16 अनुच्छेद 5, 6, 7, 8, 9, 60, 324, 366, 367, 379, 380, 388, 391, 392, 393, 394** इत्यादि तथा शेष संविधान की प्रस्तावना सहित 26 जनवरी, 1950 को लागू हुए।

भारतीय संविधान की प्रस्तावना का महत्व एवं न्यायिक विवाद : संविधान की प्रस्तावना संविधान का छोटा रूप या प्रतिबिंब है जो कि इसके दर्शन, लक्ष्यों एवं आंकाक्षाओं को अभिव्यक्त करती है।
पं. ठाकुरदास भार्गव के शब्दों में

- 'प्रस्तावना संविधान की कुंजी है, वह विधान की आत्मा है,
- हंसा मेहता के शब्दों में प्रस्तावना में दिए हुए वचन पूर्ण होने पर ही यह देश अपनी प्राचीन प्रतिष्ठा को प्राप्त करेगा।
- के एम मुंशी ने उधेश्य प्रस्ताव सहित प्रस्तावना को राजनीतिक जम्नकुंडली कहा है।
- आचार्य जे बी कृपलानी ने प्रस्तावना के सिद्‌धांतों को गहन सिद्‌धांत कहा है।
- प. गोविंद दास के शब्दों में प्रस्तावना आदि वाक्य एवं संविधान की आधारशिला है।
- वी एन गॉडगिल ने प्रस्तावना की तुलना प्राचीन नाटकों के नांदी पाठ से की है।
- भारतीय न्यायधिश एन ए पालकीवाला के अुनसार प्रस्तावना संविधान का परिचय पत्र है।

यद्यपि संविधान सभा ने प्रस्तावना को संविधान का मूल अंग माना था परंतु फिर भी 1950 के दशक में विवाद उत्पन्न हुए अर्थात्

1 ए के गोपालन बनाम मद्रास राज्य, 1950 :
पहली बार इस निर्णय में कहा गया कि संविधान की प्रस्तावना न्यायालय में प्रवर्तनीय नहीं है।

2 इन री बेरुबाडी यूनियन वाद 1960 :
न्यायमूर्ति गजेंद्र गडकर ने निर्णय दिया कि प्रस्तावना संविधान निर्माताओं के मन की कुंजी है। जहाँ शब्द या अर्थ की अस्पष्टता हो, वहां संविधान निर्माताओं के आशय को समझने के लिए प्रस्तावना की सहायता ली जा सकती है। लेकिन यह कहा कि प्रस्तावना संविधान का अंग नहीं है। इसलिए संविधान की प्रस्तावना में संशोधन नहीं किया जा सकता। इसका उपयोग केवल भाषा स्पष्टीकरण के लिए ही किया जा सकता है।

3 सज्जन सिंह बनाम राजस्थान राज्य, 1965 :
इस मामले में न्यायमूर्ति मधोलकर ने कहा कि प्रस्तावना पर गहन विचार-विमर्श की छाप है। उस पर सुस्पष्टता का ठप्पा है और उसे संविधान निर्माताओं ने विशेष महत्व दिया है। वह संविधान की विशेषताओं का निचोड या सार है। लेकिन वह संविधान का औपचारिक भाग नहीं है। इस पर पुनः विचार की आवश्यकता है।

3 गोलकनाथ बनाम पंजाब राज्य वाद 27 फरवरी, 1967 :
न्यायधिपति सुब्बाराव के अनुसार प्रस्तावना किसी अधिनियम के मुख्य आदर्शों एवं आकांक्षाओं का उल्लेख करती है।" न्यायमूर्ति हिदायतुल्लाह ने बताया कि यह संविधान की मूल आत्मा है, शाश्वत है और अपरिवर्तनीय है।"

4 केशवानन्द भारती बनाम केरल राज्य वाद 1973 :
इस केस में अधिकांश न्यायधिशों ने संविधान सभा के वाद-विवाद का हवाला देते हुए निर्णय किया कि प्रस्तावना भारतीय संविधान का अभिन्न हिस्सा है। और इसका संविधान के समान ही महत्व है। इसलिए संसद इसमें अनुच्छेद 368 के उपबंधों के अधीन संशोधन कर सकती है लेकिन ऐसा कोई भी संशोधन संविधान के मूलभूत ढांचे या आधारभूत

संरचना या बेसिक स्ट्रक्चर को नष्ट नहीं करना चाहिए। इसी वाद मे पहली बार 7-6 की संवैधानिक बेंच ने आधारभूत संरचना के सिद्धांत का निर्णय दिया था। यह निर्णय भारतीय संविधान में मील का पत्थर साबित हुआ है।

5 इंदिरा गांधी बनाम राजनारायण, 1975

प्रस्तावना संविधान के विशिष्ट प्रावधानों को समाप्त नहीं कर सकती है। यह न तो शक्ति का स्त्रोत है और न ही उसकों सीमित किया जा सकता है।

6 मिनर्वा मिल्स वाद, 1980 :

इस वाद के अंतर्गत आधारभूत संरचना की अवधारणा अथवा केशवानंद भारती बनाम केरल राज्य के निर्णय का ही समर्थन किया गया। आधारभूत संरचना के अंतर्गत सर्वोच्च न्यायालय के द्वारा दिए जाने वाले निर्णय को शामिल करने की बात कही गई। अब तक अनेक निर्णयों के माध्यम से पंथनिरपेक्षता, मौलिक अधिकार, संसदीय प्रणाली, न्यायिक पुनरावलोकन, न्यायिक नियुक्ति मण्डली या कॉलेजियम इत्यादि को आधारभूत संरचना में शामिल किया गया है।

7 एस आर बोम्मई बनाम भारत संघ, 1994 :

इस वाद के अंतर्गत न्यायमूर्ति रामास्वामी के द्वारा निर्णय किया गया कि प्रस्तावना संविधान का अंग है। लोकतांत्रिक शासन व्यवस्था, संघात्मक ढ़ांचा, राष्ट्र की एकता और अखण्डता, पंथनिरपेक्षता, समाजवाद, सामाजिक न्याय, न्यायिक पुनर्विलोकन संविधान के बुनियादी तत्वों में है।

पूर्व में आयोजित विविध प्रतियोगी परीक्षाओं के प्रश्नोंतर :

प्रश्न-1 संविधान सभा जिसने संविधान का प्रारूप बनाया, उसके सदस्य-

(1) ब्रिटिश संसद द्वारा मनोनयन किये गए थे।

(2) गवर्नर जनरल के द्वारा मनोनयन किया गया था।

(3) विभिन्न प्रांतों के विधान मण्डलों द्वारा निर्वाचित हुए थे।

(4) भारतीय राष्ट्रीय कांग्रेस एवं मुस्लिम लीग के द्वारा निर्वाचित हुए

थे।

उतर- (3)

प्रश्न-2 संविधान सभा में गांव को भारत की राजनीतिक व्यवस्था की आधार इकाई बनाने का विरोध किसने किया-

(1) एच वी कामथ (2) बी आर अम्बेडकर (3) जवाहरलाल नेहरू (4) के एम मुंशी

उतर- (2)

प्रश्न-3 संविधान की प्रस्तावना की 'स्वतंत्रता' में शामिल नहीं है-

(1) विचार की स्वतंत्रता (2) विश्वास की स्वतंत्रता (3) आजीविका की स्वतंत्रता (4) उपासना की स्वतंत्रता

उतर- (3)

प्रश्न-4 निम्न में से सही कथन कौनसा है-

(1) प्रस्तावना संविधान का भाग नहीं है। (2) प्रस्तावना संविधान का भाग है। (3) प्रस्तावना में संशोधन नहीं किया जा सकता है। (4) प्रस्तावना का गौण महत्व है।

उतर- (2)

प्रश्न-5 संविधान सभा की प्रारूप समिति के अध्यक्ष कौन थे-

(1) राजेंद्र प्रसाद (2) जे एल नेहरू (3) बी आर अम्बेडकर (4) के एम मुंशी

उतर- (3)

प्रश्न-6 संविधान की उद्देशिका किनकों संबोधित करती है-

(1) लोगों (2) नागरिकों (3) लोगों व नागरिको (4) कोई नहीं

उतर- (3)

प्रश्न-7 संविधान की प्रस्तावना में संशोधन किया गया है-

(1) केवल एक बार 42 वें संशोधन, 1976 द्वारा (2) केवल दो बार 42 वें एवं 44 वें 1978 संशोधन द्वारा (3) कभी भी नहीं (4) 32 वे संशोधन के द्वारा

उतर- (1)

प्रश्न-8 भारतीय संविधान सभा के बारे में क्या सही नहीं है-

(1) यह वयस्क मताधिकार पर आधारित नहीं थी। (2) यह प्रत्यक्ष

निर्वाचन का परिणाम नहीं थी। (3) यह बहुदलीय संरचना नहीं थी। (4) यह कई समितियों के माध्यम से कार्यरत थी।

उत्तर- (3)

प्रश्न-9 संविधान के अनुसार भारत है-

(1) फेडरल राज्य (2)राज्यों का संघ (3) राज्यों का परिसंघ (4) राज्यों का कॉमनवेल्थ

उत्तर- (2)

प्रश्न-10 भारतीय संविधान को अंगीकृत एवं अधिनियमित किया गया है-

(1) 26 जनवरी, 1950 (2) 26 नवंबर, 1950 (3) 26 नवंबर, 1949 (4) 15 अगस्त, 1947

उत्तर- (3)

प्रश्न-11 प्रस्तावना में दिये गए आश्वासनों का सही क्रम है-

(1) समता, स्वतंत्रता, न्याय, बंधुता (2) न्याय, समता, स्वतंत्रता, बंधुता (3) न्याय, स्वतंत्रता, समता, बंधुता (4) बंधुता, न्याय, समता, स्वतंत्रता

उत्तर- (3)

प्रश्न-12 42वें संविधान संशोधन, 1976 के द्वारा संविधान की प्रस्तावना में जोड़े गए तीन शब्द क्रमशः कौनसे है-

(1) समाजवादी, पंथनिरपेक्ष, अखण्डता (2) समाजवादी, गणराज्य, अखण्डता (3) पंथनिरपेक्ष, समाजवादी, अखण्डता (4) संप्रभु, पंथनिरपेक्ष, अखण्डता

उत्तर- (1)

प्रश्न-13 भारत एक लोकतंत्रात्मक गणराज्य है, क्योंकि-

(1) संघ का मंत्रिमण्डल लोकसभा के प्रति उतरदायी होता है। (2) सार्वभौमिक वयस्क मताधिकार की विद्यमानता (3) राष्ट्रपति एक लोकप्रिय निर्वाचक मण्डल द्वारा चुना जाता है। (4) भारत में संसद सर्वोच्च है।

उत्तर- (3)

प्रश्न-14 अंतरिम सरकार के दौरान भारत सरकार का संवैधानिक

सलाहकार कौन था-
(1) बी एन राव (2) भीमराव अम्बेडकर (3) एस एन कुलकर्णी (4) अल्लादी कृष्णस्वामी अयyर
उतर- (1)
प्रश्न-15 भारत के मूल संविधान में थे-
(1) 392 अनुच्छेद, 8 अनुसूची (2) 395 अनुच्छेद, 8 अनुसूची (3) 394 अनुच्छेद, 10 अनुसूची (4) 396 अनुच्छेद, 12 अनुसूची
उतर- (2)
प्रश्न-16 निम्न में से कौनसा युग्म त्रुटिपूर्ण है-
(1) संविधान सभा के अध्यक्ष - राजेंद्र प्रसाद
(2) राज्य मंत्रालय की स्थापना - राजगोपालाचारी
(3) भारतीय स्वतंत्रता लीग के अध्यक्ष - सुभाष चंद्र बोस
(4) भारतीय साम्प्रदायिक समस्या के समाधान की योजना तैयार करने वाले - राजगोपालाचारी
उतर- सभी विकल्प सही है।
प्रश्न-17 16 अगस्त 1946 को मुस्लिम लीग ने किस रूप में मनाया-
(1) प्रत्यक्ष कार्यवाही दिवस (2) अप्रत्यक्ष कार्यवाही दिवस (3) भाईचार दिवस (4) शांति एवं सद्भावना दिवस
उतर- (1)
प्रश्न-18 यह अर्थात् प्रस्तावना गद्य काव्य है, नहीं, यह परिपूर्णता की तस्वीर है। किसने कहा-
(1) अर्नेस्ट बार्कर (2) हंसा मेहता (3) पंडित ठाकुरदास भार्गव (4) के एम मुंशी
उतर- (3)
प्रश्न-19 भारतीय संविधान सभा की किस बैठक में स्थायी सभापति का निर्वाचन किया गया-
(1) प्रथम (2) द्विवतीय (3) तृतीय (4) चतुर्थ
उतर- (3)
प्रश्न-20 भारतीय संविधान सभा की पहली बैठक में सर्वाधिक सदस्य किस प्रांत से उपस्थित रहे-

(1) बंगाल (2) बंबई (3) मद्रास (4) बिहार

उत्तर- (3)

प्रश्न-21 प्रस्तावना में प्रयुक्त शब्द समाजवादी के लक्ष्यों से संबंधित है-

(1) अनुच्छेद 38 (2) अनुच्छेद 39 (3) अनुच्छेद 46 (4) सभी

उत्तर- (4)

प्रश्न-22 संविधान की प्रस्तावना का कौनसा ध्येय व्यक्तिवाद एवं समष्टिवाद के मध्य सामजंस्य स्थापित करता है-

(1) न्याय (2) स्वतंत्रता (3) समता (4) बंधुत्व

उत्तर- (4)

प्रश्न-23 निम्न में कौनसा सही मिलान नहीं है-

(1) संविधान सभा के स्पीकर- गणेश वासुदेव मावलंकर

(2) संविधान सभा के उपाध्यक्ष-वी टी कृष्णामाचारी

(3) संविधान सभा के सचिव-एच वी आयंगर

(4) संविधान सभा के सलाहकार -बेनेगल नरसिंह राव

उत्तर- उपयुक्त सभी सही है।

प्रश्न-24 निम्न में से कौनसा सही युग्म है-

(1) संघ शक्ति - नेहरू

(2) मूल अधिकार - पटेल

(3) कार्य संचालन - राजेन्द्र प्रसाद

(4) प्रारूप समिति - अम्बेडकर

उत्तर- सभी विकल्प सही है।

प्रश्न-25 09 दिसंबर, 1946 को संविधान सभा के कार्यकारी अध्यक्ष कौन थे-

(1) सच्चिदानंद सिन्हा (2) आचार्य कृपलानी (3) अम्बेडकर (4) राजेंद्र प्रसाद

उत्तर- (1)

प्रश्न-26 संविधान आरंभ होने पर 26 जनवरी, 1950 को भारत था-

(1) सम्पूर्ण प्रभुत्व सम्पन, लोकतांत्रिक गणराज्य (2) सम्पूर्ण प्रभुत्व सम्पन समाजवादी गणराज्य (3) सम्पूर्ण प्रभुत्व सम्पन पंथनिरपेक्ष समाजवादी गणराज्य (4) सम्पूर्ण प्रभुत्व सम्पन्न गणराज्य

उतर- (1)

प्रश्न-27 संविधान सभा की पहली बैठक में कितनी महिलाओं ने भाग लिया-

(1) 10 (2) 20 (3) 12 (4) 15

उतर- (1)

प्रश्न-28 प्रस्तावना में संप्रभुता के किस स्वरूप का उल्लेख किया गया है -

(1) राजनीतिक संप्रभुता (2) वैधानिक संप्रभुता (3) लोकप्रिय प्रभुसता (4) कोई नहीं

उतर- (3)

प्रश्न-29 संविधान सभा का सदस्य कौन नहीं था-

(1) सरदार पटेल (2) के एम मुंशी (3) जे बी कृपलानी (4) ए वी अलेक्जेण्डर

उतर- (4)

प्रश्न-30 निम्न में से कौन केबिनेट मिशन का सदस्य नहीं था-

(1) स्टैफोर्ड क्रिन्श (2) पैथिक लॉरेन्स (3) सर जॉन साईमन (4) ए वी अलेक्जेण्डर

उतर- (3)

प्रश्न-31 किसने कहा कि भारतीय संविधान का लक्ष्य अखण्ड जाल में तीन अंतर्गुम्फित तत्वों राष्ट्रीय एकता, लोकतंत्र एवं सामाजिक क्रांति के लक्ष्य को प्राप्त करना है-

(1) जैनिंग्स ने (2) ऑस्टिन ने (3) मोरिस जोंस ने (4) रजनी कोठारी ने

उतर- (2)

प्रश्न-32 किस वाद में कहा गया कि प्रस्तावना संविधान का भाग नहीं है -

(1) केशवानंद भारती केस (2) मेनका गांधी केस (3) बेरूबाडी केस (4) विशाखा केस में

उतर- (3)

प्रश्न-33 केबिनेट मिशन योजना के सदस्य थे-

(1)क्रिप्श, पैथिक, अलेक्जेण्डर (2)क्रिप्स, वेवेल, अलेक्जेण्डर (3)लॉरेंस, रिपन, वैवेल (4) क्रिप्स, वेवैल, माउण्टबेटन
उतर- (1)

प्रश्न-34 कौन सा कथन संविधान सभा के बारे में सही नहीं है-
(1)यह वयस्क मताधिकार पर आधारित नहीं थी (2)यह प्रत्यक्ष निर्वाचन का परिणाम थी (3)वह बहुदलीय निकाय थी (4) उसने अनेकानेक समितियों के माध्यम से कार्य किया।
उतर- (2)

प्रश्न-35 संविधान सभा का गठन प्रस्तावित किया गया था-
(1)क्रिप्स मिशन द्वारा (2)केबिनेट मिशन के द्वारा (3)वेवेल योजना के द्वारा (4)माउण्टबेटन द्वारा
उतर- (2)

प्रश्न-36 प्रस्तावना में समाजवादी व पंथनिरपेक्षता किस वर्ष समावेश किया गया -
(1)1976 (2)1977 (3) 1978 (4) 1975
उतर- (1)

प्रश्न-37 संविधान लागू होते समय प्रस्तावना का सही क्रम क्या था-
(1)संघीय, लोकतांत्रिक, गणराज्य (2)संप्रभु, लोकतांत्रिक, गणराज्य (3)संप्रभु, समाजवादी, गणराज्य (4) संप्रभु, पंथनिरपेक्ष, गणराज्य
उतर- (2)

प्रश्न-38 आपातकाल, 1976 में प्रस्तावना में कौनसा शब्द जोडा गया-
(1)पंथनिरपक्षता (2)लोकतांत्रिक (3)समतावादी (4)संघीय
उतर- (1)

प्रश्न-39 पंथनिरपेक्ष शब्द किस संविधान संशोधन द्वारा जोडा गया-
(1)42 वां (2) 61 वां (3)73 वां (4) 75 वां
उतर- (1)

प्रश्न-40 भारतीय संविधान की दार्शनिक आधार भूमि क्या है-
(1)मौलिक अधिकार (2)नीति निदेशक तत्व (3)प्रस्तावना (4) संघीय संरचना
उतर- (3)

प्रश्न-41 प्रस्तावना में कौनसा शब्द नहीं है-
(1)न्याय (2)बंधुत्व (3)संघीय (4) गरिमा
उतर- (3)

प्रश्न- 42 भारतीय संविधान सभा के अध्यक्ष कौन थे-
(1)राजेन्द्र प्रसाद (2)नेहरू (3)अम्बेडकर (4) महात्मा गांधी
उतर- (1)

प्रश्न-43 किसने भारतीय संविधान को वकीलों का स्वर्ग कहा है-
(1)आस्टिन ने (2)जैनिंग्स ने (3) के सी व्हीयर ने (4) ए वी डायसी ने
उतर- (2)

प्रश्न-44 संविधान लागू करने के लिए 26 जनवरी का दिन क्यों चुना गया-
(1)इस दिन भारतीय राष्ट्रीय कांग्रेस की स्थापना हुई थी (2)इस दिन 1919 जलियावाला बाग हत्याकांड हुआ था (3) इस दिन 1930 में कांग्रेस ने स्वतंत्रता दिवस मनाया था (4)इस दिन गांधी ने भारत छोडों आंदोलन चलाया था।
उतर- (3)

प्रश्न-45 संविधान सभा में अल्पतंत्र समूह था-
(1)जवाहरलाल नेहरू,सरदार पटेल, राजेन्द्र प्रसाद, मौलाना आजाद (2)बी आर अम्बेडकर, आजाद, बीएन राव, नेहरू (3)कृष्णामाचारी, पाणिकर, नेहरू,पटेल,नेहरू (4) आजाद, नेहरू, पटेल, मुंशी
उतर- (1)

प्रश्न- 46 संविधान की प्रस्तावना में उदारता, समता एवं बंधुत्व किस क्रांति से प्रभावित है -
(1)अमेरिकी क्रांति से (2)फ्रांसीसी क्रांति से (3)रशियन क्रांति से (4) चीन की क्रांति से
उतर- (2)

प्रश्न- 47 संविधान की प्रस्तावना में न्याय का कौनसा प्रकार नहीं है-
(1)सामाजिक न्याय (2)आर्थिक न्याय (3)राजनीतिक न्याय (4) वैधानिक न्याय
उतर- (4)

प्रश्न-48 प्रस्तावना में किसका उल्लेख किया गया है-
(1)समान संरक्षण (2)समान न्याय (3)समान अवसर (4)समान स्वतंत्रता
उत्तर- (3)
प्रश्न-49 संविधान की प्रारूप समिति में कितने सदस्य थे-
(1) सात (2) चार (3)आठ (4) नौ
उत्तर- (1)
प्रश्न-50 यदि संविधान संप्रभु है, तो तात्कालिक संप्रभुता आरोपित थी-
(1)राष्ट्र में (2)संविधान सभा में (3)शासक दल में (4) निर्वाचक गण में
उत्तर- (2)

4
भारतीय संविधान की प्रमुख विशेषताए

संविधान और संविधानवाद की संकल्पना :

यह सम् और विधान का सामुहिक स्वरूप है जो कि शासन के विधान या नियमों को अभिव्यक्त करता है। सामान्य शब्दों में किसी देश की राजनीतिक व्यवस्था के संचालन के नियमों का समूह संविधान कहलाता है। सामान्य रूप से लोकतंत्र वह शासन प्रणाली है जहाँ लोग स्वयं ही अपना शासन संचालन करते है। लोकतंत्र का यह स्वरूप **प्रत्यक्ष लोकतंत्र** कहलाता है परंतु आधुनिक विशालतम राज्यों में प्रत्यक्ष लोकंत्र व्यावहारिक नहीं है। इसीलिए अप्रत्यक्ष लोकतंत्र की आवश्यकता होती है। यद्यपि प्रत्यक्ष लोकतंत्र की भांति ही अप्रत्यक्ष लोकतंत्र में भी प्रभुसता जनता में ही निवास करती है परंतु इसका उपयोग जनता के द्वारा निर्धारित समयावधि पर निर्वाचित प्रतिनिधियों के माध्यम से किया जाता है। अतः इसे **प्रतिनिधि लोकतंत्र** के नाम से भी जाना जाता है। जनता अपने प्रतिनिधियों को शासन की शक्तियों का प्रयोग करने के लिए बुनियादी नियमों की एक रूपरेखा तैयार करती है और शासन संचालन के नियमों का यह समूह ही संविधान कहलाता है। ऐसे नियम लिखित या अलिखित हो सकते है। अतः इस आधार पर दूनियाभर में दो तरह के संविधान होते है अर्थात् लिखित संविधान एवं अलिखित

संविधान। जैसे कि संयुक्त राज्य अमेरिका का संविधान, आधुनिक दूनिया का प्रथम लिखित, निर्मित एवं संक्षिप्त संविधान है। इसी तरह फ्रांस, रूस, जर्मनी व भारत का संविधान।

इसके अलावा अलिखित संविधान जहाँ राजनीतिक व्यवस्था के संचालन के नियमों का उल्लेख लिखित स्वरूप में बहुत कम या आंशिक रूप से मिलता है। संविधान किसी संविधान सभा का परिणाम नहीं होता है। सामाजिक एवं धार्मिक परम्पराओं, रीति-रिवाजों, अभिसमयों अथवा समय-समय पर लिए गए सरकारी निर्णयों या आदेशों के आधार पर राजनीतिक व्यवस्था का संचालन होता है। जैसे कि ब्रिटेन और सउदी अरब का अलिखित संविधान।

संविधानवाद की संकल्पना संविधान से ही जुड़ी हुई है। संविधानवाद एक ऐसी राजनीतिक व्यवस्था का समर्थन करता है जो कि संविधान के द्वारा सीमित एवं विधि के अधीन हो। संविधानवाद का सामान्य एवं मूल अर्थ है सीमित सरकार। भारतीय संविधान की प्रमुख विशेषताओं को निम्नलिखित स्वरूपों में विभाजित किया जा सकता है :-

1 भारतीय संविधान ऐतिहासिक विकास का परिणाम :

किसी भी देश का संविधान उसके संस्थापकों, निर्माताओं के आदर्शों, सपनों, आकांक्षाओं एवं मूल्यां का दर्पण होता है। वह उस देश की आर्थिक, सामाजिक, राजनीतिक एवं ऐतिहासिक प्रकृति से प्रभावित होता है।

ब्रिटिशर के आगमन के बाद से इस संवैधानिक विकास यात्रा को लिखित एवं प्रामाणिक स्वरूप मिला। इस क्रम में 1773 के विनियमनकारी अधिनियम से लेकर 1935 के भारत शासन अधिनियम ने अपनी महत्वपूर्ण भूमिका निभाई है। यहाँ तक कि आधुनिक भारतीय संविधान का लगभग 75 फीसदी भाग या 250 अनुच्छेद 1935 के अधिनियम से आंशिक बदलाव के साथ ग्रहण किये गये है। यद्यपि नेहरू ने इसे दासता का बंध पत्र कहा है।

2 लिखित, निर्मित एवं विश्व का विशालतम संविधान :

भारत का संविधान लिखित संविधान है। सर आईवर जेनिग्स ने कहते है कि भारत का संविधान दूनिया का सबसे बडा एवं विस्तृत

संविधान है। जैनिग्स ने भारतीय संविधान को वकीलों का स्वर्ग भी कहा है। इस संविधान का निर्माण एक संविधान सभा के द्वारा किया गया है। भारतीय संविधान सभा का गठन केबिनेट मिशन योजना, 1946 के अंतर्गत हुआ था।

भारतीय संविधान के निर्माण में 9 दिसंबर 1946 से लेकर 26 नवंबर 1949 तक 2 वर्ष 11 माह 18 दिन का समय लगा है। इस समयावधि में संविधान सभा के लगभग 11 अधिवेशन हुए। 165 बैठकें हुई जिनमें से 114 दिनों तक संविधान का प्रारूप पर बहस चली और लगभग 3 वाचन हुए। प्रथम वाचन 4 नवंबर 1948, से 9 नवंबर 1948 तक, दूसरा वचन 15 नवंबर 1948 से 17 अक्टूबर 1949 तक तथा तीसरा वाचन 17 अक्टूबर 1949 से 26 नवंबर 1949 तक संचालित हुआ। संवधिन सभा की कार्यवाही पर लगभग ₹63,96,729 खर्च हुए। इसी के साथ में 26 नवंबर 1949 की तारीख को 16 अनुच्छेद ;5, 6, 7, 8, 9, 60, 324, 366, 367, 379, 380, 388, 391, 392, 393, 394द्ध जो नागरिकता, निर्वाचन और अंतरिम व निर्वचन से संबंधित थे, को अनुच्छेद 394 के तहत एक साथ लागू कर दिया गया। 394 यह उदद्योषित करता है कि संविधान लागू होने की तारीख क्या होगी अर्थात् अनुच्छेद 394 व अमुख 15 अनुच्छेद अर्थात् कुल 16 अनुच्छेद एक साथ लागू होंगे, अतः प्रतिवर्ष 26 नवंम्बर को भारतीय संविधान दिवस भी मनाया जाता है तथा अन्य प्रावधान 26 जनवरी, 1950 से लागू होंगें। वह दिन संविधान के आरम्भ का दिन माना जाएगा। 26 जनवरी का दिन 26 जनवरी, 1930 के ऐतिहासिक दिवस को स्मृति में बनाए रखने के लिए चुना गया था। 15 अगस्त 1947 से 25 जनवरी 1950 तक गणतंत्र बनने से पूर्व तक संविधान सभा ने राष्ट्रीय संसद के रूप में या केंद्र सरकार के रूप में कार्य किया।

यह संविधान सभा 9 दिसंबर, 1946 से 24 जनवरी, 1950 तक अर्थात् 3 वर्ष 1 माह एवं 16 दिन तक अस्तित्व में रही। इस दिन तक संविधान सभा के कुल 12 अधिवेशन, 167 बैठके आयोजित हुई। इसी दिन संविधान सभा को अंतरिम संसद में बदल दिया गया जो अप्रैल-मई, 1952 तक विद्यमान रही।

3 संविधान की प्रस्तावना :

सामानयतया प्रत्येक देश के संविधान की एक प्रस्तावना होती है। उसी तरह से भारत के संविधान की भी एक प्रस्तावना है। संविधान की प्रस्तावना का पूर्व रूप नेहरू का उधेश्य प्रस्ताव कहलाता है अर्थात् वर्तमान प्रस्तवना नेहरू के उेधश्य प्रस्ताव पर आधारित है।

संविधान सभा की पाँचवी बैठक में 13 दिसंबर, 1946 को नेहरू ने 08 ध्येय वाला प्रस्ताव रखा जो कि 22 जनवरी, 1947 को पारित हो गया था तथापि प्रस्तावना के प्रारूप को संविधान सभा के दूसरे वाचन में 17 अक्टुबर, 1947 को स्वीकार किया गया और प्रस्तावना 26 जनवरी, 1950 को लागू हुई।

4 संघात्मक लक्षणों वाली एकात्मक शासन प्रणाली :

यद्‌यपि प्रस्तावना या संविधान में कहीं भी फेडरल या संघ शब्द का प्रयोग नहीं किया गया तथापि भारत एक संघीय राज्य है। यहाँ संघ के लिए यूनियन शब्द का प्रयोग किया गया है। सामान्यतया शक्तियों के वितरण के आधार पर दो तरह की शासन प्रणालियां होती है अर्थात् प्रथम एकात्मक एवं दूसरी संघात्मक।

जहाँ शासन संचालन की समस्त शक्तियां एक ही इकाई या केंद्र सरकार में निहित होती है तो ऐसी प्रणाली एकात्मक शासन प्रणाली कहलाती है। जैसे कि ब्रिटेन, जापान, फ्रांस, चीन इत्यादि।

जहाँ शासन की शक्तियों का संविधान द्‌वारा लिखित एवं स्पष्ट विभाजन कर दिया जाता है तो ऐसी प्रणाली संघात्मक शासन प्रणाली कहलाती है। जैसे कि संयुक्त राज्य अमेरिका, स्वीटजरलैण्ड, जर्मनी, कनाड़ा एवं भारत इत्यादि।

संघात्मक शासन प्रणाली की तीन मुख्य विशेषताएं होती है :

1 शासन शक्तियों का संविधान द्‌वारा स्पष्ट एवं लिखित विभाजन होना।

2 संविधान की सर्वोच्चता एवं कठोरता का प्रावधान।

3 स्वतंत्र, निष्पक्ष एवं सशक्त न्यायपालिका का प्रावधान।

इस आधार पर भारत की राजनीतिक प्रणाली का मूल्यांकन करे तो वह गौण लक्षणों वाली संघात्मक एवं प्रभावी लक्षणां वाली एकात्मक

शासन प्रणाली है। भारतीय संविधान अनुच्छेद 1 में उल्लेखित है कि इण्डिया देट इज भारत शेल बी ए यूनियन ऑफ स्टेट अर्थात् इण्डिया जिसे भारत के नाम से जाना जाता है, वह राज्यों का संघ होगा। हमारे संविधान में यूनियन या संघ शब्द ब्रिटिश उतरी अमेरिका अधिनियम, 1867 से ग्रहण किया गया है। यही कारण है कि हमारी संघीय प्रणाली संयुक्त राज्य अमेरिका की अपेक्षा कनाड़ा के समकक्ष है। अमेरिकी संघ के निर्माण के समय वहाँ 13 स्वतंत्र राज्य थे जो अपनी स्वतंत्र पहचान एवं स्वायतता बरकरार रखना चाहते थे। इसीलिए वहाँ आज भी दोहरी नागरिकता एवं दोहरे संविधान का प्रावधान है। यद्यपि वह अविनाशी राज्यों का अविनाशी संघ है।

संविधान लागू होने के समय 26 जनवरी, 1950 को भारत के कुल 28 राज्य क्षेत्र चार भागों या श्रेणियों में विभाजित थे अर्थात् श्रेणी क में 10 राज्य, श्रेणी ख में 8 राज्य और श्रेणी ग में 9 राज्य एवं श्रेणी घ में 1 राज्य कुल 28 राज्य थे। इस श्रेणी व्यवस्था को 7 वें संविधान संशोधन अधिनियम, 1956 के माध्यम से श्रेणी व्यवस्था का अंत कर दिया गया। अतः 1 नवंबर, 1956 को 14 राज्य क्षेत्र एवं 06 संघ राज्य क्षेत्र थे जो कि वर्तमान 2022 में 28 एवं 08 की संख्या में है।

भारतीय संघ के बारे में संविधान निर्माता अम्बेडकर कहते है कि भारत एक यूनियन है क्योंकि यह इकाईयों की स्वेच्छा से किये गए करार का परिणाम नहीं है और इस यूनियन की इकाईयों को संघ से अलग होने का प्राधिकार नहीं है। अनुच्छेद 2 व 3 के अधीन रहते हुए वह विनाशी राज्यों का अविनाशी संघ है।

भारतीय संघ को दुर्गादास बसु ने एकात्मक प्रभावी लक्षणों वाला संघात्मक राज्य, के सी व्हीयर ने अद्र्धसंघ, मोरिस जोन्स ने सौदेबाजी वाला संघ, ग्रेनविन आस्टिन ने सहकारी संघवाद, आईवर जेनिंग्स ने केंद्रोन्मुखी संघवाद के उपनाम से संबोधित किया है।

अनुच्छेद 3 संघ सरकार अर्थात् संसद विधि द्वारा नये राज्यों का निर्माण, और वर्तमान राज्यों के क्षेत्रों, सीमाओं या नामों में परिवर्तन कर सकेगी

भारतीय संविधान में इकहरी नागरिकता, नीति निदेशक तत्व, सूची

प्रणाली से शक्तियों का संघ के पास अधिक होना या समवर्ती सूची पर संघ का प्रभावी होना, वितीय संक्रेद्रण, अखिल भारतीय सेवाएं, आपातकालीन प्रावधान, राज्यपाल का पद और एकीकृत न्यायपालिका जैसे प्रावधान एकात्मक शासन के पक्ष को अभिलक्षित करते है।

दूसरी तरफ़ शासन की शक्तियों का संविधान द्वारा लिखित एवं स्पष्ट विभाजन, संविधान की सर्वाच्चता, स्वतंत्र एवं निष्पक्ष न्यायपालिका, केंद्र में द्विसदनीय विधानमण्डल संघात्मक प्रणाली या राज्य के स्वरूप को अभिलक्षित करते है।

5 इकहरी नागरिकता का प्रावधान :

भारतीय संविधान में नागरिकता की कोई परिभाषा नहीं दी गई है। परंतु नागरिक एवं विदेशी में भेद करते हुए इसके उपबंध किये गए है और इनमें बदलाव के लिए संसद को अधिकृत किया गया है। संविधान के अनुसार कुछ सामाजिक एवं राजनीतिक अधिकार केवल भारत के नागरिकों को ही प्राप्त होते है, अन्य या विदेशी लोगों को नहीं। जैसे कि मौलिक अधिकारों में अनुच्छेद - 15, 16, 19, 29, 30 के तहत पाँचों अधिकार केवल भारत के नागरिकों को ही प्राप्त होते है। इसके अलावा राष्ट्रपति, उपराष्ट्रपति, उच्च व उच्चतम न्यायालय के न्यायधिश, राज्यपाल, महान्यायवादी और महाधिवक्ता जैसे पद केवल भारतीय नागरिक ही धारण कर सकते है।

भारत में इकहरी नागरिकता या संघ की नागरिकता एवं संघ या भारत के अधिवास का ही प्रावधान किया गया है। अमेरिका में संघ सरकार एवं संघ की इकाईयों दोनों के लिए दोहरी नागरिकता का प्रावधान है जबकि स्विटजरलैण्ड में तीहरी नागरिकता का प्रावधान किया गया है। भारत में ब्रिटेन की तरह इकहरी नागरिकता के प्रावधान को स्वीकार किया गया है।

भारतीय संविधान के भाग 2 में अनुच्छेद 5 से 11 तक नागरिकता संबंधी प्रावधान है।

अनुच्छेद 5 के अनुसार संविधान का आरंभ होने पर भारत क्षेत्र में अधिवास या डोमिसाईल करने वाले व्यक्ति के लिए नागरिकता अर्थात् अधिवास के आधार पर नागरिकता का अधिकार :

क उसका जन्म भारत मे हुआ हो ; या
ख उसके माता-पिता का जन्म भारत में हुआ हो ; या
ग संविधान लागू होने की तिथि से पहले भारत में सामान्य रूप से रह रहा या रेसीडेंस करता हो और यह अवधि कम से कम पाँच वर्ष हो या इससे कम न हो।
ज्ञातव्य हो कि अधिवास का आशय स्थायी निवास की भावना से है जिसे कि मूल अधिवास कहा जाता है। अर्जित अधिवास नागरिकता का आधार नहीं होता है।

नवीनतम नागरिकता संशोधन अधिनियम, 2019 को 12 दिसंबर, 2019 को राष्ट्रपति ने स्वीकृति प्रदान की। यह राजपत्र अधिसूचना के साथ ही 10 जनवरी, 2020 से लागू हो गया है। इसके अनुसार नागरिकता अधिनियम 1955 में परिवर्तन के साथ उल्लेखित है कि 31 दिसंबर, 2014 तक या इससे पहले जो भारत में आ गया है या रह रहा है या जिसने आवेदन लंबित है, ऐसा समुदाय जो पाकिस्तान, अफगानिस्तान एवं बांग्लादेश से आया है और वह हिंदू, सिख, बौद्ध, जैन, पारसी या इसाई है तो उसे नागरिकता देय है। इसे लेकर विवाद का कारण इस्लाम धर्म के लोगों को शामिल नहीं करने को लेकर रहा है। इसी के साथ अधिनियम के अंतर्गत तीसरी अनुसूची में नागरिकता हेतु आवश्यक शर्त, इन्हीं तीन देशों से संबंधित 6 धार्मिक समुदायों के लिए, भारत में निवास या सेवा की शर्त 11 वर्ष से कम न हो को बदलकर 5 वर्ष से कम न हो कर दिया गया है।
इसका कोई भाग अवैधानिक आव्रजन के संबंध में छठवीं अनुसूची के राज्यों असम, मेघालय, त्रिपुरा व मिजोरम क्षेत्रों में लागू नहीं होगा।
6 अंतर्राष्ट्रीय शांति एवं सुरक्षा की विदेश नीति :
भारतीय संविधान के भाग 4 में अनुच्छेद 51 के तहत भारत राज्य की अंतर्राष्ट्रीय शांति एवं सुरक्षा की विदेश नीति की घोषणा की गई है। इसके तहत चार ध्येय घोषित किये गए है अर्थात्

1. अंतर्राष्ट्रीय शांति एवं सुरक्षा में अभिवृद्धि

2. राष्ट्रां के बीच न्यायसंगत एवं सम्मानपूर्ण संबंध बनाए रखना
3. संगठित लोगों के एक दूसरे के व्यवहारों में अंतर्राष्ट्रीय विधि एवं संधि बाध्यताओं के प्रति आदर बढ़ाना
4. अंतराष्ट्रीय विवादों का मध्यस्थता से निपटारें को प्रात्सहान

7 संघ, राज्य एवं संघ राज्य स्तर पर संसदीय शासन प्रणाली की स्थापना :

संसदीय शासन प्रणाली का आशय है ऐसी व्यवस्था जिसमें राज्य के अंगों के बीच विशेष रूप से विधायिका एवं कार्यपालिका के बीच संबंधों के आधार पर शासन प्रणाली के दो प्रकार होते है : एक संसदीय शासन प्रणाली एवं दूसरी अध्यक्षात्मक या राष्ट्रपति शासन प्रणाली। इनके अलावा भी कुछ राज्यों में अद्र्ध-राष्ट्रपति प्रणाली भी पायी जाती है।
संसदीय शासन प्रणाली की पाँच आधारभूत विशेषताएं निम्न है :

1. संसदीय सर्वोच्चता परंतु भारत में नहीं है
2. विधायिका एवं कार्यपालिका में घनिष्ठ संबंध होता है।
3. कार्यपालिका का विधायिका के प्रति प्रत्यक्ष, निरतंर एवं दैनिक उतरदायीत्व
4. कार्यपालिका का कार्यकाल निश्चित होते हुए भी अनिश्चित होता है
5. कार्यपालिका का गठन विधायिका से होता है
6. सामुहिक उतरदायित्व

भाग 5 में अनुच्छेद 52 से 151 तक संघीय कार्यपालिका, विधायिका एवं न्यायपालिका के संबंध में उपबंध किये गए है।
भाग 6 के अंतर्गत 152 से 237 तक राज्य कार्यपालिका, विधायिका एवं उच्च न्यायपालिका तथा अधीनस्थ न्यायपालिका के बारे में उपबंध किया गया है। भाग 8 के अंतर्गत 238 से 242 तक संघ शासित प्रदेशों की शासन प्रणाली का उल्लेख किया गया है।

8 लोकतांत्रिक विकेंद्रीकरण एवं स्थानीय स्वशासन की व्यवस्था का उपबंध :

लोकतांत्रिक विकेंद्रीकरण का आशय ऐसी शासन प्रणाली से है जहाँ लोकतांत्रिक तरीकों से शासन की शक्तियों को विभाजित किया जाता है। 73 वें संविधान संशोधन, 1992 के द्वारा ग्रामीण स्थानीय स्वशासन की स्थापना की गई है जिसके तहत भारतीय संविधान में शीर्षक पंचायते, भाग 9 तथा 11 वीं अनुसूची एवं अनुच्छेद 243 से 243, ओ या ण तक 16 अनुच्छेद जोड़े गए है।

शहरी क्षेत्रों में स्थानीय स्वशासन की स्थापना की कड़ी में शीर्षक नगरपालिकाएं, भाग 9 तथा 12 वीं अनुसूची के तहत 243, पी या त से 243, जेड जी या यछ तक कुल 18 अनुच्छेदों का समावेश किया गया है। 97 वें संविधान संशोधन 2011 के के माध्यम से सहकारी समितियों की स्थापना के लिए शीर्षक सहकारी समितियां, भाग 9 ख तथा 243 जेड एच या यज से 243 जेड टी या यन तक 13 अनुच्छेदों का समावेश किया गया है।

9 स्वतंत्र, निष्पक्ष एवं एकीकृत न्यायपालिका का प्रावधान :

भाग 5 के अतंर्गत 124 से 147 तक तथा भाग 6 के अंतर्गत 214 से 231 तक उच्च न्यायपालिका एवं भाग 6 के अंतर्गत ही अनुच्छेद 233 से 237 तक अधीनस्थ न्यायपालिका का उल्लेख किया गया है।

10 संवैधानिक, स्वतंत्र, निष्पक्ष एवं स्वायत संस्थानों की स्थापना का प्रावधान :

संघ लोक सेवा आयोग, राज्य लोक सेवा आयोग, संयुक्त राज्य लोक सेवा आयोग, अल्पसंख्यक आयोग, राष्ट्रीय अनुसूचित जाति आयोग, राष्ट्रीय अनुसूचित जनजात आयोग, अल्पसंख्यक आयोग, भाषा आयोग, निर्वाचन आयोग, राजभाषा आयोग इत्यादि का उल्लेख किया गया है।

11 आपातकालीन प्रावधानों की व्यवस्था :

संविधान के भाग 18 में अनुच्छेद 352 से 359 तक आपातकालीन उपबंधों का प्रावधान किया गया है।

12 संविधान संशोधन की प्रक्रिया का उल्लेख :

भारत के संविधान के भाग 20 में अनुच्छे 368 के अंतर्गत संविधान संशोधन की प्रक्रिया का उल्लेख किया गया है।

13 संविधान का संक्षिप्त नाम, आरंभ तिथि :

393 के अनुसार इस संविधान का नाम, भारत का संविधान है।

394 में उपबंधित है कि यह अनुच्छेद एवं अनुच्छेद 5, 6, 7, 8, 9, 60, 324, 366, 367, 379, 380, 388, 391, 392, 393 26 नवंबर, 1949 को तिथि को ही लागू होंगे व अन्य प्रावधान 26 जनवरी, 1950 से लागू होंगे।

विविध प्रतियोगी परीक्षाओं में आए हुए महत्वपूर्ण प्रश्नोतर :

प्रश्न-1 अलिखित संविधान का उदाहरण है-
(1) अमेरिका (2) जर्मनी (3) फ्रांस (4) सउदी अरब
उतर- (4)

प्रश्न-2 साईबर कानून किस सूची में आता है-
(1) संघ सूची (2) राज्य सूची (3) समवर्ती सूची (4) अवशिष्ट सूची
उतर- (4)

प्रश्न-3 कौनसा विषय 42 वे संशोधन से समवर्ती सूची में नहीं डाला गया है-
(1) शिक्षा, वन (2) वन, जंगली जानवरों का संरक्षण (3) शिक्षा, पक्षियों का संरक्षण (4) वन, स्थानीय सरकार
उतर- (4)

प्रश्न- 4 भारतीय संविधान में पहला संशोधन कब हुआ है-
(1) 1951 (2) 1952 (3) 1953 (4) 1954
उतर- (1)

प्रश्न- 5 क्या सही है-
(1) भारत की संघात्मक व्यवस्था का मुख्य ध्येय इसकी बहुआयामी विविधताओं में से एक राष्ट्र का निर्माण करना और राष्ट्रीय एकता को संरक्षित करना है-
(2) विविधताओं के समंजन से एक सशक्त, न कि कमजोर, भारतीय राष्ट्रीयता का निर्माण हुआ है
(3) दोनों सही है।
(4) या तो एक या दो सही है।
उतर- (3)

प्रश्न- 6 सही है-
(1) मौलिक अधिकार - अमेरिकी संविधान से
(2) राज्य के नीति निदेशक तत्व - आईरिश संविधान से
(3) मंत्रिमण्डलीय सरकार - ब्रिटिश संविधान से
(4) केंद्र-राज्य संबंध - कनाडा के संविधान से
उतर- सभी सही है।

प्रश्न- 7 भारतीय संविधान में नीति निर्देशक तत्व कहाँ से लिए गए है-
(1) आयरलैण्ड के संविधान से (2) अमेरिका के संविधान से (3) कनाडा के संविधान से (4) फ्रांस के संविधान से
उतर- (1)

प्रश्न-8 भारतीय संविधान की निम्न में से कौनसी अनुसूची पंचायत की शक्तियों से संबंधित है-
(1) तीसरी (2) चौथी (3) ग्यारहवीं (4) बारहवीं
उतर- (3)

प्रश्न-9 भारतीय संविधान की कौनसी विशेषता सच्चे तौर पर संघात्मक नहीं है-
(1) शासकीय शक्तियों का वितरण (2) लिखित संविधान (3) एकीकृत न्यायपालिका (4) न्यायिक पुनरावलोकन
उतर- (3)

प्रश्न-10 भारतीय संविधान की आठवीं अनुसूची में कितनी भाषाएं सूचीबद्ध हैं-
(1) 14 (2) 22 (3) 20 (4) 24
उतर- (2)

प्रश्न-11 भारतीय संविधान की आठवीं अनुसूची में मूल भाषाएं कितनी रही है-
(1) 14 (2) 20 (3) 22 (4) 08
उतर- (1)

प्रश्न-12 74 वे संशोधन के द्वारा कौनसी सूची जोडी गई है-
(1) 11 (2) 12 (3) 08 (4) 10
उतर- (2)

प्रश्न-13 निम्न में से क्या सही नहीं है-
(1) संघीय प्रणाली कनाडा से ली गई है। (2) समवर्ती सूची आस्ट्रेलिया से ली गई है। (3) संसदीय विशेषाधिकार ब्रिटेन से लिए गए है। (4) उप राष्ट्रपति का पद अमेरिका से नहीं लिया गया है।
उतर- (4)
प्रश्न-14 दूनिया में सबसे शक्तिशाली दूसरा सदन है-
(1) अमेरिका (2) ब्रिटेन (3) भारत (4) चीन
उतर- (1)
प्रश्न-15 संवैधानिक सरकार का मतलब है-
(1) संघीय ढांचे वाली राष्ट्रीय सरकार (2) नाममात्र की शक्तियों को धारण करने वाली सरकार
(3) वास्तविक शक्तियों को धारण करने वाली सरकार (4) संविधान के द्‌वारा सीमित सरकार
उतर- (4)
प्रश्न-16 भारतीय संघात्मक व्यवस्था है-
(1) संघात्मक एवं एकात्मक दोनों है (2) केवल संघात्मक है(3) केवल एकात्मक है (4) संघात्मक एवं एकात्मक दोनों ही नहीं है।
उतर- (1)
प्रश्न-17 यदि भारतीय संघ के अंतर्गत एक नवीन राज्य का निर्माण करना है तब संविधान की कौनसी अनुसूची में संशोधन करना होगा है-
(1) प्रथम अनुसूची में (2) दूसरी अनूसूची में (3) तीसरी अनुसूची में (4) पांचवी अनुसूची में
उतर- (1)
प्रश्न-18 भारतीय संविधान के अनुच्छेद 1 में उल्लेखित संघ या यूनियन शब्द कहा से लिया गया है-
(1) आस्ट्रेलिया के संविधान से (2) आयरलैण्ड के संविधान से (3) ब्रिटिश नार्थ अमेरिकन एक्ट, 1867 से (4) अमेरिकी संविधान से
उतर- (3)
प्रश्न-19 किसने भारतीय संघ को परमउच्चता संघ या पेरामाउण्टसी फेडरेशन कहा है-

(1) पी ब्रास (2) के संथानम (3) स्वर्ण सिंह (4) आर के सरकारिया
उत्तर- (2)
प्रश्न-20 जम्मु एवं कश्मीर को केन्द्र शासित प्रदेश एवं लद्‌ाक का नवीनीकरण किया गया है-
(1) संविधान संशोधन अधिनियम, 2019 (2) संविधान संशोधन एक्ट, 2020 (3) संविधान संशोधन एक्ट एवं वर्ष (4) संविधान संशोधन एक्ट
उत्तर- (1)
प्रश्न-21 जम्मु एवं कश्मीर को विशेष राज्य का दर्जा दिया गया था-
(1) 370 (2) 352 (3) 346 (4) 320
उत्तर- (1)
प्रश्न-22 भारतीय संविधान में राज्य शब्द को परिभाषित किया गया है-
(1) 12 व 36 (2) 10 व 12 (3) 20 व 25 (4) 110 व 395
उत्तर- (1)
प्रश्न-23 भारत की संघीय प्रणाली के लिए किस शब्द का प्रयोग किया गया है-
(1) फेडरेशन (2) यूनियनिस्ट (3) यूनियन (4) कंफेडरेशन
उत्तर- (3)
प्रश्न-24 विशेषता जो कि भारतीय शासन प्रणाली को संघीय दर्शाती है
(1) स्वतंत्र न्यायपालिका (2) संघीय संरकार का निर्वाचन (3) संघीय मंत्रिमण्डल का क्षेत्रीय संगठन (4) मौलिक अधिकारों का न्यायालय द्‌वारा लागू करना
उत्तर- (1)
प्रश्न-25 स्वतंत्रता के बाद भाषायी आधार पर गठित भारत का प्रथम राज्य है-
(1) पंजाब (2) केरल (3) आंध्रप्रदेश (4) गुजरात
उत्तर- (3)
प्रश्न-26 किस संशोधन द्‌वारा मिजोरम राज्य बना है-
(1) 54 (2) 52 (3) 53 (4) 55
उत्तर- (3)
प्रश्न-27 राज्य एवं उनके निर्माण की सूची सही नहीं है-

(1) तमिलनाडु - 1956 (2) हरियाणा - 1966 (3) सिक्किम - 1975 (4) झारखण्ड - 2001

प्रश्न-28 संविधान के अनुसार अध्यादेश जारी करना राष्ट्रपति का है-
(1) कार्य (2) शक्ति (3) अधिकार (4) निर्देश
उतर- (2)

प्रश्न-29 दोहरी नागरिकता की व्यवस्था किस देश में है-
(1) ब्रिटेन (2) अमेरिका (3) चीन (4) फ्रांस
उतर- (2)

प्रश्न-30 राष्ट्र निर्माण का महत्वपूर्ण तत्व है-
(1) मतदान व्यवहार (2) आनुपातिक प्रतिनिधित्व (3) मौलिक कर्तव्य (4) सामाजिक एवं आर्थिक न्याय
उतर- (4)

प्रश्न-31 राज्य पुनर्गठन आयोग, 1953 के अध्यक्ष कौन थे-
(1) एस के धर (2) के एम पणिक्कर (3) हृदय नाथ कुंजरू (4) फजल अली
उतर- (4)

प्रश्न-32 सरकारिया आयोग के अनुसार राष्ट्रीय विकास परिषद को बदला जाए, किसमें-
(1) अंतर सरकार परिषद में (2) अंतर राज्य परिषद में (3) राष्ट्रीय आर्थिक एवं विकास परिषद में (4) राष्ट्रीय आयोजना बोर्डों के राष्ट्रीय परिसंघ में
उतर- (3)

प्रश्न-33 संवैधानिक सरकार का मतलब है-
(1) संघीय ढांचे वाली राष्ट्रीय सरकार (2) नाममात्र की शक्तियों को धारण करने वाली सरकार (3) वास्तविक शक्तियों को धारण करने वाली सरकार (4) संविधान के द्वारा सीमित सरकार
उतर- (4)

प्रश्न-34 भारत एक लोकतंत्रात्मक गणराज्य है, क्योंकि-
(1) संघ का मंत्रिमण्डल लोकसभा के प्रति उतरदायी होता है। (2) सार्वभौमिक वयस्क मताधिकार की विद्यमानता (3) राष्ट्रपति एक

लोकप्रिय निर्वाचक मण्डल द्वारा चुना जाता है। (4) भारत में संसद सर्वोच्च है।

उतर- (3)

प्रश्न- 35 प्रस्तावना में प्रयुक्त शब्द समाजवादी के लक्ष्यों से संबंधित है-

(1) अनुच्छेद 38 (2) अनुच्छेद 39 (3) अनुच्छेद 46 (4) सभी

उतर- (4)

प्रश्न-36 निम्न में से कौनसी भारतीय संविधान की विशेषता नहीं है

(1) संसदात्मक शासन (2) मौलिक अधिकार (3) दोहरी नागरिकता (4) लिखित संविधान

उतर- (3)

प्रश्न- 37 आर्थिक न्याय का उल्लेख है

(1) प्रस्तावना व नीति निदेशक तत्वों में (2)प्रस्तावना व मौलिक अधिकार में (3) मौलिक अधिकार व मौलिक कर्तव्यों में (4) नीति निदेशक तत्व व मौलिक कर्तव्यों में

उतर- (1)

प्रश्न- 38 केशवानंद वाद से किस अवधारणा का उदय हुआ

(1)सहकारी संघवाद (2)संसदीय संप्रभुता (3)बुनियादी संरचना (4) प्रत्यायोजित विधान

उतर- (3)

प्रश्न- 39 किस संशोधन द्वारा मतदान की आयु 18 वर्ष की गई

(1)61वां (2) 62 वां (3) 63 वां (4) 64 वां

उतर- (1)

प्रश्न- 40 दोहरी नागरिकता का प्रावधान है

(1)अमेरिका व रूस (2) अमेरिका व ब्रिटेन (3)अमेरिका व स्विटजरलैण्ड (4) भारत व कनाडा

उतर- (3)

प्रश्न- 41 संविधान का कौनसा भाग नागरिकता से संबंधित है

(1)भाग-2 (2)भाग-3 (3)भाग-5 (4) भाग-4

उतर- (1)

प्रश्न- 42 भारतीय नागरिकता की कौनसी धाराएं है
(1) 5 से 11 (2) 3 से 8 (3) 17 से 20 (4) 1 से 40
उतर- (1)
प्रश्न- 43 कौनसा अनुच्छेद सरकारी सेवाओं में अवसर की समानता की बात करता है
(1) अनुच्छेद-10 (2)अनुच्छेद-16 (3)अनुच्छेद-15 (4) अनुच्छेद-20
उतर- (2)
प्रश्न- 44 नागरिकता की प्राप्ति का आधार है
(1)जन्म (2)शिक्षा (3) धन व सम्पति (4) प्रधानमंत्री की दया
उतर- (1)
प्रश्न- 45 धर्मनिरपेक्षता से तात्पर्य है
(1) धार्मिक स्वतंत्रता (2)धर्म व राजनीति का अलगाव (3)राज्य का कोई धर्म नहीं (4) धार्मिक समता
उतर- (3)
प्रश्न- 46 केंद्र व राज्यों के बीच शक्तियों का बंटवारा किस सूची में किया गया है
(1)पहली में (2) दूसरी में (3)सांतवी में (4) चौथी में
उतर- (3)
प्रश्न- 47 संविधान संशोधन की प्रक्रिया का उल्लेख किस अनुच्छेद में है
(1) 332 (2) 367 (3)368 (4) 378
उतर- (3)
प्रश्न- 48 भारतीय नागरिकों को सार्वभौमिक वयस्क मताधिकार किस अनुच्छेद में प्रदत है
(1) 325 में (2)326 में (3) 324 में (4) 327 में
उतर- (2)
प्रश्न- 49 किस अनुच्छेद में लिखा है कि निर्वाचन नामावली तैयार करने में धर्म, मूलवंश,जाति या लिंग के आधार पर भेदभाव नहीं किया जाएग -
(1) 325 (2) 326 (3) 345 (4) 347

उतर- (1)
प्रश्न- 50 61 वां संविधान संशोधन 1988 कब लागू हुआ
(1) 23 मार्च, 1988 को (2) 23 मार्च, 1989 को (3) 20 मार्च, 1989 को
(4) 1 जनवरी, 1990 को
उतर- (2)

5

मौलिक अधिकार

सामान्यतया अधिकारों का अभिप्रायः राज्य के विरूद्ध व्यक्ति के दावों से लिया जाता है। व्यक्तियों व नागरिकों के ऐसे दावें उन सुविधाओं को स्थापित करते है जो कि व्यक्ति के व्यक्तित्व के सर्वांगीण विकास में सहायक होती है। इसीलिए इन्हें मौलिक या मूल अधिकार कहा जाता है। आधुनिक दूनिया में पहली बार 13 वीं सदी में **ब्रिटिश सम्राट जॉन** ने अपने नागरिकों को मौलिक अधिकार प्रदान किये और इस घोषणा को **1215** का **'महाधिकार घोषणापत्र'** कहा जाता है। यह अधिकार-पत्र मूल अधिकारों से संबंधित दूनिया का प्रथम लिखित दस्तावेज था। इस दस्तावेज को मूल अधिकारों का जन्मदाता माना जाता है। इसके बाद ब्रिटिश सरकार ने 1689 में अपने नागरिकां के लिए बिल ऑफ राईटस नामक दस्तावेज जारी किया। फ्रांस में 1789 में एक पृथ्थक् घोषणापत्र जारी किया गया जिसे 'मानव या व्यक्तियों एंव नागरिकों के लिए घोषणा-पत्र' के नाम से जाना जाता है। ब्रिटेन एवं फ्रांस में फैली, अधिकार-पत्र की लहर के बाद अमेरिका के संविधान में प्रथम संशोधन 1791 के माध्यम से बिल ऑफ राईटस का समावेश किया गया। अमेरिका ही वह पहला देश है जिसने मूल अधिकारों को संवैधानिक संरक्षण प्रदान किया या संविधान में स्थान दिया।

हमने मौलिक अधिकारों का प्रावधान संयुक्त राज्य अमेरिका से लिया

है क्योंकि उसने अपने संविधान में सर्वप्रथम इनकों स्थान दिया है। एक लम्बे संघर्ष के बाद भारत को आजादी मिली थी और इसे हम संविधान में शामिल करके सुरक्षित करना चाहते थे। सर्वप्रथम तिलक ने 1895 में स्वराज्य विधेयक के रूप में मूल अधिकार की मांग की। आगे चलकर 1928 मे लॉर्ड ब्रिकेनहेड की संविधान निर्माण की चुनौती को स्वीकार करते हुए मोतीलाल नेहरू की अध्यक्षता में निर्मित नेहरू प्रतिवेदन, 1928 के अंतर्गत मूल अधिकारों को स्थान दिया गया और कराची अधिवेशन में आर्थिक एवं सामाजिक कार्यक्रम में भी इनका जिक्र किया गया। ग्रेनविन ऑस्टिन के शब्दों में नेहरू प्रतिवेदन को संविधान में समाविष्ट मूल अधिकारों का अग्रदूत कहा जा सकता है। आईवर जेंनिग्स ने भारतीय संविधान को वकीलों का स्वर्ग कहा है।

भारतीय संविधान के **भाग 3 में अनुच्छेद 12 से 35 तक 7 मौलिक अधिकारों** का उल्लेख किया गया है। यद्‌यपि **44 वें संविधान संशोधन अधिनियम, 1978** के द्‌वारा सम्पति के मौलिक अधिकार को मौलिक अधिकार की श्रेणी से हटाकर भाग-12 में अध्याय-4 जोडकर उसके अंतर्गत इसे एक वैधानिक या कानूनी अधिकार बना दिया गया है। इस संशोधन के कुछ उपबंध 29 अप्रैल, 1979 को व अन्य जून, 1979 को लागू हुए थे। अतः 20 जून, 1979 के बाद मौलिक अधिकारों की संख्या केवल 6 है। पं. जवाहरलाल नेहरू ने संविधान के भाग-3 को संविधान की आत्मा कहा है। इसके अलावा **भाग तीन को संविधान का सबसे महत्वपूर्ण भाग या मैग्नाकार्टा या घोषणापत्र** भी कहा जाता है।

राज्य की परिभाषा का उल्लेख -अनुच्छेद 12 :

मौलिक अधिकार राज्य के विरूद्‌ध दावे होते है जिनकी रक्षा के लिए व्यक्ति राज्य के खिलाफ न्यायायल की शरण में जा सकते है। अनुच्छेद 12 के अंतर्गत राज्य की परिभाषा दी गई है।

इसके अनुसार राज्य शब्द के अंतर्गत चार समूह शामिल है अर्थात्

1 भारत सरकार एवं संसद

2 राज्य सरकार एवं राज्य विधानमण्डल

3 भारत के क्षेत्र के अधीन सभी स्थानीय एंव

4 अन्य प्राधिकरण जो कि भारत राज्य क्षेत्र के नियंत्रण के अधीन आते है।

ज्ञात रहे कि यदि किसी निजी संस्था को राज्य के उपकरण या अभिकरण के रूप में लोक हित या जनहित का उतरदायित्व सौंपा गया हो तो, ऐसा प्राधिकरण भी राज्य की परिभाषा में शामिल है।

अतः प्रत्यक्षत रूप से न्यायपालिका राज्य की परिभाषा में शामिल नहीं है।

मौलिक अधिकारों संबंधी सिद्धांत-अनुच्छेद 13 :

13 के खण्ड 1 के अनुसार भारतीय संविधान के लागू होने से पहले का कोई भी कानून जो कि इस भाग से किसी प्रकार से विरूद्ध है या उल्लघंन करता है तो वह उल्लघंन की मात्रा तक अवैध होगा, इसे आच्छादन का सिद्धांत कहा जाता है।

अनुच्छेद 13 के खण्ड 2 राज्य ऐसा कोई कानून नहीं बनायेगा जो कि इस भाग द्वारा प्रदत अधिकारों को कम करता है या छीनता है और यदि वह ऐसा कानून बनाता है तो मौलिक अधिकारों के उल्लघंन की मात्रा तक शून्य होगा। इसे पृथ्थकरणीयता का सिद्धांत कहते है।

13 के खण्ड 3क, के तहत विधि का मतलब कानून बनाने की शक्ति रखने वाला कोई अध्यादेश, आदेश, उपविधि, नियम, विनियम, अधिसूचना, रूढि या पृथा से है।

13 के खण्ड 3ख, के तहत प्रवृत विधि का मतलब विद्यमान या लागू कानून से है जो चाहे किसी प्राधिकार का हो या विधि निर्माता का या संविधान से पहले का कानून जिसे समाप्त नहीं किया गया हो, से है।

13 के खण्ड 4 के तहत इस अनुच्छेद की कोई बात 368 के तहत किये गए संशोधनों पर लागू नहीं होगी। इसे 24 वें संविधान संशोधन, 1971 द्वारा अंतः स्थापित किया गया है जो कि 5 नवंबर, 1971 से प्रभावी है।

इस अनुच्छेद से संबंधित प्रमुख सिद्धांत -

1 पृथक्करणीयता का सिद्धांत - यदि किसी अधिनियम का कोई भाग मौलिक अधिकारों के विरूद्ध है तो मौलिक अधिकारों से असंगत भाग ही असंवैधानिक घोषित होगा, पूरा अधिनियम नहीं। इसे ही डॉक्ट्राईन ऑफ सेवरबिलिटी कहा जाता है।

2 आच्छादन का सिद्धांत - यदि संविधान से पूर्व निर्मित कोई कानून मूल अधिकारों से असंगत है तो वह निष्क्रय हो जाएगा, लुप्त नहीं और यदि मौलिक अधिकारों द्वारा लगाया गया ऐसा प्रतिबंध हट जाता है तो वह कानून पुनः सक्रिय हो जाएगा। इसे ही डॉक्ट्राइन ऑफ एक्लीपेस कहा जाता है।

3 अधित्याग का सिद्धांत - कोई भी व्यक्ति संविधान द्वारा प्रदत मौलिक अधिकारों का त्याग नहीं कर सकता है। इसे डॉक्ट्राइन ऑफ वेवर कहा जाता है। विश्वेसरनाथ विवाद में कहा गया है।

प्रमुख मौलिक अधिकार :

1 समता का अधिकार - अनुच्छेद 14 से 18

2 स्वतंत्रता का अधिकार - 19 से 22

3 शोषण के विरूद्ध अधिकार - 23 से 24

4 धर्म की स्वतंत्रता का अधिकार - 25 से 28

5 संस्कृति और शिक्षा संबंधी अधिकार - 29 से 30

6 सांविधानिक या संवैधानिक उपचारों का अधिकार - 32

अनुच्छेद-14 विधि के समक्ष समता-

राज्य, भारत के राज्य क्षेत्र में किसी व्यक्ति को विधि के समक्ष समता से या विधियों के समान संरक्षण से वंचित नहीं करेगा।

विधि के समक्ष समता की धारणा ब्रिटिश चितंक डायसी की कानून के शासन की धारणा से प्रभावित है। हमने इसे ब्रिटिश संविधान से अपनाया है। यह नकारात्मक प्रकृति का मौलिक अधिकार है। इसके अनुसार कानून की नजर में सब बराबर होते है। प्रधानमंत्री से लेकर आम आदमी तक सबके लिए कानून एक जैसा होता है। प्रोफेसर डायसी ने इसे कानून का शासन कहकर संबोधित किया है। यह व्यक्ति की इच्छा के शासन के स्थान पर कानून की इच्छा के शासन पर आधारित है। कोई भी व्यक्ति कानून से उपर नहीं है। यद्यपि व्यवहार में 361 के तहत भारत का राष्ट्रपति, राज्यपाल, 105 के तहत संसद सदस्य, 194 के तहत विधानमण्डल के सदस्य एवं दूतावास कार्यालय, राजनयिक, विदेशी राष्ट्राध्यक्ष कानून के शासन से उपर होते है या उन्हें कुछ विशिष्टताएं प्रदान की गई है। विधि के शासन शब्दावली में प्रयुक्त विधि का मतलब

मानव निर्मित विधि से है और यह एकवचन पद के रूप में विधि को व्यक्त करती है।

विधियों का समान संरक्षण पदावली **अमेरिकी संविधान** के संशोधन 14, 1868 से ग्रहण की गई है। यह एक सकारात्मक मौलिक अधिकार है। सभी व्यक्तियों को कानून का समान रूप से संरक्षण मिलेगा। यह पद बहुवचन है जो राज्य की सांविधिक विधीयों की बात करता है कि राज्य विधियां बनाते समय सभी के लिए समान संरक्षण का ध्यार रखे। यह अधिकार प्राकृतिक न्याय सिद्धांत का प्रतिरूप है।

अनुच्छेद 14 के दोनों पदबंध अर्थात् कानून का शासन एवं कानूनों का समान संरक्षण, सयुंक्त राष्ट्र संघ के मानव अधिकार घोषणा-पत्र के अनुच्छेद 7 में उल्लिखित है।

अनुच्छेद-15 सामाजिक भेदभाव का प्रतिषेध :

15 खण्ड 1 के अनुसार राज्य, किसी नागरिक के विरूद्ध केवल धर्म, मूलवंश, जाति, लिंग, जन्मस्थान या इनमें से किसी आधार पर कोई विभेद नहीं करेगा।

15 खण्ड 2 के अनुसार कोई नागरिक केवल धर्म, मूलवंश, जाति, लिंग, जन्मस्थान या इनमें से किसी के आधार पर-

क- दुकानों, सार्वजनिक भोजनालयों, होटलों एवं सार्वजनिक मनोरंजन के स्थानों में प्रवेश या

ख- पूर्णतः या भागतः राज्य निधि से पोषित या साधारण जनता के लिए प्रयोग के लिए समर्पित कुँओं, तालाबों, स्नानघाटों, सड़कों और सार्वजनिक समागम के स्थानों के उपयोग किसी भी प्रतिबंध या शर्त के अधीन नहीं होगा।

15 खण्ड 3 के अंतर्गत इस अनुच्छेद की कोई बात राज्य को स्त्रियों एवं बालकों के लिए कोई विशेष उपबंध करने से नहीं रोकेगी।

15 खण्ड 4 के तहत इस अनुच्छेद की और अनुच्छेद 29 खण्ड 2 की कोई बात राज्य को सामाजिक एवं शैक्षिक दृष्टि से पिछड़े हुए नागरिकों के किन्हीं वर्गों की उन्नति के लिए या अनुसूचित जातियों व जनजातियों के लिए कोई विशेष उपबंध करने से नहीं रोकेगी। इस उपबंध को प्रथम संविधान संशोधन अधिनियम, 1951 के तहत 18 जून, 1951 को जोड़ा

गया है।

15 खण्ड 5 के तहत इस अनुच्छेद की और अनुच्छेद 19 खण्ड 1 के उपखण्ड छ की कोई बात राज्य को सामाजिक एवं शैक्षिक दृष्टि से पिछड़े हुए नागरिकों के किन्हीं वर्गों की उन्नति के लिए या अनुसूचित जातियों व जनजातियों के लिए कोई विशेष उपबंध करने से नहीं रोकेगी। जहाँ तक ऐसे विशेष उपबंध अनुच्छेद 30 के खण्ड 1 में निर्दिष्ट अल्पसंख्यक संस्थाओं से भिन्न, चाहे वे निजी हो या सरकार से सहायता प्राप्त हो या नहीं हो, प्रवेश के नियम बनाने से नहीं रोकेगी। यह 93 वें संविधान संशोधन अधिनियम, 2005 के द्वारा 20 जनवरी, 2006 से अंतःस्थापित है।

15 खण्ड 6 के तहत इस अनुच्छेद की या अनुच्छेद 19 के खण्ड 1 के उपखण्ड छ या अनुच्छेद 29 खण्ड 2 की कोई बात राज्य को

15,6क, इस अनुच्छेद के खण्ड 4 व 5 में उल्लिखित वर्गों से भिन्न नागरिकों के आर्थिक रूप से दुर्बल वर्गों की उन्नति के लिए कोई विशेष उपबंध करने से नहीं रोकेगी।

15,6ख, इस अनुच्छेद के खण्ड 4 व 5 में उल्लिखित वर्गों से भिन्न नागरिकों के आर्थिक रूप से दुर्बल किन्ही वर्गों की उन्नति के लिए कोई विशेष उपबंध करने से नहीं रोकेगी तथा जहाँ तक ऐसे विशेष उपबंध अनुच्छेद 30 के खण्ड 1 में निर्दिष्ट अल्पसंख्यक संस्थाओं से भिन्न, चाहे वे निजी हो या सरकार से सहायता प्राप्त हो या नहीं हो, प्रवेश के नियम बनाने से नहीं रोकेगी, आरक्षण की दशा में विद्यमान आरक्षणों के अतिरिक्त तथा प्रत्येक प्रवर्ग में कुल स्थानों के अधिकतम 10 प्रतिशत के अधीन होंगे।

यह उपबंध 103 वें संविधान संशोधन, 2019 के द्वारा 14 जनवरी, 2019 से अंतः स्थापित किया गया है।

अनुच्छेद-16 लोक नियोजन के विषय में अवसर की समता :
16 खण्ड 1 के अनुसार राज्य के अधीन किसी पद पर नियोजन या नियुक्ति से संबंधित विषयों में सभी नागरिकों के लिए अवसर की समता होगी।

16 खण्ड 2 राज्य के अधीन किसी पद के संबंध में केवल धर्म, मूलवंश,

जाति, लिंग, उद्भव, जन्मस्थान, निवास या इनमें से किसी आधार पर न तो कोई नागरिक अपात्र होगा और न उससे विभेद किया जाएगा।
16 खण्ड 3 के अनुसार संसद किसी राज्य या संघ राज्य क्षेत्र के अधीन आने वाले नियोजन के मामले में निवास की योग्यता का निर्धारण कर सकेगी। यह 7वें संविधान संशोधन अधिनियम,1956 द्वारा जोडा गया है।
16 खण्ड 4 के अनुसार इस अनुच्छेद की कोई बात राज्य को पिछड़े हुए नागरिकों के किसी वर्ग के पक्ष में जिनका राज्य के अधीन नौकरियों में पर्याप्त प्रतिनिधित्व नहीं हो, उनके लिए आरक्षण का प्रावधान करने से नहीं रोकेगी।
16 खण्ड 4क इस अनुच्छेद की कोई बात राज्य के अधीन पदों पर अनुसूचित जातियों एवं जनजातियों के लिए आरक्षण तथा पदोन्नति में आरक्षण या अन्य के लिए उपबंध करने से नहीं रोकेगी। 77 वें संविधान संशोधन, 1995 के द्वारा जोडा गया है।
16 खण्ड 4ख के तहत उस वर्ष बैकलॉग की रिक्तियां पूर्ण नहीं हो तो आगामी वर्षों में अन्य वर्ग से भरने में संबंधी नियम बनाये जा सकेंगें और इस संबंध में 50 प्रतिशत सीमा की पालना बाध्य नहीं होगी। 81 वें संविधान संशोधन अधिनियम, 2000 के द्वारा जोडा गया है। ज्ञात रहे कि इसी मामले में वरिष्ठता को लेकर 85 वां संविधान संशोधन अधिनियम, 2001 को भूतलक्षी प्रभाव में 17 जून, 1995 से लागू किया गया।
16 खण्ड 5 के अनुसार इस अधिनियम की कोई बात इस पर प्रभाव नहीं डालेगी कि किसी धार्मिक या साम्प्रदायिक संस्था के कार्यकलाप से संबंधित कोई पदधारी या सदस्य किसी विशिष्ट धर्म को मानने वाला या उसका ही सदस्य हो।
16 खण्ड 6 के अनुसार इस अनुच्छेद की कोई बात, राज्य को विद्यमान आरक्षण के अतिरिक्त तथा प्रत्येक प्रवर्ग में पदों के अधिकतम 10 प्रतिशत खण्ड 4 के वर्गों के अलावा आर्थिक रूप से दुर्बल किन्हीं वर्गों के पक्ष में नियुक्तियों एवं पदों के आरक्षण के उपबंध बनाने से निवारित नहीं करेगी। यह उपबंध 103 वें संविधान संशोधन अधिनियम, 2019

के द्वारा 14 जनवरी, 2019 से प्रभावी किया गया है।

अन्य पिछड़ा वर्ग को आरक्षण के लिए पहली बार 1953 में काका कालेलकर की अध्यक्षता में आयोग का गठन किया गया। इसके बाद मोरारजी देसाई के कार्यकाल में श्री बी पी मण्डल की अध्यक्षता में दूसरे पिछड़े वर्ग आयोग का गठन किया गया। उसने केंद्र में 27 प्रतिशत आरक्षण की सिफारिश की। 13 अगस्त, 1990 को श्री वी पी सिंह सरकार ने 27 प्रतिशत आरक्षण को लागू कर दिया।

अनुच्छेद-17 अस्पृश्यता का अंत -

इसके तहत अस्पृश्यता के अंत की घोषणा की गई तथा किसी भी रूप में इसे आचरण में लाने का प्रतिषेध किया गया है। इस आधार पर किसी भी अयोग्यता को लागू करना विधि के अनुसार दण्डनीय अपराध होगा। इस संबंध में अस्पृश्यता अधिनियम, 1955 बनाया गया है जिसका नाम बदलकर 1976 में सिविल अधिकार संरक्षण अधिनियम, 1955 कर दिया गया है। इस अधिनियम में केवल अनुसूचित जाति का उल्लेख किया गया है। यह भारत की संसद का प्राधिकार है कि वह किसी जाति को सूची में शामिल करे या बाहर करे। 341 के तहत राष्ट्रपति संबंधित राज्य के राज्यपाल से परामर्श करके किसी जाति को सूची में शामिल कर सकता है।

अनुच्छेद-18 उपाधियों का अंत -

18 के खण्ड 1 के अनुसार राज्य, सेना या विद्या संबंधी सम्मान के अलावा अन्य कोई उपाधि प्रदान नहीं करेगा।

18 के खण्ड 2 के तहत भारत का कोई नागरिक किसी विदेशी राज्य से कोई उपाधि स्वीकार नहीं करेगा।

18 के खण्ड 3 के तहत कोई व्यक्ति जो कि भारत का नागरिक नहीं है परंतु राज्य के अधीन कोई लाभ या विश्वास का पद धारित करता है तो वह राष्ट्रपति की सहमति के बिना किसी विदेशी राज्य से कोई उपाधि स्वीकार नहीं करेगा।

18 के खण्ड 4 के तहत राज्य के अधीन लाभ या विश्वास का पद धारण करने वाला कोई व्यक्ति किसी विदेशी राज्य से या उसके अधीन किसी रूप में कोई भेंट, उपलब्धि या पद राष्ट्रपति की सहमति के बिना स्वीकार

नहीं करेगा।

जनवरी, 1954 में आरंभ भारत रत्न, पदम्विभुषण आदि इसी के अनुरूप है। 1977 से 1980 में जनता दल ने इन्हें बंद कर दिया था। बाद में पुनः शुरू किये गए है। कोई व्यक्ति अपने नाम के साथ इनका प्रयोग उपसर्ग या प्रत्यय के रूप में नहीं करेगा।

अनुच्छेद-19 से 22 तक स्वतंत्रता का अधिकार -

मूल संविधान में 7 प्रकार के स्वतंत्रता के अधिकार दिये गए थे परंतु 44 वें संविधान संशोधन, 1978 के द्वारा एक अधिकार का विलोप कर दिया गया है। अतः अब स्वतंत्रता के 6 मौलिक अधिकार नागरिकों को प्राप्त है अर्थात्

अनुच्छेद 19 के खण्ड 1 के अनुसार सभी नागरिकों को -

क- वाक् स्वतंत्रता एवं अभिव्यक्ति की स्वतंत्रता का,

ख- शांतिपूर्वक एवं निरायुद्ध सम्मेलन का,

ग- संगम या संघ या सहकारी सोसायटी बनाने का,

घ- भारत के राज्य क्षेत्र में सर्वत्र अबाध संचरण का,

ड.- भारत के राज्य क्षेत्र के किसी भाग में निवास करने व बस जाने का,

च- 44 वें संविधान संशोधन अधिनियम, 1978, जो कि 20 जून, 1979 को प्रभावी हुआ, के द्वारा समाप्त कर दिया गया है।

छ- कोई वृति, उपजीविका, व्यापार या कारबार करने का,

अधिकार होगा।

सहकारी सोसायटी बनाने के अधिकार को 97 वें संविधान संशोधन अधिनियम, 2011 द्वारा अंतः स्थापित किया गया है जो कि 08 फरवरी, 2012 से प्रभावी है।

ज्ञात रहे कि 19, 1क के अंतर्गत प्रेस की स्वतंत्रता, जानने का अधिकार या आरटीआई, सूचना की स्वतंत्रता अधिनियम, 2002 इसी का परिणाम है, नकारात्मक मतदान या नोटा, मौन रहने, सूचना का अधिकार, फुटपाथ पर व्यापार करना इत्यादि शामिल है परंतु हडताल या बंद का अधिकार इसमें शामिल नहीं है।

अनुच्छेद-20 अपराधों के लिए दोषसिद्धि के संबंध में संरक्षण : इसके तहत उन व्यक्तियों को, जिन पर अपराध करने का अभियोग लगाया जाता है, उसे तीन सांविधानिक संरक्षण मिलते है अर्थात् कार्यतर विधियों से संरक्षण, दोहरे दण्ड से संरक्षण और आत्म-अभिशंसन से संरक्षण।

अनुच्छेद-21 प्राण एवं दैहिक स्वतंत्रता का संरक्षण : किसी व्यक्ति को उसके प्राण या दैहिक स्वतंत्रता से विधि द्वारा स्थापित प्रक्रिया के अनुसार ही वंचित किया जाएगा, अन्यथा नहीं। यहाँ विधि द्वारा स्थाति प्रक्रिया का मतलब एक स्पष्ट, न्यायप्रिय एवं युक्तियुक्त प्रक्रिया से है। यह न्यायिक पदावली हमने जापान के संविधान से अपनायी है। अमेरिका में विधि की उचित प्रक्रिया को अपनाया गया है जो कि इससे काफी विस्तृत होती है।

21क, राज्य, छह वर्ष से चौदह वर्ष तक की आयु वाले सभी बालकों के लिए निः शुल्क एवं अनिवार्य शिक्षा का प्रबंध करेगा। इसे 86 वें संविधान संशोधन अधिनियम, 2002 के द्वारा 01 अप्रैल, 2010 से प्रभावी बनाया गया है। अतः अब प्राथमिक शिक्षा का अधिकार एक मौलिक अधिकार बन गया है। इसका उल्लेख नीति निदेशक तत्वों में अनुच्छेद 45 में था जिसे अब मौलिक अधिकार बना दिया गया है और वहाँ पर केवल 6 वर्ष तक की आयु के बालकों की देख रेख एवं शिक्षा का उपबंध रखा गया है।

सर्वोच्च न्यायालय ने नैसर्गिक न्याय के सिद्धांत को अनुच्छेद 21 का आवश्यक तत्व माना है। 21 के अंतर्गत आने वाले अधिकारों का दायरा सबसे विस्तृत है जैसे कि गरिमा, प्रतिष्ठा, स्वच्छ जल, प्राणवायु, निजता, एकांतता का अधिकार, मानवीय गरिमा, जीविकापार्जन, सहायता, लैंगिक समता, जीवन साथी चुनने का अधिकार इत्यादि। इसमें मरने का अधिकार या इच्छामृत्यु शामिल नहीं है। अनुच्छेद 359 के तहत राष्ट्रपति के द्वारा अनुच्छेद 21 को राष्ट्रीय आपातकाल, 1962, 1971 एवं 1976 में निलंबित किया गया था। 44 वें संविधान संशोधन, 1978 के बाद अब इसे आपातकाल में भी निलंबित नहीं किया जा सकता है।

अनुच्छेद-22 कुछ दशाओं में गिरफतारी और निरोध से संरक्षण : अनुच्छेद 21 व 22 एक दूसरे के पूरक है। अतः इन दोनों को एक साथ पढ़ा जाना चाहिए।

22 के खण्ड 1 के अनुसार किसी व्यक्ति को सामान्य विधि के तहत गिरफतार या बंदीकरण किया गया है, तो ऐसी गिरफतारी के कारणों से यथाशीघ्र अवगत कराए बिना उसे अभिरक्षा में नहीं रखा जाएगा या उसे अपनी पंसद के वकील से परामर्श का अधिकार होगा ।

22 खण्ड 2 के तहत सामान्य विधि के अंतर्गत प्रत्येक व्यक्ति जिसे गिरफतार किया गया है और पुलिस अभिरक्षा में रखा गया है, उसे 24 घण्टे के भीतर निकटतम मजिस्ट्रेट के समक्ष उपस्थित करना होगा। इस अवधि में यात्रा के समय को शामिल नहीं किया जाएगा। मजिस्ट्रेट की अनुमति से ही उसे 24 घण्टे से ज्यादा समय तक गिरफतार रखा जा सकता है, अन्यथा नहीं। इसके दो स्वरूप है- पुलिस अभिरक्षा एवं न्यायिक हिरासत या अभिरक्षा।

22 खण्ड 3 के तहत उपयुर्क्त खण्ड 1 व 2 की कोई बात उस दशा में लागू नहीं होगी जब

क- वह उस समय किसी शत्रु देश का नागरिक हो;

ख- उसे निवारक निरोध अर्थात् अपराध करने से रोकने वाली विधि, का उपबंध करने वाली किसी विधि के तहत गिरफतार किया गया हो, न कि सामान्य विधि के तहत।

22 के खण्ड 4 के अनुसार निवारक निरोध के तहत गिरफतार व्यक्ति को 3 माह से अधिक समय तक गिरफतार रखने के लिए यह आवश्यक होगा कि

क- सलाहकार बोर्ड ने इससे अधिक अवधि के लिए निरोध रखने के पर्याप्त कारण बताए हो;

ज्ञातव्य हो कि ऐसा सलाहकार बोर्ड समुचित उच्च न्यायालय के मुख्य न्यायमूर्ति की सलाह पर गठित होगा और इसमें एक अध्यक्ष व दो सदस्य होंगे, तथा अध्यक्ष समुचित उच्च न्यायालय का सेवारत न्यायधिश होगा तथा अन्य दो सदस्य किसी उच्च न्यायालय के सेवारत या सेवानिवृत न्यायधिश होंगे। यह प्रावधान 44 वें संविधान संशोधन,

1978 द्वारा किया गया है तथा निरोध की अवधि भी 2 माह की गई है। इस अवधि की समाप्ति से पहले सलाहकार बोर्ड को अनुशंसा करनी होगी।

ज्ञातव्य हो कि यहाँ समुचित उच्च न्यायालय का मतलब होगा कि भारत सरकार या उसके इसके प्राधिकार के द्वारा निरोध के मामले में दिल्ली उच्च न्यायालय;

संघ राज्य क्षेत्र से भिन्न किसी राज्य के मामले में उस राज्य का उच्च न्यायालय होगा और

संघ राज्य क्षेत्र के मामले में वह उच्च न्यायालय जो संसद द्वारा निर्मित विधि के अधीन हो।

22 के खण्ड 5 के तहत निवारक निरोध के तहत गिरफतार व्यक्ति को यथाशीघ्र गिरफतारी का कारण बताया जाएगा और उसे आदेश के खिलाफ अभ्यावेदन का अवसर देगा।

22 के खण्ड 6 के तहत यदि खण्ड 5 की कोई बात लोकहित के विरूद्ध हो तो ऐसे तथ्यों को बताना आवश्यक नहीं होगा।

22 के खण्ड 7 के तहत भारत की संसद विधि द्वारा यह तय करेगी कि 3 या 2 माह होगी या अधिकतम अवधि क्या होगी? सलाहकार बोर्ड जांच प्रक्रिया क्या होगी?

निवारक निरोध का मूल ध्येय व्यक्ति को अपराध करने से रोकना है। इसमें व्यक्ति की केवल संदेह के आधार पर गिरफतारी की जाती है। यह एक एहतियाती कार्यवाही है।

स्वतंत्र भारत में अब तक पारित निवारक निरोध की विधियां-

1. निवारक निरोध अधिनियम, 1950,
2. आंतरिक सुरक्षा व्यवस्था अधिनियम या मीसा 1971 ;
3. विदेशी मुद्रा संरक्षण व तस्करी निवारण अधिनियम या कोफेपोसा -1974
4. राष्ट्रीय सुरक्षा कानून या रासुका, 1980-1983
5. आतंकवाद एवं विध्वंसक गतिविधियां अधिनियम या टाडा, 1985
6. आतंकवाद निवारण अधिनियम, या पोटा 2002

अनुच्छेद- 23 व 24 शोषण के विरूद्ध अधिकार :

अनुच्छेद 23 के खण्ड 1 के अनुसार मानव के दुर्व्यापार एवं बेगार तथा इस प्रकार के किसी अन्य जबरन या बलात् श्रम का प्रतिषेध किया जाता है और इस उपबंध का कोई भी उल्लघंन विधि के अधीन दण्डनीय अपराध होगा।

यह अनुच्छेद राज्य व निजी व्यक्तियों दोनों के विरूद्ध व्यक्ति को शोषण से बचने का संरक्षण प्रदान करता है। मानव एवं उसके अंगों का व्यापार अर्थात् खून, किडनी, आँख, शरीर बेचना या वैश्यावृति, महिलाओं, बालिकाओं व बालकों को खरिदना या बेचना, दासी पृथा इत्यादि का प्रतिषेध होगा परंतु स्वैच्छिक दान करना इसका भाग नहीं होगा। बेगार श्रम का मतलब बिना मेहनताना या कम प्रतिफल से है। इसीलिए राज्य के द्वारा स्त्री व लडकी अनैतिक व्यापार अधिनियम, 1956, स्त्री व लडकी अनैतिक व्यापार दमन संशोधन अधिनियम1986, 1956 बंधुआ मजदूरी अधिनियम, 1976 व न्यूनतम मजदूरी अधिनियम, 1984 इत्यादि अधिनियमों का निर्माण किया गया है।

23 के खण्ड 2 के अनुसार इस अनुच्छेद की कोई बात राज्य को सार्वजनिक प्रयोजनों के लिए अनिवार्य सेवा हेतु नहीं रोकेगी। ऐसी अनिवार्य सेवा के लिए राज्य केवल धर्म, मूलवंश या जाति या वर्ग या इनमें से किसी के आधार पर भेदभाव नहीं करेगा।

अनुच्छेद 24 के अनुसार 14 वर्ष से कम आयु के किसी बालक को कारखानें में खान में या अन्य किसी संकटपूर्ण कार्य में नियोजित नहीं किया जाएगा।

धर्म की स्वतंत्रता का अधिकार- अनुच्छेद 25 से 28 तक :

25 के खण्ड 1 अनुसार लोक व्यवस्था, सदाचार एवं स्वास्थ्य तथा इस भाग के अन्य उपबंधों के अधीन रहते हुए, सभी व्यक्यिं को धर्म अतंः करण की स्वतंत्रता का और धर्म के अबाध रूप से मानने, आचरण करने और प्रचार करने का समान अधिकार होगा।

25 के खण्ड 2 के तहत इस अनुच्छेद की कोई बात राज्य को नियम बनाने से नहीं रोकेगी अर्थात्

क- धार्मिक आचरण के बारे में आर्थिक, वितीय, राजनीतिक या अन्य लौकिक क्रियाकलापां के नियमन हेतु तथा

ख- सामाजिक कल्याण एवं सुधार के लिए हिंदुओं की धार्मिक संस्थाओं को हिंदुओं के सभी वर्गों एवं अनुभागों के लिए खोलने का उपबंध करती है।

कृपाण धारण करना एवं लेकर चलना सिख धर्म के मानने का अंग समझा जाएगा।

खण्ड 2 के ख के तहत निर्देश सिख, जैन या बौद्ध धर्म के प्रति भी निर्देश समझा जाएगा।

अनुच्छेद-26 धार्मिक कार्यों के प्रबंध की स्वतंत्रता

लोक व्यवस्था, सदाचार एवं स्वास्थ्य के अधीन रहते हुए प्रत्येक धार्मिक संप्रदाय या उसके किसी अनुभाग को-

क- धार्मिक और मूर्त प्रयोजनों के लिए संस्थाओं की स्थापना एवं पोषण का,

ख- अपने धर्म विषयक कार्यों का प्रबंध करने का,

ग- जंगम एवं स्थावर संपति के अर्जन और स्वामित्व का, और

घ- ऐसी संपति का विधि के अनुसार प्रशासन करने का,

अधिकार होगा।

अनुच्छेद- 27 किसी विशिष्ट धर्म की उन्नति के लिए करों के संदाय के बारे में स्वतंत्रता

किसी भी व्यक्ति को ऐसे कर देने के लिए बाध्य नहीं किया जाएगा जिनका ध्येय किसी विशिष्ट धर्म या धार्मिक सम्प्रदाय की अभिवृद्धि करना हो।

अनुच्छेद- 28 कुछ शिक्षण संस्थाओं में धार्मिक शिक्षा या उपासना में शामिल होने की स्वतंत्रता

28 खण्ड 1 के अनुसार राज्य निधि से पूर्णतः पोषित किसी शिक्षण संस्था में कोई धार्मिक शिक्षा नहीं दी जाएगी।

28 खण्ड 2 के तहत खण्ड 1 की कोई बात ऐसी शिक्षण संस्थान पर लागू नहीं होगी जिसका प्रशासन राज्य करता है परंतु वह किसी न्यास या ट्रस्ट के अधीन धार्मिक शिक्षा देने के लिए स्थापित की गई हो।

28 के खण्ड 3 के तहत राज्य मान्यता प्राप्त या राज्य निधि से सहायता प्राप्त शिक्षण संस्थान में दी जाने वाली धार्मिक शिक्षा में किसी को तब तक बाध्य नहीं किया जाएगा जब तक कि वह स्वयं यदि वयस्क है तो या अवयस्क हो तो उसकें संरक्षक की सहमति प्राप्त होने तक।

28 के तहत चार तरह की शिक्षण संस्थाओं का उल्लेख किया गया है अर्थात्

राज्य द्वारा पोषित, राज्य द्वारा मान्यता प्राप्त, राज्यनिधि से सहायता प्राप्त एवं राज्य प्रशासित परंतु न्यास के अधीन शिक्षण संस्थान। प्रथम संस्थान में धार्मिक शिक्षा का प्रतिबंध है, दूसरी व तीसरी संस्थान में सहमति से शिक्षा दी जा सकती है, यदि अवयस्क तो माता-पिता या संरक्षक और बालिग है, तो खुद की सहमति से संभव है। चौथी संस्थान में धार्मिक शिक्षा पर कोई प्रतिबंध नहीं लगाया गया है।

तथापि राष्ट्र गान या गीत या सूर्य नमस्कार को धार्मिक शिक्षा का भाग नहीं माना जाएगा।

भारतीय संविधान के इन चारों अनुच्छेदों में स्पष्ट रूप से भारत को एक पंथनिरपेक्ष राज्य के रूप में देखा जा सकता है। यद्यपि संविधान की प्रस्तावना में भी 42 वें संविधन संशोधन के माध्यम से पंथनिरपेक्षता शब्द का समावेश किया गया है जिसकी कोई आवश्यकता न थी। पंथनिरपेक्ष राज्य का संबंध मानवों के आपसी संबंधों से है। ऐसे संबंध जो मनुष्य व ईश्वर के बीच के संबंधों से परे होते है। पंथनिरपेक्षता न तो धर्म का समर्थन करती है और न ही प्रतिरोध करती है। राज्य का अपना कोई धर्म नहीं है। वह सभी धर्मों के प्रति समान आदर व सद्भाव रखता है। एस आर बोम्मई बनाम भारत संघ, 1994 के मामले में पंथनिरपेक्षता को संविधान का आधारभूत ढ़ांचा घोषित किया गया है।

संस्कृत भाषा की शिक्षा, राष्ट्रगान, राष्ट्रगीत, राष्ट्रध्वज का सम्मान व पालन करना पंथनिरपेक्षता का उल्लघंन नहीं है।

ये उपबंध आस्तिकता एवं नास्तिकता दोनों ही स्वरूपों को मानने के लिए व्यक्ति को स्वतंत्रता प्रदान करते है।

अनुच्छेद- 29 व 30 संस्कृति एवं शिक्षा संबंधी अधिकार

अनुच्छेद- 29 के खण्ड 1 के अनुसार भारत के राज्य क्षेत्र या उसके किसी भाग के निवासी नागरिकों के किसी अनुभाग को, जिनकी अपनी कोई विशेष भाषा, लिपि या संस्कृति हो, उसके संरक्षण का या उसे बनाए रखने का अधिकार होगा।

इसके अंतर्गत अल्पसंख्यकों के साथ-साथ सभी नागरिक या बहुसंख्यक भी शामिल है।

29 के खण्ड 2 के तहत राज्य पोषित या निधि से सहायता प्राप्त किसी शिक्षण संस्थान में धर्म, मूलवंश, जाति, भाषा या इनमें से किसी आधार पर प्रवेश से वंचित नहीं किया जाएगा।

अनुच्छेद-30 शिक्षण संस्थाओं की स्थापना एवं उनके प्रशासन का अल्पसंख्यकों का अधिकार

30 के खण्ड 1 के अनुसार धर्म या भाषा आधारित सभी अल्पसंख्यक वर्गों को अपनी रूचि की शिक्षण संस्थाओं की स्थापना का और प्रशासन का अधिकार होगा।

30 के खण्ड 1क के तहत यदि राज्य ऐसी किसी अल्पसंख्यक संस्थान की सम्पति का अनिवार्य अधिग्रहण करता है तो बाजार भाव से रकम अदा करनी होगी। 44 वें संविधान संशोधन 1978 के द्वारा समायोजित किया गया है।

30 के खण्ड 2 के अनुसार शिक्षा संस्थाओं को सहायता देने में राज्य किसी शिक्षण संस्था के खिलाफ़ इस आधार पर भेदभाव नहीं करेगा कि वह किसी धर्म या भाषा पर आधारित किसी अल्पसंख्यक वर्ग के प्रबंधन से जुडी हुई है।

अनुच्छेद विदेशी व्यक्तियों को भी प्राप्त है जबकि 29 केवल भारतीय नागरिकों को ही प्राप्त है।

अनुच्छेद-32 संवैधानिक उपचारों का अधिकार -

इस भाग अर्थात् 3 के द्वारा प्रदत मौलिक अधिकारों का लागू कराने के लिए उपचार

32 के खण्ड 1 के अनुसार इस भाग के द्वारा प्रदत मौलिक अधिकारों को लागू करवाने के लिए उचित कार्यवाही हेतु सर्वोच्च न्यायालय प्रत्याभूति प्रदान करता है। अर्थात् उच्चतम न्यायालय मौलिक अधिकारों की रक्षा की गांरण्टी प्रदान करता है।

32 के खण्ड 2 के तहत इस भाग के द्वारा प्रदत मौलिक अधिकारों में से किसी अधिकार को लागू कराने के लिए उच्चतम न्यायालय को ऐसे आदेश या रिट या निदेश जारी करने की शक्ति होगी जिनमें पाँच प्रकार के न्यायिक आदेश प्रमुख है अर्थात् बंदी प्रत्यक्षीकरण, परमादेश, प्रतिषेध, अधिकार पृच्छा और उत्प्रेषण रिट प्रमुख है।

अंबेडकर के शब्दों में, यदि मुझसे पूछा जाए कि संविधान में कौनसा अनुच्छेद सबसे महत्वपूर्ण है जिसके बिना यह संविधान शून्य हो जाएगा तो मैं इसके सिवाय दूसरे अनुच्छेद का नाम नहीं लूँगा। यह संविधान की आत्मा है। उन्हांने अनुच्छेद 32 को संविधान की आत्मा व मर्म या हृदय कहा है। यह भाग 3 में होने के कारण स्वयं एक मूल अधिकार है। न्यायिक सक्रियता अर्थात् न्यायालय के द्वारा जनहित मामलों में हस्तक्षेप या सक्रिय होकर कार्य करना, भी इसका एक विस्तारित स्वरूप है। वह न केवल पुनरावलोकन की शक्ति को धारित करता है अपितु अपने ही अंतिम ओदश का भी पुनरावलोकन कर सकता है। यह शक्ति आधारभूत संरचना का भाग है जिसे संसद भी नहीं छीन सकती है।

अनुच्छेद-33 के अनुसार संसद को सशस्त्र बलों या लोक व्यवस्था बनाए रखने का भारसाधन करने वाले बलों, आसूचना कार्मिकों आदि पर लागू होने के उपांतरण की शक्ति प्रदान करती है।

अनुच्छेद-34 के अनुसार संसद, सेना विधि लागू होने पर मूल अधिकारों का उल्लघंन किये गए कार्य के लिए क्षतिपूर्ति कर सकेगी।

अनुच्छेद-35 के अतंर्गत विशेष मूल अधिकारों को प्रभावी बनाने के लिए विधि निर्माण केवल संसद के क्षेत्राधिकार में होगा, राज्यों की विधानपालिकाओं में नहीं।

मौलिक अधिकारों संबंधी प्रमुख न्यायिक वाद :

ए के गोपालन बनाम मद्रास राज्य वाद, 1950

शंकरी प्रसाद बनाम भारत संघ वाद, 1951
सज्जन सिंह बनाम राजस्थान राज्य वाद, 1965
गोलकनाथ बनाम पंजाब राज्य वाद, 1967
केशवानंद भारती बनाम केरल राज्य वाद, 1973
मिनर्वा मिल्स वाद, 1980

मौलिक अधिकारों के बारे में विशिष्ट उपबंध :

1. अनुच्छेद 15, 16, 19, 29, 30 के तहत प्रदत मौलिक अधिकार केवल भारतीय नागरिकों को ही प्राप्त है। अन्य मौलिक अधिकार व्यक्तियों एवं भारतीय नागरिकों दोनों को प्राप्त है।
2. राष्ट्रीय आपातकाल के दौरान अनुच्छेद 358 के तहत अनुच्छेद 19 द्वारा प्रदत मौलिक अधिकार स्वतः ही निलंबित होते है और आपातकाल हटने पर स्वतः ही पुनः बहाल हो जाते है।
3. जबकि 359 के तहत अन्य मौलिक अधिकारों का निलंबन राष्ट्रपति करता है और इनकी बहाली की उद्घोषणा भी राष्ट्रपति ही करता है। परंतु **अनुच्छेद 20 एवं 21 को किसी भी दशा में निलंबित नहीं** किया जा सकता है। अनुच्छेद 32 यह घोषणा करता है कि उसे निलंबित नहीं किया जाएगा तथापि उसे निलम्बित किया जा सकता है।
4. डॉ. एस राधाकृष्णन ने मूल अधिकारों को हमारी भावना के साथ किया गया वाद एवं सभ्य विश्व के साथ की गई संधि कहा था।

विविध प्रतियोगी परीक्षाओं में आए हुए महत्वपूर्ण प्रश्नोतर :

प्रश्न-1 सम्पति के अधिकार की भारत में क्या स्थिति है

(1) सभी नागरिकों के लिए उपलब्ध कानूनी अधिकार (2) सभी लोगों के लिए उपलब्ध कानूनी अधिकार (3) सभी नागरिकों के लिए उपलब्ध मौलिक अधिकार (4) न तो मौलिक अधिकार है और न ही कानूनी अधिकार है

उतर- (2)

प्रश्न-2 मौलिक अधिकार के रूप में सम्पति के अधिकार को निरस्त किया गया है-

(1) 44 वें संशोधन के द्वारा (2) 42 वे संशोधन के द्वारा (3) 41 वे संशोधन के द्वारा (4) 59 वें संशोधन के द्वारा

उतर- (1)

प्रश्न-3 अम्बेडकर ने कौनसे अधिकार को संविधान का दिल एवं आत्मा कहा है-

(1) धर्म की स्वतंत्रता का अधिकार (2) संपति का अधिकार (3) समानता का अधिकार (4) संवैधानिक उपचारों का अधिकार

उतर- (4)

प्रश्न- 4 अम्बेडकर ने किस अनुच्छेद को संविधान की दीवार या प्राचीर कहा है-

(1)अनुच्छेद 12 (2)अनुच्छेद 14 (3)अनुच्छेद 21 (4) अनुच्छेद 32

उतर- (4)

प्रश्न- 5 मौलिक अधिकारों में दूसरा स्थान किस अधिकार को दिया गया है-

(1) समानता का अधिकार (2) स्वतंत्रता का अधिकार (3) संवैधानिक उपचारों का अधिकार (4) धार्मिक स्वतंत्रता का अधिकार

उतर- (2)

प्रश्न-6 भारतीय संविधान के भाग 3 को किसने संविधान की आत्मा कहा है-

(1) अंबेडकर ने (2) नेहरू ने (3) सच्चिदानंद सिन्हा ने (4) राजेंद्र प्रसाद ने

उतर- (2)

प्रश्न-7 संविधान के अनुच्छेद 19 में वर्णित स्वतंत्रता के अधिकार से संबंधित कौनसा त्रुटिपूर्ण है

(1) इसमें छह स्वतंत्रताओं का उल्लेख है (2)यह सभी व्यक्तियों पर लागू होती है (3) संपत्ति के अर्जन और धारण की स्वतंत्रता को संशोधन द्वारा इसमें विलोपित किया गया है (4) इस व्यवसाय की स्वतंत्रता शामिल है

उतर- (2)

प्रश्न-8 किस संविधान संसोधन के द्वारा शिक्षा के अधिकार को मूल

अधिकारों में शामिल किया गया-
(1) 86 (2) 30 (4) 89 (1) 29
उतर- (1)
प्रश्न-9 सरकारी नौकरियों में आरक्षण का संबंध किस अधिकार से है
(1) समानता का अधिकार (2) स्वतंत्रता का अधिकार (3) शोषण के विरुद्ध अधिकार (4) संवैधानिक उपचारों का अधिकार
उतर- (1)
प्रश्न-10 अनुच्छेद 14 के न्यायिक निर्वचन में क्या शामिल नहीं है-
(1) कानून का शासन (2) संसदीय सर्वोच्चता का सिद्धांत (3) युक्तियुक्त वर्गीकरण का सिद्धांत (4) नैसंर्गिक या प्राकृतिक न्याय का सिद्धांत
उतर- (2)
प्रश्न-11 भारतीय संविधान के किस अनुच्छेद के अंतर्गत छुआछूत को एक अपराध घोषित किया गया है-
(1) 17 (2) 19 (3) 21 (4) 20
उतर- (1)
प्रश्न-12 संवैधानिक उपचारों का मौलिक अधिकार किस अनुच्छेद के तहत प्रदान किया गया है-
(1) 13 (2) 14 (3) 32 (4) 30
उतर- (3)
प्रश्न-13 सही मिलान कीजिए -
(1) समता का अधिकार - अनुच्छेद 14 से 18 (2) स्वतंत्रता का अधिकार - अनुच्छेद 19 से 22
(3) संस्कृति और शिक्षा संबंधी अधिकार - अनुच्छेद 29 से 30 (4) संवैधानिक उपचारों का अधिकार - अनुच्छेद 32
उतर- (सभी विकल्प है)
प्रश्न-14 सरकारी नौकरियों में आरक्षण का संबंध किस अधिकार से है-
(1) समता का अधिकार (2) स्वतंत्रता का अधिकार (3) शोषण के विरूद्ध अधिकार (4) संवैधानिक उपचारों का अधिकार
उतर- (1)

प्रश्न-15 कौनसा मूल अधिकार मानव के दुर्व्यापार को निषिद्ध करता है-
(1) स्वतंत्रता का अधिकार (2) शोषण के विरूद्ध अधिकार (3) समता का अधिकार (4) संवैधानिक उपचारों का अधिकार उतर- (2)

प्रश्न-16 मूल अधिकारों से संबंधित न्यायिक निर्णयों का सही क्रम है-
(1) ए के गोपालन, गोलकनाथ, मिनर्वा मिल्स और केशवानंद
(2) गोलकनाथ, गोपालन, मिनर्वा मिल्स और केशवानंद
(3) ए के गोपालन, गोलकनाथ, केशवानंद और मिनर्वा मिल्स
(4) मिनर्वा मिल्स, केशवानंद, गोलकनाथ एवं ए के गोपालन
उतर- (3)

प्रश्न-17 सरदार स्वर्णसिंह समिति, 1976 के सदस्य नहीं था-
(1) ए आर अंतुले (2) एस एस रे (3) सी एम स्टीफन (4) हरदेव जोशी
उतर- (4)

प्रश्न-18 शिक्षा का अधिकार किस मूल अधिकार में शामिल है-
(1) संस्कृति एवं शिक्षा के अधिकार में (2) धार्मिक स्वतंत्रता के अधिकार में (3) स्वतंत्रता के अधिकार में (4) समता के अधिकार में
उतर- (3)

प्रश्न-19 सम्पति के मूल अधिकार को इस श्रेणी से कौनसे संविधान संशोधन के द्वारा हटा दिया गया है-
(1) 42 (2) 25 (3) 30 (4) 44
उतर- (4)

प्रश्न-20 मूल अधिकारों से संबंधित जनहित याचिका दायर की जा सकती है-
(1) केवल उच्चतम न्यायालय में (2) केवल उच्च न्यायालय में (3) उच्चतम एवं उच्च दोनों न्यायालयों के समक्ष (4) किसी भी न्यायालय के समक्ष
उतर- (3)

प्रश्न-21 मौलिक अधिकारों की श्रेणी से हटाये जाने से पहले सम्पति का अधिकार कौनसे अनुच्छेद का हिस्सा रहा है-
(1) 22 (2) 18 (3) 19 (4) 20

उतर- (3)

प्रश्न-22 स्वतंत्रता के मूल अधिकार में शब्दशः शामिल नहीं है-
(1) भाषण की स्वतंत्रता (2) व्यवसाय की स्वतंत्रता (3) अंतः करण की स्वतंत्रता (4) शिक्षा का अधिकार

उतर- (3)

प्रश्न-23 भारतीय संविधान के अनुच्छेद 19 में मूलतः कितनी स्वतंत्रताएं शामिल थी-
(1) 5 (2) 6 (3) 7 (4) 9

उतर- (3)

प्रश्न-24 अनुच्छेद 15 में प्रयुक्त शब्दों का सही क्रम है-
(1) मूलवंश, जाति, धर्म, लिंग (2) धर्म, मूलवंश, जाति, लिंग (3) जाति, धर्म, मूलवंश, लिंग (4) धर्म, जाति, मूलवंश, लिंग

उतर- (2)

प्रश्न-25 सम्पति के अधिकार के बारे में क्या सही है-
(1) इसका सकारात्मक उल्लेख अनुच्छेद 19,1, च में था। (2) संविधान में अब इसका उल्लेख एक नकारात्मक अधिकार के रूप में हैं (3) दोनो सही है। (4) कोई भी सही नहीं है।

उतर- (3)

प्रश्न-26 विधि के शासन के लिए नुकसानदेह है-
(1) कानून की उचित प्रक्रिया (2) न्यायिक पुनरावलोकन (3) न्यायिक सक्रियता (4) कानून द्वारा स्थापित प्रक्रिया

उतर- (3)

प्रश्न-27 कौनसा अधिकार मौलिक अधिकारों की सूची से बाहर निकाल दिया गया है-
(1) सम्पति का अधिकार (2) शोषण के विरूद्ध अधिकार (3) धार्मिक स्वतंत्रता का अधिकार (4) संवैधानिक उपचारों का अधिकार

उतर- (1)

प्रश्न-28 भारतीय संविधान में स्वतंत्रता के मूल अधिकार में शब्दशः शामिल नहीं है-
(1) भाषण की स्वतंत्रता (2) व्यवसाय की स्वतंत्रता (3) अंतः करण

की स्वतंत्रता (4) शिक्षा का अधिकार

उतर- (3)

प्रश्न-29 आपात के दौरान मूल अधिकारों के प्रवर्तन को कौनसा निलंबित कर सकता है-

(1) संसद (2) राष्ट्रपति (3) लोकसभा (4) उच्चतम न्यायालय

उतर- (2)

प्रश्न-30 त्रुटिपूर्ण युग्म बताइए -

(1) ग्राम पंचायत का गठन -40 (2) एक समान नागरिक संहिता - 44 (3) कृषि एवं पशुपालन - 48 (4) न्यायपालिका एवं कार्यपालिका का पृथक्करण - 51

उतर- 4

प्रश्न- 31 वोट देने का अधिकार है

(1) कानूनी अधिकार (2) सामाजिक अधिकार (3) संवैधानिक अधिकार (4) व्यक्तिगत अधिकार

उतर- (3)

प्रश्न- 32 संविधान के अनुसार समुदाय को अल्पमत घोषित किया गया है

(1)केवल धर्म के आधार पर (2)धर्म व भाषा के आधार पर(3)भाषा व जाति (4) धर्म व प्रजाति

उतर- (2)

प्रश्न- 33 मौलिक अधिकारों पर युक्तियुक्त प्रतिबंध लगाने का अधिकार किसको है

(1)संसद को (2) सर्वाच्च न्यायालय को (3) राष्ट्रपति को (4) प्रधानमंत्री को

उतर- (1)

प्रश्न- 34 अनुच्छेद 19 की स्वतंत्राएं स्थगित होती है

(1)वितीय आपातकाल में (2)राष्ट्रपति शासन में (3)राष्ट्रीय आपातकाल में (4)सिविल वार में

उतर- (3)

प्रश्न- 35 अवैध गिरफतारी के समय कौनसी रिट जारी होती है

(1)परमादेश (2)बंदी प्रत्यक्षीकरण (3)अधिकार पृच्छा (4) उत्प्रेषण

उतर- (2)

प्रश्न- 36 विधि के समक्ष समानता किस देश से अपनायी गई है

(1)अमेरिका (2)ब्रिटेन (3)कनाडा (4) आस्ट्रेलिया

उतर- (2)

प्रश्न- 37 किस अनुच्छेद के तहत उपाधियों का अंत किया गया है

(1)18 (2)20 (3)22 (4)23

उतर- (1)

प्रश्न- 38 21 क के तहत शिक्षा का अधिकार किस आयु वर्ग के लिए है

(1)6 से 12 वर्ष (2)8 से 12 वर्ष (3) 6 से 14 वर्ष (4) 8 से 16 वर्ष

उतर- (3)

प्रश्न- 39 निवारक निरोध के तहत बंदी बनाये जाने की अवधि है

(1) 3 माह (2) 2 माह (3)4 माह (4) 5 माह

उतर- (2)

प्रश्न- 40 प्रबंधन में कर्मचारियों की भागीदारी का उल्लेख करता है

(1)अनुच्छेद 39 (2)अनुच्छेद 43क (3)अनुच्छेद 42क (4) अनुच्छेद 48क

उतर- (2)

प्रश्न- 41 मौलिक अधिकारों का उपबंध किस देश से अपनाया गया है

(1)अमेरिका से (2)ब्रिटेन से (3)जापान से (4) कनाडा से

उतर- (1)

प्रश्न- 42 धर्म की स्वतंत्रता है

(1)नकारात्मक (2)सकारात्मक (3) दोनो (4) कोई नहीं

उतर- (3)

प्रश्न-43 पिछडे वर्गो को अनुच्छेद 16 के किस खण्ड के तहत आरक्षण दिया गया है

(1)4 (2) 2 (3)1 (4) 3

उतर- (1)

प्रश्न- 44 मूल अधिकारों का संरक्षण कौन करता है

(1) संसद (2)न्यायपालिका (3)मंत्रिमण्डल (4) राष्ट्रपति

उतर- (2)

प्रश्न- 45 प्रेस की स्वतंत्रता का उल्लेख किया गया है-
(1) 19, 1,क में (2) 19,1,ख में (3)19,1,ग में (4) 19,1,घ में
उतर- (1)

प्रश्न- 46 सर्वोच्च न्यायालय ने पहली बार किस केस में शिक्षा के अधिकार को जीवन के अधिकार का भाग स्वीकार किया था
(1)यूपी बनाम समद, 1962 (2)मोहिनी जैन बनाम कर्नाटक राज्य, 1992 (3)रामानुज बनाम तमिलनाडु राज्य, 1961 (4) एंथनी स्कूल बनाम भारत संघ 1986
उतर- (2)

प्रश्न- 47 किस आयोग ने पिछडे वर्गो के लिए क्रिमी लेयर की पहचार की है
(1)बी पी मण्डल आयोग ने (2)काका कालेकर आयोग ने (3)मुंगेरीलाल आयोग ने (4) रामनंदन आयोग ने
उतर- (1)

प्रश्न- 48 सबसे महत्वपूर्ण मौलिक अधिकार है
(1)स्वतंत्रता का अधिकार (2)समानता का अधिकार (3)संवैधानिक उपचारों का अधिकार (4) संस्कृति व शिक्षा का अधिकार
उतर- (3)

प्रश्न- 49 आपातकाल में किसे नहीं छीना जा सकता है
(1)भाषण का अधिकार (2)जीवन का अधिकार (3)भ्रमण का अधिकार (4)संगठन का अधिकार
उतर- (2)

प्रश्न- 50 बंदी प्रत्यक्षीकरण जारी करने का अधिकार है
(1)सर्वोच्च न्यायालय को (2)उच्च न्यायालय को (3)दोनों को (4) संसद को
उतर- (3)

6

राज्य के नीति निदेशक तत्व

आधुनिक दूनिया में पहली बार स्पेन के संविधान, 1931 में नीति निदेशक तत्वों को शामिल किया गया। इसके बाद स्पेन से प्रभावित होकर सामाजिक नीति के निदेशक तत्वों के रूप में आयरलैण्ड या आयरिश के संविधान, 1937 में इन्हें स्थान दिया गया है। हमारे संविधान में इनकों स्थान देने एवं न्यायालय में प्रवर्तनीय नहीं होनें की प्रकृति को आयरलैण्ड के संविधान से ग्रहण किया गया है। इसके अलावा कुछ उपबंध आयरलैण्ड से तो अन्य उपबंध कनाड़ा, जर्मनी, चीन, 42 वें संविधान संशोधन, हवाना घोषणा, 1939, डैंजिग इत्यादि से ग्रहण किये गए है। मूलतः ये आयरिश संविधान से प्रभावित है। इन तत्वों में गांधीवादी, समाजवादी, फेबियनवादी, लोकतांत्रिक समाजवादी, उदारवादी, लोककल्याणकारी इत्यादि अवधारणाओं को स्थान दिया गया है। संविधान की प्रस्तावना में उल्लिखित लोककल्याणकारी एवं समाजवादी राज्य की स्थापना का ध्येय नीति निदेशक तत्वों में ही पूरा होता है। अब पुलिस राज्य के स्थान पर कल्याणकारी राज्य के ध्येय को स्वीकार किया गया है।

भारतीय संविधान के भाग 4 के अंतर्गत अनुच्छेद 36 से 51 तक राज्य के नीति निदेशक तत्वों का उल्लेख किया गया है। ये तत्व भारत को एक

कल्याणकारी राज्य का स्वरूप प्रदान करते है। इसी के साथ सामाजिक, आर्थिक लोकतंत्र को स्थापित करते है। यह भाग सामाजिक एवं आर्थिक न्याय की स्थापना के ध्येय पर केन्द्रित है। यह मुख्य रूप से मानवीय, पर्यावरणीय एवं अंतर्राष्ट्रीयता की भावना से ओत-प्रोत भाग है। इनके बारे में विभिन्न चिंतकों ने विविध उपमाएं व्यक्त की है।

डॉ. अम्बेडकर के अनुसार नीति निदेशक तत्व हमारे संविधान की अनोखी विशेषताएं है जिनमें **कल्याणकारी राज्य का ध्येय निहित है। ये आर्थिक घोषणापत्र का स्वरूप है।**

अम्बेडकर के शब्दों में, इस संविधान की रचना में हमारे दो ध्येय है अर्थात् राजनीतिक लोकतंत्र का स्वरूप निर्धारित करना और हमारा आदर्श आर्थिक लोकतंत्र है और सताधारी सरकार आर्थिक लोकतंत्र को लाने का प्रयास करेगी।

राजेन्द्र प्रसाद के अनुसार निदेशक सिद्धांत जनता के कल्याण को प्रोत्साहित करते है और इन्हें व्यावहारिक स्वरूप देने के लिए प्रस्तावना में भी स्थान दिया गया है।

आईवर जैनिंग्स के अनुसार भारतीय संविधान का भाग 3 फेबियन समाजवाद की स्थापना करता है। नीति निदेशक तत्वों को **पुण्यात्मा लोंगों की महत्वकांक्षा** कहा जा सकता है।

ग्रेनविल ऑस्टिन के अनुसार, भारतीय संविधान प्रथमतः और सर्वोपरि रूप में एक सामाजिक दस्तावेज है। सामाजिक क्रांति का जो मर्म है वह **भाग 3 व 4 में है। यह संविधान की आत्मा है।**

के सी व्हीयर के शब्दां में भाग 3 लक्ष्यों एवं महत्वकांक्षाओं का घोषणापत्र है।

के टी शाह के अनुसार ये तत्व ऐसे **बैंक के चैक की तरह है जिसे वह अपनी सुविधा के अनुसार काटता है।**

टी टी कृष्णामाचारी के अनुसार इन्हें **भावनाओं का स्थायी कूडादान** कहा जा सकता है।

यह कहा जा सकता है कि इन तत्वों में सामाजिक, आर्थिक, राजनीतिक, कानूनी, मानवीय एवं पर्यावरणीय समाज की संरचना के सभी उपबंधों को समायोजित किया गया है। इन्हें लागू करना ही मानवीय समाज या

राज्य का मूल ध्येय होना चाहिए।

अनुच्छेद 36 के अंतर्गत अनुच्छेद 12 की तरह ही राज्य शब्द की परिभाषा का जिक्र किया गया है। इसमें संसद व संघ सरकार, राज्य विधानमण्डल व राज्य सरकार, स्थानीय प्राधिकार एवं अन्य प्राधिकरण जो भारत संघ के अधीन लोकहित में कार्य करता है, शामिल होगा।

अनुच्छेद 37 के अनुसार इस भाग के उपबंध किसी न्यायालय द्वारा प्रवर्तनीय नहीं होगें अर्थात् न्यायालय में वाद योग्य नहीं होंगें या इनकी प्रकृति गैर न्यायिक है परंतु फिर भी ये तत्व देश के शासन में मूलभूत है और विधि बनाने में इन्हें लागू करना राज्य का कर्तव्य होगा। यद्यपि ये तत्व न्यायालय में प्रवर्तनीय या वाद योग्य नहीं है।

इसके बावजूद भी अम्बेडकर ने इनके महत्व का जिक्र करते हुए कहा है कि मैं यह मानने को तैयार नहीं हूँ कि नीति निदेशक तत्वो के पीछे कोई विधिक शक्ति नहीं है और इनके पीछे किसी प्रकार की बाध्यता या बल नहीं है। इनके पीछे जनमत की सबसे बडी ताकत है।

अनुच्छेद 38 राज्य लोककल्याण की अभिवृद्धि के लिए सामाजिक व्यवस्था बनाएगा कि

38, 1 सामाजिक, आर्थिक व राजनीतिक न्याय राष्ट्रीय जीवन की सभी संस्थाओं को अनुप्राणित करे, इनकी प्रभावी रूप से स्थापना एवं संरक्षण करके लोककल्याण की अभिवृद्धि का प्रयास करेगा।

38 के खण्ड 2 के तहत राज्य विशेष रूप से आय की असमानताओं को कम करने का प्रयास करेगा और न केवल व्यष्टियों के बीच अपितु विभिन्न क्षेत्रों में रहने वाले एवं विभिन्न व्यवसायों में लगे हुए लोगों के समूहों के बीच भी प्रतिष्ठा, सुविधाओं एवं अवसर की असमानताओं को समाप्त करने का प्रयास करेगा। यह 42 वें संशोधन द्वारा जोडा गया है। ज्ञातव्य हो कि संविधान की प्रस्तावना में भी लोककल्याणकारी राज्य, समाजवाद, सामाजिक, आर्थिक व राज्नीतिक न्याय, प्रतिष्ठा व अवसर की समता का उल्लेख किया गया है।

39 राज्य द्वारा अनुसरण करने योग्य तत्व अर्थात् राज्य अपनी नीति का संचालन इस तरह से करेगा कि -

क- पुरूष व स्त्री सभी नागरिकों को समान रूप से जीविका के पर्याप्त

साधन प्राप्त करने का अधिकार हो;
क- समान न्याय एवं निः शुल्क विधिक सहायता की व्यवस्था करेगा, इसे 42 वें संशोधन द्वारा जोड़ा गया है।
ख- समुदाय के भौतिक ससांधनों का स्वामित्व एवं नियंत्रण इस तरह बंटा हो कि सामुहिक हित का सर्वोतम रूप में साधन हो;
ग- आर्थिक व्यवस्था इस प्रकार चले जिससे धन व उत्पादन साधनों का सर्वसाधारण के लिए अहितकारी संकेन्द्रण नहीं हो;
घ- पुरूषों एवं स्त्रियों दोनों का समान कार्य के लिए समान वेतन हो;
ड़- पुरूष, स्त्री कर्मकारों के स्वास्थ्य व शक्ति का तथा बालकों की सुकुमार अवस्था का दुरूपयोग न हो और आर्थिक आवश्यकता से विवश होकर नागरिकों का ऐसे रोजगार में न जाना पड़े जो उनकी आयु व शक्ति के अनुकूल न हो;
च- बालकों को स्वतंत्र एवं गरिमामय वातावरण में स्वस्थ विकास के अवसर व सुविधाएं दी जाएं और बालकों व अल्पव्य व्यक्तियों की शोषण से तथा नैतिक व आर्थिक परित्याग से रक्षा की जाएं।

अनुच्छेद 38 व 39 के अंतर्गत वितरणात्मक न्याय सिद्धांत को अपनाया गया है।

अनुच्छेद 40 ग्राम पंचायतों का संगठन-

राज्य ग्राम पंचायतों का संगठन करने के लिए कदम उठाएगा और उनकों ऐसी शक्तियां एवं प्राधिकार प्रदान करेगा जो उन्हें स्वायत शासन की इकाईयों के रूप में कार्य करने योग्य बनाने के लिए आवश्यक हो।

अनुच्छेद 41 कुछ दशाओं में काम, शिक्षा व लोक सहायता पाने का अधिकार -

राज्य अपनी आर्थिक क्षमताओं एवं विकास की सीमाओं के भीतर काम पाने के, शिक्षा पाने के और बेकारी, बुढ़ापा, बीमारी एवं निःशक्तता एवं अन्य अभाव की दशाओं में लोक सहायता पाने के अधिकार को प्राप्त कराने का उपबंध करेगा।

अनुच्छेद 42 काम की न्यायसंगत एवं मानवोचित दशाओं का तथा प्रसूति सहायता का उपबंध-

राज्य काम की न्यायसंगत एवं मानवोंचित दशाओं का एवं प्रसूति

सहायता का उपबंध करेगा।

अनुच्छे 43 कर्मकारों के लिए निर्वाह मजदूरी आदि का उपबंध -

राज्य उपयुक्त विधान द्वारा या आर्थिक संगठन द्वारा या किसी अन्य रीति से कृषि के या उघोग के या अन्य किसी प्रकार के सभी कर्मकारों को काम, निर्वाह मजदूरी, शिष्ट जीवन स्तर और अवकाश का सम्पूर्ण उपभोग सुनिश्चित करने वाली काम की दशाएं तथा सामाजिक एवं सास्कृतिक अवसर प्राप्त कराने का प्रयास करेगा और विशेष रूप से ग्राम में कुटीर उद्योगों को वैयक्तिक या सहकार आधार पर बढ़ाने का प्रयास करेगा।

43,क उद्योगों के प्रबंध में कर्मकारों का भाग लेना-

राज्य किसी संगठन या उद्योग के प्रबंध में भाग लेने के लिए कर्मकारों के लिए प्रबंध करेगा। 42 वें संशोधन द्वारा जोड़ा गया है।

43,ख सहकारी सोसायटियों के संवर्धन के लिए प्रयास करेगा। 97 वें संशोधन, 2011 द्वारा जोड़ा गया है। 15 फरवरी, 2012 से लागू।

अनुच्छेद 44 नागरिकों के लिए समान सिविल संहिता-

राज्य भारत राज्य क्षेत्र के समस्त नागरिकों के लिए समान सिविल संहिता प्राप्त कराने का प्रयास करेगा।

ज्ञात रहे कि डॉ. बी आर अम्बेडकर संविधान सभा में इसके सबसे बडे समर्थक थे। अहमद खान बनाम साहबानों केस, 1985 के निर्णय के बाद उच्चतम न्यायालय के निर्णय को निष्प्रभावी बनाने के लिए मुस्लिम महिला अधिनियम, 1986 बनाया गया। इसका ध्येय तलाक हितों की रक्षा करना था। ज्ञात रहे कि केन्द्र सरकार ने तीन तलाक को अवैध घोषित कर दिया है।

अनुच्छेद-45 छह वर्ष से कम आयु के बालकों के लिए प्रारंभिक बाल्यावस्था, देख-रेख व शिक्षा का उपबंध- राज्य सभी बालकों के लिए छह वर्ष की आयु पूरी करने तक, प्रारंभिक बाल्यवस्था एवं देख-रेख का उपबंध करेगा। 86 वें संशोधन, 2002 द्वारा जोड़ा गया है।

अनुच्छेद - 46 अनुसूचित जातियों, अनुसूचित जनजातियों एवं अन्य दुर्बल वर्गों के शिक्षा एवं अर्थ संबंधी हितों की अभिवृद्धि -

राज्य दुर्बल वर्गों की शिक्षा एवं अर्थ संबंधी हितों की अभिवृद्धि करेगा

विशेष रूप से अनुसूचित जातियों एवं जनजातियों को, तथा सामाजिक अन्याय एवं सभी प्रकार के शोषण से बचायेगा।

अनुच्छेद 47 - पोषाहार स्तर एवं जीवन स्तर का उंचा करने तथा लोक स्वास्थ्य का सुधार करने का राज्य का कर्तव्य-

राज्य अपने लोगों के पोषाहार स्तर एवं जीवन स्तर का उंचा करने तथा लोक स्वास्थ्य का सुधार को अपने प्राथमिक कर्तव्य मानेगा, और राज्य, विशेष रूप से मादक पदार्थों और स्वास्थ्य के लिए हानिकारक औषधियों, औषधियों से भिन्न, उपभोग का प्रतिषेध करने का कदम उठाएगा।

अनुच्छेद 48- कृषि एवं पशुपालन का संगठन-

राज्य, कृषि एवं पशुपालन को आधुनिक एवं वैज्ञानिक प्रणालियों से संगठित करने का प्रयास करेगा और विशेष रूप से गायों एवं बछड़ों और अन्य दुधारू एवं वाहक पशुओं की नस्लों की परीरक्षण एवं सुधार के लिए और उनके वध का प्रतिषेध करने के लिए कदम उठाएगा।

अनुच्छेद- 48,क पर्यावरण का संरक्षण एवं संवद्र्धन और वन तथा वन्य जीवों की रक्षा-

राज्य, देश के पर्यावरण का संरक्षण एवं संवद्र्धन और वन तथा वन्य जीवों की रक्षा का प्रयास करेगा। 42 वें संशोधन के द्वारा जोड़ा गया है।

अनुच्छेद- 49 राष्ट्रीय महत्व के संस्मारकों, स्थानों एवं वस्तुओं का संरक्षण-

राज्य, संसद द्वारा निर्मित विधि के अधीन राष्ट्रीय महत्व के संस्मारकों, स्थानों एवं वस्तुओं का, विनाश, लूंठन, क्षरण व निर्यात से संरक्षण करेगा।

अनुच्छेद- 50 कार्यपालिका से न्यायपालिका का पृथक्करण-

राज्य की लोक सेवाओं में, राज्य कार्यपालिका को न्यायपालिका से पृथक्क करने के कदम उठायेगा।

अनुच्छेद 51 राज्य का कर्तव्य होगा कि वह -

क- अंतर्राष्ट्रीय शांति एवं सुरक्षा की अभिवृद्धि का;

ख- राष्ट्रों के बीच न्यायसंगत एवं सम्मानपूर्ण संबंधों को बनाए रखने का; ?

ग- संगठित लोगों के एक दूसरे से व्यवहारों में अंतर्राष्ट्रीय विधि और संधि बाध्यताओं के प्रति आदन बढ़ाने का;
घ- अंतर्राष्ट्रीय विवादों के मध्यस्थता द्वारा निपटारे के लिए प्रोत्सहान देने का, प्रयास करेगा।
अनुच्छेद 51 हवाना घोषणा, 1939 से प्रभावित है। ज्ञातव्य रहे कि यह अनुच्छेद, संविधान के अनुच्छेद 253 के अधीन होगा जो कि संघ की अधिकारिता में आता है। अंतर्राष्ट्रीय विधि एवं राष्ट्रीय विधि में टकराव होने पर राष्ट्रीय विधि का सम्मान करना होगा। यह निर्णय बेरूबाडी बनाम भारत संघ, 1960 में निर्णय किया गया।

संविधान की प्रस्तावना, मौलिक अधिकार एवं नीति निदेशक तत्वों में संबंध एवं विशेष प्रावधान :
संविधान की प्रस्तावना के पाँच शब्दों सामाजिक, आर्थिक व राजनीतिक न्याय, अवसर व प्रतिष्ठा की समता का उल्लेख अनुच्छेद 38 में किया गया है। 42 वें संविधान संशोधन अधिनियम, 1976 के द्वारा नीति निदेशक तत्वों में 4 अनुच्छेद- 39क, 39च, 43क, 48क, जोडे गए है। 44 वे संशोधन द्वारा 38,2 तथा 86 वें संविधान संशोधन के द्वारा 45 एवं 97 वें संविधान संशोधन के द्वारा 43ख जोड़े गए है।

राज्य के नीति-निदेशक तत्वों संबंधी न्यायिक वाद :
मद्रास राज्य बनाम चम्पाकम दोइराजन वाद,1951
गोलकनाथ बनाम पंजाब राज्य वाद, 1967 :
25 वां संविधान संशोधन अधिनियम, 1971 :
इसके द्वारा अनुच्छेद 31 में 31,ग जोड़कर अनुच्छेद 39ख, व 39,ग के तत्वों को मौलिक अधिकारों से उपर स्थान दिया गया। राज्य की किसी विधि को इस आधार पर अवैध नहीं किया जा सकता है कि वह अनुच्छेद 14 व 19 का उल्लघंन करता है अर्थात् 39 को 14 व 19 से उपर रखा गया।
केशवानंद भारती बनाम केरल राज्य वाद, 1973 :
इस केस में निर्णय किया गया कि मौलिक अधिकार एवं नीति निदेशक तत्वों में कोई विरोध नहीं है, वे एक दूसरे के पूरक है।
42 वां संविधान संशोधन अधिनियम, 1976 :

इस संशोधन के द्वारा न केवल निदेशक तत्वों में 39 को अनुच्छेद 14 व 19 से भी उपर माना गया अपितु विस्तारित करते हुए पूरे भाग 4 को ही भाग 3 से उपर स्थान दे दिया गया।

मिनर्वा मिल्स बनाम भारत संघ वाद, 1980 :

इस वाद में 25 व 42 दोनों संशोधनों के इस संबंध में जारी प्रावधानों को शुन्य घोषित कर दिया गया क्योंकि ये दोनों ही संविधान की मूलभूत संरचना को नष्ट करते है। विधि का शासन मुलभूत ढ़ाचे का हिस्सा है। मौलिक अधिकार एवं नीति-निदेशक तत्व दोनों एक दूसरे के पूरक है। नीति निदेशक तत्वों के लिए मूल अधिकारों का उल्लघंन नहीं किया जा सकता है।

ज्ञातव्य रहे कि अनेक नीति निदेशक तत्वों को मूल अधिकारों एवं संवैधानिक दर्जा दे दिया गया है। जैसे कि शिक्षा का अधिकार, ग्रामीण स्थानीय स्वशासन या पंचायती राज इत्यादि।

विविध प्रतियोगी परीक्षाओं में आए हुए महत्वपूर्ण प्रश्नोतर :

प्रश्न-1 सम्पति केंद्रण संबंधी प्रावधान है -

(1) समानता का अधिकार (2) राज्य नीति निदेशक तत्व (3) स्वतंत्रता का अधिकार (4) कल्याण की अवधारणा

उतर- (2)

प्रश्न-2 अनुच्छेद 51 क, ग में कौनसा शब्द नहीं है-

(1) प्रभुता (2) राष्ट्रीय आंदोलन (3) एकता (4) अखण्डता

उतर- (2)

प्रश्न-3 कौनसा राज्य नीति निदेशक तत्व संवैधानिक संशोधन के द्वारा जोड़ा गया है-

(1) कुछ दशाओं में काम पाने का अधिकार (2) कर्मकारों के लिए निर्वाह मजदूरी (3) काम की न्यायसंगत एवं मानवोचित दशाओं का प्रावधान (4) उद्योगों के प्रबंध में कर्मकारों का भाग लेना

उतर- (4)

प्रश्न-4 किस भाग में राज्य के नीति के निदेशक तत्वों का उल्लेख है-

(1) भाग 4 (2) भाग 3 (3) भाग 2 (4) भाग 1

उतर- (1)

प्रश्न-5 नीति निदेशक तत्वों का भाग नहीं है-
(1) कर्मगारों के लिए निर्वाह मजदूरी (2) निःशुल्क विधि सहायता (3) नागरिकों के लिए समान नागरिक संहिता (4) वैज्ञानिक दृष्टिकोण का विकास
उतर- (4)
प्रश्न-6 अनुच्छेद 39, ख एवं ग के नीति निदेशक तत्वों को केवल अनुच्छेद 14 व 19 के मूल अधिकारों पर प्राथमिकता दी गई है-
(1) मिनर्वा मिल्स वाद, 1980 (2) केशवानंद भारती वाद, 1973 (3) गोलकनाथ वाद, 1967 (4) बेरूबाडी वाद, 1959उतर- (1)
प्रश्न-7 सही नहीं है-
(1) 50 - न्यायपालिका एवं कार्यपालिका का प्रथ्थक्करण (2) 48 - कृषि एवं पशुपालन
(3) 40 - ग्राम पंचायत का गठन (4) 44 - गैर समान नागरिक संहिता
उतर- (4)
प्रश्न-8 अनुच्छेद 51 क में उल्लेखित परिरक्षण शब्द संबंधित है-
(1) सामासिक संस्कृति की गौरवशाली परंपरा से (2) सार्वजनिक सम्पति से (3) प्राकृतिक पर्यावरण से (4) प्रभुता, एकता एवं अखण्डता से
उतर- (1)
प्रश्न-9 नीति निदेशक तत्वों में कौनसा शब्दशः राज्य की संवैधानिक बाध्यता है-
(1) कर्मकारों के लिए निर्वाह मजदूरी (2) राष्ट्रीय महत्व के संस्मारकों का संरक्षण (3) गाय एवं बछडों के वध का निषेध (4) वन एवं वन्य जीवों की रक्षा
उतर- (2)
प्रश्न-10 किस वाद के निर्णय में सर्वोच्च न्यायालय ने यह संस्थापित किया कि मौलिक अधिकारों एवं नीति निदेशक तत्वों के बीच सामंजस्य एवं संतुलन संविधान के मूल ढ़ाचे की आवश्यक विशेषता है-
(1) गोलकनाथ वाद 1967 (2) केरला एजुकेशन वाद 1958 (3) मिनर्वा मिल्श वाद, 1973

(4) केशवानंद भारती वाद, 1973

उतर- (4)

प्रश्न-11 काम के अधिकार का वर्णन कहां किया गया है-

(1) मौलिक अधिकारों में (2) प्रस्तावना में (3) नीति निदेशक तत्वों में (4) मौलिक कर्तव्यों में

उतर- (3)

प्रश्न-12 किसने नीति निदेशक तत्वों को सामाजिक एवं आर्थिक लोकतंत्र का घोषणापत्र कहा है-

(1) नेहरू (2) अम्बेडकर (3) के टी शाह (4) के संथानम

उतर- (2)

प्रश्न- 13 जनकल्याण या कल्याणकारी राज्य की स्थापना के लिए सामाजिक व्यवस्था का उल्लेख है

(1) 34 में (2) 38 में (3) 20 में (4) 39 में

उतर- (2)

प्रश्न- 14 नीति निदेशक तत्व लिए गए है

(1) अमेरिका से (2) आयरलैण्ड से (3) स्पेन से (4) ब्राजील से

उतर- (2)

प्रश्न- 15 अंतर्राष्ट्रीय संबंधों का उल्लेख है

(1) 51 में (2) 51क में (3) 52 में (4) 354 में

उतर- (1)

प्रश्न- 16 नीति निदेशक तत्वों का ध्येय है

(1) राजनीतिक लोकतंत्र (2) सामाजिक व आर्थिक लोकतंत्र (3) नैतिकता (4) आर्थिक न्याय

उतर- (2)

प्रश्न- 17 कौनसा निदेशक तत्व लागू नहीं हुआ है

(1) मद्यनिषेध (2) शांति में विश्वास (3) बच्चों के लिए शिक्षा (4) अल्पसंख्यकों की सुरक्षा

उतर- (1)

प्रश्न- 18 किस अनुच्छेद के तहत निदेशक तत्वों को न्यायालय में नहीं ले जाया जा सकता है

(1) 37 (2) 38 (3) 39 (4) 40

उतर- (1)

प्रश्न- 19 निदेशक तत्वों की प्रकृति है
(1) गैर न्यायिक (2) न्यायिक (3) दोनों है (4) कोई नहीं है

उतर- (1)

प्रश्न- 20 निदेशक तत्व किसके लिए है
(1) नागरिको के लिए (2) राष्ट्रपति के लिए (3) उच्च न्यायालय के लिए (4) सरकार के लिए

उतर- (4)

प्रश्न- 21 मूल संविधान में नीति निदेशक तत्वो की संख्या कितनी थी
(1) 10 (2) 14 (3) 12 (4) 16

उतर- (2)

प्रश्न- 22 वर्तमान में निदेशक तत्वों की संख्या कितनी है
(1) 14 (2) 20 (3) 21 (4) 22

उतर- (3)

प्रश्न- 23 किसने निदेशक तत्वों को बैंक की इच्छा का चैक कहा है
(1) अम्बेडकर ने (2) के टी शाह ने (3) आस्टिन ने (4) जैनिंग्स ने

उतर- (2)

प्रश्न- 24 नीति निदेशक तत्वों को लागू करने के लिए कौन बाध्य कर सकता है
(1) न्यायालय (2) संसद (3) मतदाता (4) विदेशी

उतर- (3)

प्रश्न- 25 किस संविधान संशोधन ने निदेशक तत्वों का विस्तार किया
(1) 42 ने (2) 45 ने (3) 56 ने (4) 61 ने

उतर- (1)

प्रश्न- 26 किसका संबंध निदेशक तत्वों से नहीं है
(1) 42 वां संशोधन (2) 41वां संशोधन (3) 97 वां संशोधन (4) 44 वां संशोधन

उतर- (2)

प्रश्न- 27 समान कार्य के लिए समान वेतन का उल्लेख है

(1)38 में (2)39 में (3)40 में (4) 50 में

उत्तर- (2)

प्रश्न- 28 मातृत्व एवं पितृ अवकाश का उल्लेख सि अनुच्छेद में है

(1) 42 (2)41 (3)43 (4) 44

उत्तर- (1)

प्रश्न- 29 भारतीय विदेश नीति के ध्येय का उल्लेख है

(1)51 (2)20 (3) 52 (4) 55

उत्तर- (1)

प्रश्न- 30 किसने निदेशक तत्वों को संविधान की आत्मा कहा है

(1)आस्टिन ने (2)जैनिंग्स ने (3) नेहरू ने (4) किसी ने नहीं

उत्तर- (1)

7

मौलिक कर्तव्य

यह ध्यान देने वाली बात है कि आधुनिक दूनिया में जापान के संविधान के अलावा किसी भी उदारवादी देश के मूल संविधान में मौलिक कर्तव्यों का उल्लेख नहीं मिलता है। ब्रिटेन, आस्ट्रेलिया व कनाडा में ये न्यायिक निर्णयों के अधीन होते है। अमेरिका के संविधान में केवल मूल अधिकारों को शामिल किया गया है। साम्यवादी राज्यों में सोवियत संघ गणराज्य रूस के 7 वें अध्याय में नागरिकों के मूल कर्तव्यों का उल्लेख किया गया है।

यद्‌यपि भारत के मूल संविधान में मौलिक कर्तव्यों का कोई उल्लेख नहीं था परंतु सरदार स्वर्ण सिंह समिति की अनुशंसा पर इन्हें 42 वें संविधान संशोधन अधिनियम, 1976 के माध्यम से जोड़ा गया है। हमने यह उपबंध सोवियत संघ के संविधान से प्रभावित होकर अपनाया है।

स्वर्ण सिंह समिति की नियुक्ति कांग्रेस अध्यक्ष देवकांत बरूआ के द्‌वारा 26 फरवरी, 1976 को की गई जिसमें कुल 12 सदस्य शामिल थे जिनमें सरदार स्वर्ण सिंह-सभापति या अध्यक्ष, ए आर अंतुल-सचिव, अन्य सदस्य- ए एस रे, रजनी पटेल, एच आर गोखले, वी ए सैययद मोहम्मद, वी एन गॉडगिल, सी एम स्टीफन, डी पी सिंह, डी सी गोस्वामी, वी वी साठे और बी एन मुखर्जी थे। इस समिति ने अगस्त, 1976 में अपना प्रतिवेदन प्रस्तुत किया जिसमें 8 मौलिक कर्तव्यों का

उल्लेख किया गया था। इसी के साथ इनकी अनुपालना के लिए दो सिफारिशें कि संसद इनकी पालना के लिए दण्ड का प्रावधान कर सकती है और ऐसी विधि को न्यायालय में चुनौती नहीं दी जानी चाहिए।
अतः 42 वें संविधान संशोधन, 1942 के द्वारा संविधान में एक नया **भाग-4,क जोडा गया जिसमें अनुच्छेद 51,क के अंतर्गत 10** मौलिक कर्तव्यों का समावेश किया गया। 2002 के बाद इनकी वर्तमान संख्या 11 है।
यह प्रावधान करता है कि भारत का प्रत्येक नागरिक

1. संविधान का पालन करे एवं इसके आदर्शों, संस्थाओं, राष्ट्र ध्वज एवं राष्ट्र गान का आदर करे ;
2. स्वतंत्रता के लिए हमारे राष्ट्रीय आंदोलन को प्रेरित करने वाले उच्च आदर्शों को अपने हृदय में संजोए रखे एवं उनका पालन करे;
3. भारत की प्रभुता, एकता और अखण्डता की रक्षा करे और उसे अक्षुण्ण रखे
4. देश की रक्षा करे एवं आह्वान किये जान पर राष्ट्र की सेवा करे;
5. भारत के सभी लोगों में समरसता एवं समान भातृत्व की भावना का निर्माण करे, धर्म, भाषा, प्रदेश या वर्ग आधारित भेदभाव से परे, ऐसी पृथाओं का त्याग करे जो स्त्रियों के सम्मान के विरूद्ध हो;
6. हमारी सामासिक संस्कृति की गौरवशाली परंपरा का ऐतिहासिक महत्व समझे एवं उसका परीरक्षण करे;
7. प्राकृतिक पर्यावरण की जिसके अंतर्गत वन, झील, नदी व वन्य जीव की रक्षा करे, संवद्र्धन करे एवं प्राणि मात्र के प्रति दयाभाव रखे
8. वैज्ञानिक दृष्टिकोण, मानववाद एवं ज्ञानार्जन व सुधार की भावना का विकास करे
9. सार्वजनिक सम्पति को सुरक्षित रखे और हिंसा से दूर रहे;
10. व्यक्तिगत एवं सामुहिक गतिविधियों के सभी क्षेत्रों में उत्कर्ष की ओर बढ़ने का सतत् प्रयास करे जिससे कि राष्ट्र निंरतर बढ़ते हुए उँचाइयों को छू ले

11. यदि माता पिता या संरक्षक है, 6 से 14 वर्ष तक की आयु वाले अपने बालक या प्रतिपाल्य के लिए शिक्षा का अवसर प्रदान करे।

ग्यारहवां मौलिक कर्तव्य जे सी वर्मा समिति की मूल भावना के आधार पर 86 वें संविधान संशोधन द्वारा जोड़ा गया है। ज्ञातव्य हो कि भारत सरकार के द्वारा 1998 में मौलिक कर्तव्यों को लागू करने के संबंध में संस्तुति हेतु न्यायमूर्ति जे एस वर्मा की अध्यक्षता में वर्मा समिति का गठन किया जिसने अक्टुबर, 1999 में अपना प्रतिवेदन प्रस्तुत किया। मूल कर्तव्यों के क्रियान्वयन संबंधी वर्मा समिति ने संविधान संबंधी विषय सामग्री को पाठयक्रम में जोडने की सिफारिश की। इसी के साथ राष्ट्रीय संविधान समीक्षा आयोग, 2002 के द्वारा भी दो मूल कर्तव्य जोडने की अनुशंसा की गई जिसमें बाल शिक्षा, नैतिक कल्याण को जोडे तथा औद्योगिक संगठनों द्वारा कार्मिकों के बच्चों की शिक्षा का प्रबंध किया जाए।

86 वें संविधान संशोधन, 2002 के द्वारा 11 वां मौलिक कर्तव्य जोडा गया है।

श्रीमन्न नारायण अग्रवाल की पुस्तक गांधीयन कॉस्टट्यूशन फोर फ्री इण्डिया, 1946 के अतंर्गत भी इनका उल्लेख किया गया है।

विविध प्रतियोगी परीक्षाओं में आए हुए महत्वपूर्ण प्रश्नोतर :

प्रश्न-1 भारतीय संविधान में वर्णित मूल कर्तव्यों की कुल संख्या है-

(1) 10 (2) 11 (3) 9 (4) 20

उत्तर- (2)

प्रश्न-2 भारत के संविधान में मूल कर्तव्य प्रतिष्ठापित है-

(1) भाग, 4 अनुच्छेद 51 (2) भाग 4, क, अनुच्छेद 51, क (3) भाग 3, अनुच्छेद 12 (4) भाग 5, अनुच्छेद 53

उत्तर- (2)

प्रश्न-3 मूल कर्तव्य में शामिल नहीं है-

(1) राष्ट्रध्वज का आदर (2) सामाजिक संस्कृति का परिरक्षण (3) वैज्ञानिक दृष्टिकोण का विकास (4) स्वच्छता बनाए रखना

उत्तर- (4)

प्रश्न-4 किस संविधान संशोधन के द्वारा शिक्षा के अधिकार को मूल अधिकारों में शामिल किया गय है-

(1) 56 (2) 62 (3) 86 (4) 78

उतर- (3)

प्रश्न-5 संविधान में मौलिक कर्तव्य किस अनुच्छेद में दिये गए है-

(1) 48 (2) 50 (3) 51, ए (4) 47

उतर- (3)

प्रश्न-6 भारत की प्रभुता, एकता और अखण्डता की रक्षा करने और उसे अक्षुण्ण रखने के लिए मूल कर्तव्य को किस स्थान पर रखा गया है-

(1) एक (2) दो (3) तीन (4) चार

उतर- (3)

प्रश्न-7 संविधान में मौलिक कर्तव्यों को किसकी अनुशंसा पर शामिल किया गया है-

(1) स्वर्ण सिंह समिति (2) शाह आयोग (3) संथानम समिति (4) प्रशासनिक सुधार आयोग

उतर- (1)

प्रश्न- 8 मौलिक कर्तव्यों में शामिल नहीं है

(1)संविधान की रक्षा (2)जन सम्पति की रक्षा (3)वैज्ञानिक सोच (4)मानववाद

उतर- (1)

प्रश्न-9 किस संविधान संशोधन द्वारा मौलिक कर्तव्य शामिल किये गए है

(1)42 (2)43 (3)44 (4)45

उतर- (1)

प्रश्न-10 मौलिक कर्तव्यों का प्रावधान स्वीकार किया गया है

(1)अमेरिका से (2) रूस से (3)सोवियत संघ गणराज्य से (4)कनाडा से

उतर- (3)

प्रश्न-11 किस समिति की सिफारिश पर मौलिक कर्तव्य जोडे गए

(1)मेहता समिति (2) स्वर्ण सिंह समिति (3)त्रेहान समिति

(4) आयंगर समिति
उतर- (2)

8
भारत के राष्ट्रपति एवं प्रधानमंत्री का कार्यालय

भारत में ब्रिटिश संसदीय प्रणाली को अपनाया गया है। इस प्रणाली में नाममात्र की शक्तियों को धारण करने वाला पदाधिकारी एवं शक्तियों का प्रयोग करने वाला पदाधिकारी दोनों अलग-अलग व्यक्ति होते है। भारतीय संविधान के अनुच्छेद-53 के अनुसार संघ सरकार की कार्यपालिका की समस्त शक्तियां राष्ट्रपति में निहित होती है जिनका प्रयोग वह संविधान के अनुसार स्वयं या अधिनस्थों की सहायता से करता है। संविधान के अनुसार राष्ट्रपति देश का मुखिया या राष्ट्राध्यक्ष होता है और उसके अप्रत्यक्ष निर्वाचन का स्वरूप ही हमारे देश को गणतंत्र बनाता है। प्रधानमंत्री देश की सरकार का मुखिया होता है।

राष्ट्रपति को उसके कृत्यों के निर्वहन में सहायता एवं सलाह देने के लिए मंत्रिपरिषद का प्रावधान किया गया है। राष्ट्रपति एवं प्रधानमंत्री के मध्य संबंधों को समझने के लिए हमें भारतीय संविधान के चार महत्वपूर्ण अनुच्छेदों के बारे में जानना होगा जिनमें **अनुच्छेद 74, 75, 77 एवं 78 प्रमुख है।**

- अनुच्छेद-74 के खण्ड 1 के अनुसार राष्ट्रपति को सहायता एवं सलाह देने के लिए एक मंत्रिपरिषद् होगी, जिसका प्रधान, प्रधानमंत्री होगा और राष्ट्रपति अपने कृत्यों के निर्वहन में ऐसी सलाह के अनुसार कार्य करेगा।
- ज्ञातव्य हो कि 42 वें संविधान संशोधन, 1976 में राष्ट्रपति को सलाह मानने के लिए बाध्य किया गया था लेकिन 44 वें संविधान संशोधन अधिनियम, 1978 के द्वारा इस बाध्यकारिता के में यह प्रावधान किया गया है कि ऐसी सलाह को राष्ट्रपति पुनर्विचार के लिए लौटा सकेगा परंतु इसके बाद सलाह सलाह के अनुसार कार्य करेगा।
- खण्ड 2 के अनुसार मंत्रियों ने राष्ट्रपति को क्या सलाह दी, इसे किसी न्यायालय में प्रश्नगत नहीं किया जाएगा।
- अनुच्छेद- 75 के खण्ड 1 के अनुसार प्रधानमंत्री की नियुक्ति राष्ट्रपति करेगा और अन्य मंत्रियों की नियुक्ति राष्ट्रपति, प्रधानमंत्री की सलाह से करेगा।
- खण्ड-2 के अनुसार मंत्री व्यक्तिगत रूप से राष्ट्रपति के प्रसादपर्यंत पद धारण करेंगें अथवा उसके प्रति उतरदायी होते है।
- खण्ड 3 के अनुसार मंत्रिपरिषद् सामुहिक रूप से लोक सभा के प्रति उतरदायी होगी।
- खण्ड 4 के तहत प्रत्येक मंत्री पदग्रहण करने से पूर्व राष्ट्रपति के समक्ष तीसरी अनुसूची के प्रारूप में पद व गोपनीयता की शपथ ग्रहण करेगा।
- खण्ड 5 के अुनसार यदि कोई मंत्री संसद का सदस्य नहीं है तो पदग्रहण करने की तारीख से 6 माह के भीतर उसे संसद की सदस्यता ग्रहण करनी होगी अन्यथा वह पद पर नहीं रहेगा।
- ज्ञातव्य हो कि किसी भी व्यक्ति को जो संसद का सदस्य बनने की योग्यता रखता है, उसे मंत्री नियुक्त किया जा सकता है परंतु उसे 6 माह में मनोनीत या निर्वाचित सदस्य बनना होगा। ऐसा एक अवधि में एक व्यक्ति के लिए केवल एक बार ही संभव है।

- खण्ड 6 के तहत मंत्रियों के वेतन व भते, संसद द्वारा समय-समय पर निर्धारित किये जा सकेंगें और इनका उल्लेख दूसरी अनुसूची में विनिर्दिष्ट होगा।
- ज्ञातव्य हो कि 91 वें संविधान संशोधन अधिनियम, 2003 के माध्यम से अनुच्छेद 75,खण्ड1क का समावेश किया गया है जिसके माध्यम से मंत्रिपरिषद के आकार को सीमित कर दिया गया है। यह अधिनियम 1 जनवरी, 2004 से लागू है। इस अधिनियम के तहत संघ की मंत्रिपरिषद का आकार लोकसभा की कुल सदस्य संख्या के 15 प्रतिशत से अधिक नहीं होगा, अर्थात् प्रधानमंत्री सहित कुल 81 मंत्री हो सकते है। मंत्रिपरिषद के न्यूनतम आकार के बारे में कोई उपबंध नहीं किया गया है।
- ज्ञातव्य हो कि मंत्री वेतन, भत्ते अधिनियम, 1952 में केबिनेट मंत्री, राज्य मंत्री, उपमंत्री एवं संसदीय सचिव का उल्लेख किया गया है। अतः मंत्रियों को तीन श्रेणियों में विभाजित किया गया है अर्थात् केबिनेट, राज्य व उप मंत्री। प्रथम श्रेणी के मंत्रियों को मंत्रिमण्डल के नाम से जाना जाता है। तीनों श्रेणियों के मंत्रियों को मंत्रिपरिषद के नाम से जाना जाता है। मंत्रिपरिषद का आकार बडा एवं मंत्रिमण्डल का आकार छोटा होता है। मंत्रिपरिषद का उल्लेख संविधान में किया गया है परंतु मंत्रिमण्डल का नहीं तथापि अनुच्छेद 352 में 44 वें संविधान संशोधन के माध्यम से यह उल्लिखित किया गया है कि राष्ट्रीय आपातकाल की लिखित घोषणा मंत्रिमण्डल की लिखिल सलाह पर की जाएगी।
- 91 वें संविधान संशोधन अधिनियम, 2003 के द्वारा मंत्रिपरिषद का आकार सीमित किया गया है, मंत्रिमण्डल का नहीं।
- अनुच्छेद- 77 के खण्ड 1 के अनुसार भारत सरकार की समस्त कार्रवाई राष्ट्रपति के नाम से की हुई मानी जाएगी।
- खण्ड 2 के अनुसार किसी भी आदेश या नियम को इस आधार पर चुनौती नहीं दी जा सकती कि वह राष्ट्रपति ने नहीं किया है।
- खण्ड 3 के अनुसार राष्ट्रपति भारत सरकार के कार्य को अधिक सुविधाजनक किये जाने के लिए मंत्रियों में कार्य के आवंटन के

नियम बना सकता है।

- अनुच्छेद- 78 के अनुसार प्रधानमंत्री के भारत के राष्ट्रपति के प्रति कर्तव्य होगा कि वह-

क- संघ के कार्यकलाप के प्रशासन एवं विधान संबंधी मंत्रीपरिषद के सभी विनिश्चय के बारे में राष्ट्रपति को लिखित रूप में सूचित करे।
ख- इस संबंधी राष्ट्रपति जो जानकारी मांगे, वह देगा।
ग- कोई विषय जिस पर मंत्री ने विनिश्चय किया हो परंतु मंत्रिपरिषद् ने नहीं, यदि राष्ट्रपति अपेक्षा करे तो प्रधानमंत्री ऐसे विषय को मंत्रिपरिषद के समक्ष विचार के लिए रखे।

विविध प्रतियोगी परीक्षाओं में आए हुए महत्वपूर्ण प्रश्नोतर :

प्रश्न- 1 भारत में मंत्रिमण्डल का नेता कौन होता है
(1)राष्ट्रपति (2)केबिनेट मंत्री (3)राज्य मंत्री (4) प्रधानमंत्री
उत्तर- (4)
प्रश्न- 2 प्रधानमंत्री व उपप्रधानमंत्री सहित सदस्य संख्या किससे अधिक नहीं हो सकती है
(1)लोकसभा सदस्यों के 20 प्रतिशत से (2)लोकसभा सदस्यों के 15 प्रतिशत से (3)राज्य सभा के 15 प्रतिशत सदस्यों से (4) संसद के 15 प्रतिशत सदस्यों से
उत्तर- (2)
प्रश्न- 3 किस अनुच्छेद के तहत राष्ट्रपति मंत्रिपरिषद की सलाह मानने के लिए बाध्यकारी है
(1)74 (2) 75 (3)76 (4) 77
उत्तर- (1)
प्रश्न- 4 किस संविधान संशोधन द्वारा मंत्रिमण्डल का आकार सीमित किया गया है
(1)91 वें के द्वारा (2) 92 वें के द्वारा (3) 93 वें के द्वारा (4) किसी के द्वारा नहीं
उत्तर- (4)
प्रश्न- 5 91 वां संविधान संशोंधन किसके लिए है

(1)मंत्रिमण्डल के लिए (2)मंत्रिपरिषद के लिए (3)केबिनेट के लिए (4) मंत्रालय के लिए

उतर- (2)

प्रश्न- 6 91 वां संविधान संशोधन अधिनियम कब लागू हुआ

(1)2003 में (2)2005 में (3)2004 में (4) 2006 में

उतर- (3)

प्रश्न-7 अनुच्छेद 79 के तहत संसद का मतलब है

(1)लोकसभा व राज्य सभा (2)राज्यसभा व लोकसभा (3)राष्ट्रपति, राज्य सभा व लोक सभा (4)लोकसभा, राष्ट्रपति व राज्य सभा

उतर- (3)

प्रश्न-8 91 वें संशोधन द्वारा मंत्रिपरिषद का आकार न्युनतम किया गया है

(1)संघ स्तर पर (2)राज्य स्तर पर (3)संघ व राज्य दोनों स्तरों पर (4) कही नहीं

उतर- (2)

प्रश्न-9 संविधान के अनुसार प्रधानमंत्री के कर्तव्य है

(1)मंत्रिपरिषद के प्रति (2)देश के प्रति (3)राष्ट्रपति के प्रति (4) जनता के प्रति

उतर- (3)

प्रश्न- 10 मंत्रिपरिषद सामुहिक रूप से उतरदायी होती है

(1)राज्यसभा के प्रति (2)संसद के प्रति (3)संसद के निम्न सदन के प्रति (4) राष्ट्रपति के प्रति

उतर- (3)

9

राजनीतिक दल एवं दबाव समूह

यदि आधुनिक दूनिया में रूसों का प्रत्यक्ष प्रजातंत्र ही होता तो शायद ही राजनीतिक दलों की आवश्यकता महसूस होती परन्तु आधुनिक राजनीतिक प्रणालियाँ मुख्य रूप से प्रतिनिधि लोकतंत्र से जुडी हुई है। राजनीतिक दल की अवधारणा अप्रत्यक्ष लोकतंत्र के साथ घनिष्ठता रखती है। फ्रांसीसी विचारक एवं प्रसिद्ध दलीय विश्लेषणकर्ता मौरिस दूवर्जर के अनुसार दल उन राज्यों के लिए भी अनिवार्य है जहाँ चुनाव नहीं होते है।

राजनीतिक दल के संदर्भ में ब्रिटिश उदारवादियों के अनुसार वे लोकतंत्र के लिए एक अच्छाई के रूप में व्यक्त किया है तो वही अमेरिकी उदावादियों के अनुसार दल केवल सता प्राप्ति के उपकरण होते है। इसी तरह से अन्य उदारवादियों के नजरिये में व्यापक भिन्नता पायी जाती है। राजनीतिक दलों का उदय सर्वपथम ब्रिटेन में हुआ और इनको प्रथम बार परिभाषित करने का श्रेय भी ब्रिटिश चिंतक एडमण्ड बर्क जाता है। एडमण्ड बर्क के शब्दों में ''राजनीतिक दल किसी समान विचारधारा या विशेष सिद्धांतों पर सहमत लोगों का ऐसा समुह या निकाय है जो कि अपने संयुक्त प्रयासों द्वारा राष्ट्रीय हित को बढ़ावा देने के लिए एकजुट होता है।'' अथवा समान विचारधारा वाले लोगों का एकताबद्ध समुह जो

राष्ट्रीय हितों को बढावा देने के लिए संयुक्त प्रयास करते है, राजनीतिक दल कहलाता है।"

लावेल ने राजनीतिक दलों को विचारों का दलाल कहा है।

यह तो सत्य है कि राजनीतिक दलों का जन्म आधुनिक युग के प्रारंभ में सर्वप्रथम गुट या गुटों के रूप में हुआ है परंतु धीरे-धीरे यह गुट या फिक्शन दबाव समूह के रूप में और बाद में राजनीतिक दल के रूप में स्थापित हो जाता है। गुट को एक बुरे शब्द के रूप में देखा जाता है क्योंकि इसके सदस्य असंवैधानिक, हिंसक तथा उग्र गतिविधियों में भाग लेते हैं ताकि शासन के संचालन को पंगु बना सके अथवा अपने हितों की पुर्ति कर सके। इसके विपरीत राजनीतिक दल सम्मान पूर्ण शब्द है। इसके सदस्य कुछ निश्चित नीतियों और कार्यक्रमों के आधार पर संवैधानिक साधनों का प्रयोग करते हुए सत्ता संघर्ष में भाग लेते हैं। इसीलिए यह कहा जाता है कि दल सिरों की गणना करके कार्य करता है जबकि गुट सिरों को फोड़ कर कार्य करता है। दल मुख्यतः विशेषज्ञता युक्त संघ होते हैं ।

राजनीतिक दल और दबाव समुह :

राजनीतिक दल, दबाव समूह से भी भिन्न होता है। राजनीति दल लोगों का संगठन है जो लोककल्याण की नीति के बड़े मुद्दों के प्रति प्रतिबद्ध होते हैं तथा वे राजनीतिक सत्ता में एकाधिकार प्राप्त करने तथा अन्य दलों के साथ उस में भाग लेने की प्रयास द्वारा नीतियों के लिए प्रत्यक्ष रूप से उत्तरदाई होते हैं। इनकी अपेक्षा दबाव समूह के द्वारा अपने क्षेत्रीय एवं संकीर्ण हितों को मुखरित करने का कार्य किये जाते है तथा वे अपने विशिष्ट हितों को प्रशासनिक अधिकरण के माध्यम से प्रत्यक्ष उत्तरदायित्व ग्रहण किए बिना प्रोत्साहित करने का प्रयास करते है। दबाव समूहों राजनीति में आँख-मिचौली का खेल खेलते है।

सामान्यतया राजनीतिक दल के लिए पाँच तत्व आवश्यक माने गए है अर्थात् संगठन, सामान्य विचार, संवैधानिक साधनों में विश्वास, सता की प्राप्ति के लिए निर्वाचन में सहभागिता एवं राष्ट्रीय हित में कार्य करना।

राजनीतिक दल के निर्धारक तत्व या स्रोत :

आखिरकार राजनीतिक दलों का निर्माण कैसे होता है अथवा राजनीतिक दल जन्म कैसे लेते हैं इसके अनेक घटक तत्व निम्नलिखित है

1. मानवीय स्वभाव अथवा प्रकृति :
2. धार्मिक और सांप्रदायिक भावनाएं :
3. आसपास का परिवेश :
4. आर्थिक तत्व :
5. विचारधारा तत्व :

राजनीतिक दलों की भूमिका अथवा योगदान :

1. राजनीतिक दल लोकतंत्र का संचालन करते हैं।
2. राजनीतिक दल राजनीतिक व्यवस्था को दिशा देने की कोशिश करते हैं।
3. राजनीतिक दल राजनीतिक समाजीकरण के एक महत्वपूर्ण एजेंट हैं।
4. चुनावों के संचालन करते है।
5. राजनीतिक दल राजनीतिक प्रक्रिया को संगठित करते हैं सरल बनाते हैं और विखंडित होने से रोकते हैं।
6. राजनीतिक दल सत्ता पर अधिकार करने के लिए संघर्ष करते हैं।
7. दल सरकार तथा जनता के बीच संपर्क सूत्र या बांध की भूमिका का निर्वहन करते हैं ।
8. राजनीतिक भर्ती और समाजीकरण का कार्य करते है।
9. दल जनता के समक्ष मुद्दे प्रस्तुत करती हैं वे समाज के मूल्य पक्ष लक्ष्य निर्धारित करते हैं।
10. राजनीतिक दलों के द्वारा राजनीतिक चेतना का कार्य किया जाता है।
11. राजनीतिक दल आधुनिकीकरण का कार्य करते हैं।
12. राजनीतिक दल सामाजिक कल्याण के कार्य करते हैं।

दलीय व्यवस्था के प्रमुख प्रकार :
सामान्तया दलीय व्यवस्था को सरकार के निर्माण में प्रभुत्व के आधार पर तीन स्वरूपों में विभक्त किया जा सकता है।

1 एक दलीय व्यवस्था
1917 में लेनिन के नेतृत्व में साम्यवादी राज्य की स्थापना के साथ ही एक दलीय व्यवस्था का जन्म हुआ। इसका आगमन विश्व के अन्य देशों में भी हुआ है जैसे स्पेन, पुर्तगाल, मैक्सिको, युगो स्लोवाकिया अल्बानिया, चेकोस्लोवाकिया इत्यादि।

2 द्विदलीय व्यवस्था :
सत्ता की भागीदारी केवल दो ही दलों में होती है यद्यपि अन्य दलों का अस्तित्व भी होता है जैसे कि लंबे समय तक या 2010 तक ग्रेट ब्रिटेन में और वर्तमान में संयुक्त राज्य अमेरिका में डेमोक्रेटिक और रिपब्लिकन पार्टी दूध व्यवस्था का सबसे अच्छा उदाहरण है

3 बहुदलीय व्यवस्था
ऐसी दलीय प्रणाली जहां 2 से अधिक दलों को शासन सत्ता को संचालित करने का अवसर मिलता है। दल व्यवस्था का रूप इतना सरल होता है कि बड़ी संख्या में दबाव कार्य समूह की राजनीतिक दलों जैसा व्यवहार करने लगते हैं।

दलीय प्रणाली के गुण :

1. राजनीतिक दलों का विद्यमान होना मान भी प्रकृति की अनुकूल है
2. वर्तमान प्रजातंत्र के युग में राजनीतिक दलों के बिना लोकतंत्र की कल्पना करना असंभव है
3. राजनीतिक दलों के द्वारा राजनीतिक संचरण और भर्ती के माध्यम से राजनीतिक चेतना प्रशिक्षण को आगे बढ़ाया जाता है
4. क्रांति दल निरंकुशता बाद की प्रवृत्ति पर रोक लगाते हैं
5. राजनीतिक दल संसदीय प्रजातंत्र की पर्याय हैं
6. राजनीतिक दल राजनीतिक शिक्षा और राजनीति प्रशिक्षण के आधार होते हैं

7. राजनीतिक दलों के द्वारा समाने मुद्दों को या पिछली सीट करके जनता तक पहुंचाया जाता है।
8. राजनीतिक दल राजनीतिक अस्थिरता और उथल-पुथल से देश की रक्षा करते हैं।

दलीय प्रणाली के दोष :

1. राजनीतिक दलों का उदय तथा विकास कीजिए स्वाभाविक राजनीतिक परिवेश की तरह हुआ है
2. अधिकांश मामलों में अपने हितों के लिए ही संघर्ष करते हैं जनहित ओं के लिए नहीं
3. दलीय व्यवस्था मानव की व्यक्तित्व को नष्ट कर देती है दर्द के स्वामी जो निर्णय करते हैं सभी के लिए उसका पालन और अनुकरण अनिवार्य होता है
4. दल निहित स्वार्थों की उपकरण या सत्ता गिरी संघर्ष करने वाली साधन बन गए हैं

दलविहीन लोकतंत्र की संकल्पना :

दल विहीन प्रजातंत्र की अवधारणा को स्थापित करने का या महत्व देने का प्रयास किया गया है दलवीर प्रजातंत्र का यह विचार सर्वप्रथम अमेरिकी राष्ट्र के संस्थापकों ने प्रस्तुत किया जहां जॉर्ज वॉशिंगटन ने कहा कि दल लोकतंत्र के लिए अवगुणों के अलावा कुछ भी नहीं है परंतु उन्हीं दिनों अमेरिका में इनका उदय हो गया। महात्मा गांधी, आचार्य विनोबा भावे तथा जयप्रकाश नारायण व एम एन राय ने भी दल विहीन प्रजातंत्र की संकल्पना का समर्थन किया है।

भारत में दलीय व्यवस्था :

भारत में भी लोकतंत्र के अप्रत्यक्ष प्रतिमान को स्वीकार किया गया है। भारतीय संविधान में कहीं भी राजनीतिक दलों का कोई उल्लेख नहीं है तथापि दल भारतीय राजनीतिक प्रणाली के केंद्र बने हुए है। संविधान के भाग 15 के अनुच्छेद 324 में जिस निर्वाचन आयोग का उल्लेख किया

गया है, उसके द्वारा राजनीतिक संगठनों को तीन स्वरूपों में मान्यता प्रदान की जाती है। राष्ट्रीय राजनीतिक दल, राज्य स्तरीय मान्यता प्राप्त राजनीतिक दल और गैर मान्यता प्राप्त पंजीकृत राजनीतिक दल।

इस समय राष्ट्रीय दल के लिए तीन शर्ते तय है जिनमें से काई एक शर्त पूरी करने वाला राजनीतिक संगठन निर्वाचन के पास नेशनल पार्टी की पहचान के लिए आवेदन कर सकता है अर्थात्

1 लोक सभा या विधानसभा के आम निर्वाचन में चार या अधिक राज्यों में डाले गए वैध मतों का 6 प्रतिशत मत एवं एक या अधिक राज्य से लोक सभा की चार सीटें जीत ली हो या

2 तीन या अधिक राज्यों में लोक सभा की 2 प्रतिशत सीटें जीत ली हो या

3 कम से कम 4 राज्यों में राज्य स्तर के दल का दर्जा प्राप्त कर लिया हो।

2021 के अनुसार भारत में 8 राष्ट्रीय स्तर के राजनीतिक दल है अर्थात्

1. **भारतीय राष्ट्रीय कांग्रेस**- 1885 में स्थापित, चुनाव प्रतीक- हाथ का पंजा
2. **भाकपा** - 1925 में स्थापित, चुनाव चिह्न-हंसिया व बाली
3. **माकपा**- 1964 में स्थापित, चुनाव प्रतीक - हथौडा, हंसिया व तारा
4. **भाजपा**- 1980 में स्थापित, चुनाव प्रतीक- कमल का फूल
5. **बसपा**- 1984 में स्थापित, चुनाव प्रतीक- हाथी
6. **अखिल भारतीय तृणमुल कांग्रेस**-1998 में स्थापित, प्रतीक-पुष्प व घास
7. **रांकापा**- 1999 में स्थापित, चुनाव प्रतीक- दीवार घडी
8. **नेशनल पीपुल्स पार्टी**- 2013 में स्थापित, प्रतीक- किताब।

इनके अलावा राज्य स्तरीय प्रमुख राजनीतिक दलों में - आंध्रप्रदेश व तेलगांना में तेलगूदेशम व तेलगांना राष्ट्र समिति, अरूणाचल में पीपुल्स पार्टी व जनता दल सेकुलर, असम में असम गण

परिषद, बिहार में राजद व लोक समता दल, गोवा मे गोवा फारर्वाड ब्लाक, हरियाणा में जननायक जनता पार्टी, जम्मू व काश्मीर मे नेशनल कांफ्रेस, पैंथर्स पार्टी, झारखण्ड में झारखण्ड मुक्ति मोर्चा, कर्नाटक में जनता दल, केरल में मुस्लिम लीग, महाराष्ट में शिव सेना व मनसे, मिजोरम में मिजो नेशनल फ्रण्ट, नागालैण्ड में नागा पीपुल्स फ्रण्ट, उडीसा में बीजु जनता दल या बीजद, पंजाब में शिरोमणि अकाली दल, आम आममी पार्टी, तमिलनाडु में डीएमके व एआईडीएमके, उतर प्रदेश में सपा, बसपा, रालोद, पंश्चिम बंगाल में तृणमूल कांग्रेस व फारर्वाड ब्लाक, दिल्ली में आम आदमी पार्टी और राजस्थान में रालोपा प्रमुख दल है।

दबावकारी समूह या दबाव समूह

समूह सिद्धांत के प्रतिपादक बेंटले के अनुसार जिन्हें समूह सिद्धांत का निर्माता भी माना जाता है। समूह का अर्थ है समाज के लोगों का एक भाग जिन लोगों के सामान्य हित होते है और वे अपने हितों के लिए एक टीम के रूप में कार्य करते है। समग्र रूप में राजनीति का समूह सिद्धांत इस धारणा पर आधारित है कि समाज उस समूह का अकेला संसार है जो मिलते हैं, टूटते हैं, संघ बनाते हैं और निरंतर परिवर्तन के साथ मिश्रित संघों के का गठन करते हैं तथा समाज उन्हीं समूहों के बीच दबाव में प्रतिरोध के कारण चलता रहता है।

दबाव समूह की विशेषताएं :

1 समूह एवं सामूहिक अंतः क्रियाओं के बीच में रहता है तथा कार्य करता है जो अपेक्षाकृत बार-बार होती है।

2 समूह का अपना हित होता है।

3 लोग अनेक समूहों की सदस्यता से जुड़े हुए रहते हैं।

4 किसी समय पर समाज की दशा का निर्माण समूह के संतुलन से होता है

5 समूह की संख्या अनेक घटकों अर्थात सदस्यों की संख्या संगठन की तीव्रता और उसके रूप के कारण बदलती रहती है

6 समूह की हर गतिविधि को राजनीतिक नहीं माना जा सकता है

दबाव समूह के प्रकार :

दबाव समूह अपने कार्य की प्रकृति के आधार पर अनेक प्रकार के होते हैं उद्योगपतियों के दबाव समूह, शिक्षक, वकील, इंजीनियर, डॉक्टर, स्थानीय, क्षेत्रीय प्रांतीय, राष्ट्रीय, अंतर्राष्ट्रीय, व्यापारिक, श्रमिक, किसान, धार्मिक समुदाय इत्यादि। कोलमैन ने इन समूहों को चार श्रेणियों में विभाजित किया है अर्थात् गैर-सहयोगी या सांप्रदायिक समूह, संस्थागत समूह, सहयोगी समूह / सुरक्षा समूह, परमाणु समूह। आमण्ड के अनुसार दबाव समूह चार प्रकार- संस्थानात्मक दबाव समूह, संघवाद समूह, समुदायात्मक दबाव समूह, अकस्मात या प्रदर्शनात्मक दबाव समूह। ज्ञातव्य रहे कि आमण्ड ने दबाव समूह को हित समूह कहा है।

दबाव समूह की भूमिका :

1. दबाव समूह के द्वारा विधायकों को प्रभावित किया जाता है
2. दबाव समूह के द्वारा कार्यपालिका को प्रभावित किया जाता है
3. दबाव समूह के द्वारा नौकरशाही को प्रभावित किया जाता है
4. दबाव समूह न्यायपालिका की निर्णय प्रक्रिया को प्रभावित करते हैं

दबाव समूहों के कार्य :

1. प्रतिनिधित्व का कार्य
2. राजनीतिक भागीदारी का कार्य
3. शिक्षा का कार्य
4. नीति निर्धारण का कार्य
5. नीति कार्यान्वयन का कार्यस्थिरता बनाए रखने का कार्य
6. दबाव समूह के द्वारा अपने हितों की पूर्ति के लिए नौकरशाही, संसद, राजनीतिक दल, जनता की राय, प्रत्यक्ष कार्रवाई, जन मीडिया और मंत्री और सिविल सेवक इत्यादि को प्रभावित करते है।

विविध प्रतियोगी परीक्षाओं में आए हुए महत्वपूर्ण प्रश्नोतर :

प्रश्न- 1 राजनीतिक दल की विशेषता नहीं है
(1)संगठन (2)वैचारिक एकता (3)हिंसा में विश्वास (4)लोकतंत्र में विश्वास
उतर- (3)

प्रश्न- 2 राजनीतिक दलों का काम नहीं है
(1)समाजीकरण व भर्ती (2)हितों का समूहन (3)हितस्पष्टीकरण (4) नियम अधिनिर्णयन
उतर- (4)

प्रश्न- 3 दबाव समूहों को अज्ञात साम्राज्य किसने कहा है
(1)फाईनर ने (2)रोडी ने (3)भरत गोपाल ने (4) मौरिस ने
उतर- (1)

प्रश्न- 4 राजनीतिक दलों को विचारों का दलाल किसने कहा है
(1)लावेल ने (2)लासवैल ने (3)मौरिस ने (4) बर्क ने
उतर- (1)

प्रश्न- 5 राजनीतिक दलों का प्रामाणिक विश्लेषणकर्ता किसे माना जाता है
(1)लावेल को (2)मौरिस दुर्वजर को (3)आमण्ड को (4) किसी को नही
उतर- (2)

प्रश्न- 6 स्टेशियोलॉजी अध्ययन है
(1)दबाव समूह का (2)राजनीतिक दल का (3)दोनों को (4) सरकार का
उतर- (2)

प्रश्न- 7 पोलित ब्यूरों का संबंध किससे है
(1)समाजवादी दल से (2)भाजपा से (3)साम्यवादी दल से (4) कांग्रेस से
उतर- (3)

प्रश्न- 8 भारत में दल-बदल को सीमित किया गया है
(1) 52 वें संशोधन से (2)44 वें संशोधन से (3)42 वें संशोधन से (4) 91 वें संशोधन से

उतर- (1)

प्रश्न- 9 राजनीतिक दलों से संबंधित सूची कौनसी है

(1)2 (2)8 (3)10 (4)5

उतर- (3)

प्रश्न- 10 राजनीतिक दल किस समय अधिक सक्रिय होते है

(1)आर्थिक संकट के समय(2)चुनावों के समय(3)सामाजिक संकट के समय (4) राष्ट्रीय संकट में

उतर- (2)

प्रश्न- 11 आधुनिक दलीय व्यवस्था का उद्‌भव सबसे पहले कहाँ हुआ

(1)अमेरिका में (2)इंग्लैण्ड में (3) फ्रांस में (4) बेल्जियम में

उतर- (2)

प्रश्न- 12 दबाव समूह का मुख्य ध्येय है

(1)राजनीतिक सता की प्राप्ति (2)समाजसेवा (3)दबाव बनाना (4) अपने हितों की रक्षा के लिए दबाव बनाना

उतर- (4)

प्रश्न- 13 अदृश्य साम्राज्य किसे कहा जाता है

(1)राजनीतिक दल को (2)दबाव समूह को (3)सरकार को (4) हित समूह को

उतर- (2)

प्रश्न- 14 राजनीतिक दल को सर्वप्रथम किसने परिभाषित किया

(1)मौरिस ने (2)एडमण्ड बर्क ने (3)लावेल ने (4) थैचर ने

उतर- (2)

प्रश्न- 15 भारत में है

(1)एकदलीय व्यवस्था (2)द्विदलीय प्रणाली (3)बहुदलीय प्रणाली (4) निश्चित नहीं

उतर- (3)

प्रश्न- 16 भारतीय साम्यवादी दल-मार्क्सवादी की स्थापना कब हुई

(1) 1925 (2)1964 (3)1990 (4) 1885

उतर- (2)

प्रश्न- 17 क्या सही नहीं है

(1)तेलगूदेशम-राज्य दल (2)इनेला-अम्ब्रेला पार्टी (3)भाकपा-राष्ट्रीय दल(4) राकांपा-क्षेत्रीय दल

उत्तर- (4)

प्रश्न- 18 रालोपा का संबंध किस राज्य से है

(1)मध्यप्रदेश (2)बिहार (3)राजस्थान (4) उडीसा

उत्तर- (3)

प्रश्न- 19 विश्वविद्यालयों में छात्र समूह कैसा दबाव समुह है

(1)प्रदर्शनकारी (2)समुदायवादी (3)संघवादी (4) धार्मिक

उत्तर- (1)

प्रश्न- 20 भारतीय मजदूर सभा है

(1)राजनीतिक दल (2)दबाव समूह (3) दोनों (4) कोई नहीं

उत्तर- (2)

10
भारतीय विदेश नीति के सिद्धांत एवं इसके निर्माण में नेहरू का योगदान

विदेश नीति वह उपकरण या माध्यम है जिसके सहारे कोई देश अपने पारदेशीय संबंधों का संचालन करने के साथ ही अपने राष्ट्रीय हितों की रक्षा करता है। यदि भारतीय विदेश नीति पर विहंगम नजर डाली जाए तो मालूम होता है कि वैदिक साहित्य में और विशेष रूप से कौटिल्य की पुस्तक अर्थशास्त्र में इसका ऐतिहासिक स्वरूप दिखायी देता है, जहाँ अंतर्राष्ट्रीय संबंधों के संचालन में मण्डल सिद्धांत एवं षाड्गुण्य नीति का विवेचन मिलता है।

ब्रिटिश काल में भारत की विदेश नीति ब्रिटिश विदेश नीति के अभिन्न भाग के रूप में ही संचालित होती थी परंतु आजादी के बाद संविधान निर्माताओं के द्वारा संविधान में हमारी विदेश नीति के कुछ लक्ष्यों को भाग 4 में राज्य के कर्तव्यों के रूप में अनुच्छेद 51,क के अंतर्गत अंतर्राष्ट्रीय शांति व सुरक्षा के रूप में इसके चार ध्येय व्यक्त किये गए

है। आधुनिक भारत की नीति महात्मा बुद्ध व महावीर स्वामी के शांति व अंहिसा के संदेशों से प्रभावित होकर आज भी दूनिया की सर्वश्रेष्ठ मानवीय एवं कल्याणकारी नीति के रूप में संचालित हो रही है। भारतीय विदेश नीति के सिद्धांतों को उसकी विशेषताओं के माध्यम से समझा जा सकता है।

भारतीय विदेश नीति की प्रमुख विशेषताएं :

1 अंतर्राष्ट्रीय शांति एवं सुरक्षा की नीति

2 मानवीय कल्याण एवं अंतर्राष्ट्रवाद में विश्वास करने वाली नीति

3 शीत युद्ध या शक्ति गुटों से दूर गुटनिरपेक्षता या असंलग्नता की नीति

4 पारस्परिक सहयोग, सम्मान व सहअस्तित्व की नीति

5 नवीन अंतर्राष्ट्रीय अर्थव्यवस्था के समर्थन की नीति

6 साम्राज्यवाद, उपनिवेशवाद, रंगभेद व नवउपनिवेशवाद के प्रतिरोध की नीति

7 राष्ट्रों की स्वतंत्रता या लोकतंत्र के समर्थन की नीति

8 एशिया के नवोदय की नीति

9 पडौसियों के सहयोग की नीति

10 तीसरी दूनिया के देशों के लिए उतर-दक्षिण संवाद पर बल देने की नीति

11 संयुक्त राष्ट्र संघ के सहयोग की नीति

12 परमाणु अप्रसार एवं उसके शांतिपूर्ण उपयोग की नीति

13 क्षेत्रीय संगठनों के सहयोग की नीति

भारतीय विदेश नीति के प्रमुख सिद्धांत -

यद्यपि यह स्पष्ट रूप से साबित करना या स्थापित करना संभव नहीं है कि भारत की विदेश नीति कौनसे सिद्धांतों के आधार पर संचालित होती है या की जा रही है। जिस प्रकार से अंतर्राष्ट्रीय राजनीति में कोई भी स्थायी मित्र या शत्रु नहीं होते है, उसी प्रकार से किसी देश की विदेश नीति को निर्धारित सिद्धांतों में बाधित करना उचित नहीं है। देश, काल एवं परिस्थितियों के अनुरूप राष्ट्र के हितों में बदलाव आता है और उन्हीं हितों को ध्यान में रखते हुए कोई देश अपनी विदेश नीति

की दिशा व दशा तय करता है या उनसे वह निर्धारित होती है। यदि 1950 के वर्ष से 2022 तक के काल में भारतीय विदेश नीति के स्वरूप पर विश्लेषणात्मक दृष्टि डाले तो इस दौरान इसमें अनेक छोटे-बडे सिंद्धातों को खोजा जा सकता है। इसके प्रमुख सिद्धांत निम्नलिखित रहे है :

1 पंचशील का सिद्धांत :

सर्वप्रथम भारत को आजादी के बाद अनेक मोर्चों पर संघर्ष करना पड़ा जिनमें खाद्यान्न संकट, राजनीतिक स्वतंत्रता को बनाए रखना, लोकतंत्र को जिंदा रखना, नवउपनिवेशवाद के चंगुल से बचना, युद्ध से बचना या आधारभूत कमियों की पूर्ति आरंभ करना न कि उन्हें विकसित करना इत्यादि प्रमुख थे। इन सबके साथ साम्यवादी माओं-त्से-तुंग का उदय व उसकी महत्वाकांक्षी नीतियों का सामना करना और वो भी शांतिपूर्ण तरीके से एक बडी चुनौती था। चीन के प्रधानमंत्री च्यान-काई शेंग एवं नेहरू के बीच तिब्बत के प्रभुत्व को लेकर एक-दूसरे के संबंधों को बरकरार रखने के लिए अप्रैल, 1854 में पंचशील समझौते वाले सिद्धांत को स्वीकार किया गया। इसके तहत पार राष्ट्रीय आचरण के पाँच सिद्धांतों को स्वीकार किया गया अर्थात् एक-दूसरे की प्रभुता एवं अखण्डता का सम्मान, अनाक्रमण, एक-दूसरे के आंतरिक मामलों में हस्तक्षेप नहीं करना, समानता एवं पारस्परिक लाभ एवं शांतिपूर्ण-सहअस्तित्व पर बल देना।

यद्यपि नेहरू की यह नीति सफल नहीं हुई और इसके बावजूद भी चीन ने अक्टुबर, 1962 में भारत पर एकतरफा हमला कर दिया जो कि एक विश्वासघात था परंतु यह आदर्शवाद के लिए यर्थाथवाद की एक डकार थी। खैर, नेहरू ने विदेश नीति पर भारतीय इतिहास के प्रभाव को धूमिल नहीं होने दिया। चीन तो 1949 से 2022 तक या आज दिन तक भी भारत के लिए एक चुनौतीपूर्ण पडौस रहा है। नेहरू से मोदी तक न जाने कितने ही प्रधानमंत्री आए एवं चले गए परंतु चीन की चाल को मात देना आज भी अपने देश के लिए मुमकिन नहीं है।

2 एशिया व अफ्रिका की एकता का सिद्धांत -

भारत के नेतृत्व में मार्च, 1947 एवं जनवरी, 1949 में दिल्ली में और

और 1955 में इण्डोनेशिया बाण्डुंग शहर में एशिया एवं अफ्रिका के नवोदित और स्वतंत्र राष्ट्रों की एकता पर बल देने के सिद्धांत को अपनाया गया। ज्ञातव्य है कि द्वितीय महायुद्ध के बाद एशिया व अफ्रीका महाद्वीप में अनेक देश गुलामी की बेडियों से आजाद हो रहे थे। वे देश पुनः जंजाल में कैद नहीं हो जाए इसीलिए इस सिद्धांत को अपनाया गया।

3 गुटनिरपेक्षता का सिद्धांत :

दूसरे महायुद्ध की समाप्ति के बाद दूनिया को एक नवीन मनोवैज्ञानिक खतरे का सामना करना पड़ा जिसे शीतयुद्ध के नाम से जाना गया। इसने दूनिया को दो बडे गुटों में विभाजिक कर दिया। अतः अंतर्राष्ट्रीय शांति एवं सुरक्षा को बनाए रखना एवं नवोदित देशों के द्वारा हाल ही में प्राप्त राजनीतिक स्वतंत्रता को बनाए रखना असंभव सा हो गया। इसी दौर में युगोस्लोवाकिया के जोसेफ ब्रोज टीटों, इण्डिनेशिया के मेघावती सुकार्णो, मिस्त्र के गेमल अब्दुल नासिर हुसैन, घाना के क्वामें नक्रूमा एवं भारत के प्रतिनिधि नेहरू के नेतृत्व में गुट निरपेक्ष आंदोलन का उदय हुआ। इसे नाम के नाम से जाना जाता है। नाम का पहला सम्मेलन, सितंबर, 1961 में युगोस्लोवाकिया के बेलग्रेड शहर में हुआ और 18 वां 2019 में अजरबेजान में सम्पन्न हुआ है।

4 अंतर्राष्ट्रीय शांति व सुरक्षा का सिद्धांत :

भारत दूनिया के उन नाममात्र के देशों में शामिल है जिसने संविधान निर्माताओं के उस सपने को आज दिन तक धूमिल नहीं होने दिया है जो उन्होंने संविधान निर्माण के समय बुना था। भारत आज तक भी किसी देश के उपर हमला नहीं किया है। 1961 में आपरेशन विजय के माध्यम से पुर्तगाली साम्राज्य का अंत, 1962 में चीन द्वारा किया गया हमला, लाल बहादुर शास्त्री के समय पाकिस्तान द्वारा कच्छ के रण को लेकर 1965 में किया गया हमला और उसके बाद ताशकंद शांति समझौता, जनवरी, 1966, दिसंबर, 1971 में पाकिस्तान द्वारा सिविल वार के दौरान भारत पर हमला और उसके बाद इंदिरा गांधी द्वारा जुलाई, 1972 का शिमला शांति समझौता, 1999 कारगिल युद्ध एवं 2002 की आगरा शिखर वार्ता व अन्य नीतियों ने भारत का सदैव ही अंतर्राष्ट्रीय शांति एवं

सुरक्षा व अंहिसा का संदेश दिया है।

5 असली गुटनिरपेक्षता का सिद्धांत :

जनता दल की सरकार के समय प्रधानमंत्री मोरारजी देसाई 1977-1979 तक एवं विदेश मंत्री अटल बिहारी वाजपेयी के नेतृत्व में यह ऐलान किया गया कि अब तक की भारत की विदेश नीति हमें एक गुट विशेष रूप से साम्यवादी या सोवियत संघ की तरफ ले जा रही है, अतः हमें संतुलन को पुनः प्राप्त करना होगा। इसे ही असली या सच्ची गुटनिरपेक्षता की नीति या सिद्धांत के नाम से जाना जाता है।

6 इंदिरा डॉक्ट्राईन या सिद्धांत :

यह पडौसी देशों के प्रति भारतीय विदेश नीति का पहला सिद्धांत था जिसमें प्रधानमंत्री इंदिरा ने स्पष्ट किया कि दक्षिणी एशियाई देशों में भारत विरोधी विदेशी हस्तक्षेप को किसी भी कीमत पर स्वीकार नहीं किया जाएगा। 1980 के दशक में पहली बार भारत ने पडौस पर ध्यान देने की नीति पर बल देना शुरू किया।

7 पूर्व की ओर देखों की नीति का सिद्धांत :

यह भारत के विस्तारित पडौस की नीति का 1991-1992 में अपनाया गया पहला सिद्धांत था जिसमें प्रधानमंत्री पी वी नरसिंहा राव ने भारत के दक्षिणी पूर्वी एवं पूर्व दिशा में स्थित देशों के साथ आर्थिक, सांस्कृतिक, तकनीकी एवं व्यापारिक आधार पर संबंधों को बढाने पर बल दिया गया।

8 गुटनिरपेक्षता 2.0 का सिद्धांत :

यह 1990 के दशक में आठ भारतीय विद्वानो के द्वारा भारतीय विदेश नीति में यर्थाथवादी स्वरूप के अनुरूप सुधार करने पर बल देने वाली एक सामुहिक घोषणापत्र था।

9 गुजराल सिद्धांत :

इसका प्रतिपादन प्रधानमंत्री एच डी दैवगौडा के समय 1996 में विदेश मंत्री इंद्र कुमार गुजराल के द्वारा किया गया। अतः इसे गुजराल

सिद्धांत कहा जाता है। इस सिद्धांत के अनुसार भारत ने दक्षिणी ऐशिया के देशों को बडे भाई की भूमिका के रूप में एकतरफा सहायता एवं रियायत देने का निर्णय किया गया।

10 पश्चिम की ओर देखों की नीति का सिद्धांत :

प्रधानमंत्री मनमोहन सिंह के समय 2005 में भारत ने पहली बार पश्चिमी एशिया के देशों के साथ संबंधों को बढ़ाने की नीति पर बल देने का निर्णय किया जिसे ही पश्चिम का सिद्धांत कहा जाता है।

11 नवीनतम सिद्धांत :

प्रधानमंत्री मोदी के कार्यकाल में एक्ट ईस्ट नीति, फास्ट ट्रेक डिप्लोंमेसी, पैरा डिप्लोमेसी, डायस्पोरा जोडो नीति, सांस्कृतिक कूटनीति इत्यादि का प्रतिपादन किया गया है।

भारतीय विदेश के निर्माण में नेहरू की भूमिका :

पण्डित जवाहरलाल नेहरू भारत के पहले प्रधानमंत्री एवं पहले विदेश मंत्री थे। नेहरू को भारतीय विदेश नीति के निर्माता के रूप में जाना जाता है। एक ऐसा भारत जिसकी आर्थिक एवं सामाजिक संरचना की दूर-दूर तक धूमिल तस्वीर भी दिखायी नहीं दे रही थी, एक ऐसा भारत जिसके पास अपने लोंगों का पेट भरने के लिए अनाज नहीं था, संतुलित भोजन तो सपनों में भी दिखायी नहीं देता था। मानवीय जीवन का अर्थशास्त्र आरंभ भी नहीं हुआ था और एक ऐसा देश जहाँ कुछ भी न था, उस देश ने पिछले 200 वर्षों से अंग्रेजों की गुलामी की बेडियों में जकड़े हुए लूट की अंतिम पराकाष्ठा का सामना किया था जिसे टैगोर ने बहुत ही सुंदर पंक्तियों में व्यक्त किया है। इस देश की स्वतंत्रता को बचाए रखना, लोकतंत्र की सुरक्षा करना और उससे भी दूर लोगों को दो वक्त की रोटी नसीब कराना अपने आप में ही भयावता पैदा करता था। ऐसे दौर में भारत को प्रगति के पथ पर आगे ले चलना किसी ईश्वर जैसे व्यक्तित्व से कमतर व्यक्ति के लिए संभव न था और यह कर दिखाया पण्डित नेहरू ने।

उसने हमारी विदेश नीति की वों नींव तैयार की जिसके बूते भारत

आज अपने पैरों पर गर्व के साथ खडा है। भारतीय विदेश नीति के वे तमाम आयाम जो आज गर्जना के साथ चमक रहे है, सब नेहरू की देन है। जैसे कि अंतर्राष्ट्रीय शांति एवं सुरक्षा की नीति, मानवीय कल्याण एवं अंतर्राष्ट्रवाद में विश्वास, गुटनिरपेक्षता या असंलग्नता,पारस्परिक सहयोग, सम्मान व सहअस्तित्व की नीति, नवीन अंतर्राष्ट्रीय अर्थव्यवस्था के समर्थन की नीति, साम्राज्यवाद, उपनिवेशवाद, रंगभेद व नवउपनिवेशवाद का प्रतिरोध, राष्ट्रों की स्वतंत्रता या लोकतंत्र के समर्थन, संयुक्त राष्ट्र संघ का सहयोग इत्यादि।

विविध प्रतियोगी परीक्षाओं में आए हुए महत्वपूर्ण प्रश्नोतर :

प्रश्न- 1 भारतीय विदेश नीति की विशेषता नहीं है

(1)उपनिवेशवादी का प्रतिरोध (2)गुटनिरपेक्षता (3)परमाणु शक्ति का गलत उपयोग (4)पंचशील

उतर- (3)

प्रश्न- 2 पंचशील में शामिल है

(1)परमाणु प्रसार (2)अखण्डता व प्रभुता का सम्मान (3)पसंदीदा राष्ट्र (4)व्यापार संवद्र्धन

उतर- (2)

प्रश्न- 3 किस प्रधानमंत्री ने लुक ईस्ट पॉलिसी आरंभ की

(1)मनमोहन (2)नरेंद्र मोदी (3)पी वी नरसिंहा राव (4)इंदिरा गांधी

उतर- (3)

प्रश्न- 4 पंचशील समझौते पर किन देशों ने हस्ताक्षर किये

(1)भारत व पाकिस्तान (2)भारत व चीन (3)भारत व नेपाल (4) भारत व अमेरिका

उतर- (2)

प्रश्न- 5 किस प्रधानमंत्री ने अफ्रिका कोष-कोप की स्थापना की

(1)नेहरू ने (2)राजीव गांधी ने (3)अटल ने (4)इदिरा ने

उतर- (2)

प्रश्न- 6 विशुद्ध गुटनिरपेक्षता का विचार किस प्रधानमंत्री ने दिया

(1)अटल ने (2)मोरारजी देसाई ने (3)गुजराल ने (4) गुलजारी लाल नंदा ने

उत्तर- (2)

प्रश्न- 7 पंचशील का भाग नहीं है

(1)अनाक्रमण (2)अहस्तक्षेंप (3)शांतिपूर्ण सहअस्तित्व (4)यर्थाथवाद

उत्तर- (4)

प्रश्न- 8 पहला गुट निरपेक्ष सम्मेलन आयोजित हुआ

(1) 1961 में (2) 1980 में (3)2006 में (4) 1999 में

उत्तर- (1)

प्रश्न- 9 शिमला समझौते पर किसने हस्ताक्षर किये

(1)इदिरा व भुटटों ने (2)इदिरा व अयुब ने (3)नेहरू व लियाकत ने (4)किसी ने नही

उत्तर- (1)

प्रश्न- 10 तीस्ता नदी जल विवाद किसके बीच है

(1)भारत व नेपाल (2)भारत व चीन (3)भारत व बांग्लादेश (4)भारत व अफगानिस्तान

उत्तर- (3)

प्रश्न-11 गुजराल सिद्धांत इंद्र कुमार गुजराल ने दिया

(1)प्रधानमंत्री के रूप में (2)विदेश मंत्री के रूप में (3)रक्षामंत्री के रूप में (4) गृहमंत्री के रूप में

उत्तर- (2)

प्रश्न- 12 भारत व सोवियत संघ के बीच 20 वर्षीय मैत्री संधि कब हुई

(1) 1971 (2)1981 (3)1991 (4) 2001

उत्तर- (1)

प्रश्न- 13 बाण्डुग सम्मेलन किस वर्ष हुआ

(1) 1947 (2)1955 (3)1949 (4) 1970

उत्तर- (2)

प्रश्न- 14 गुटनिरपेक्षता शब्द के निर्माता कौन है

(1)नेहरू (2)मार्शल टीटो (3) नासिर हुसैन (4) कोई नहीं

उत्तर- (1)

प्रश्न- 15 भारत के प्रथम विदेश मंत्री कौन थे

(1)सरदार पटेल (2)जवाहरलाल नेहरू (3)इंदिरा गांधी (4)अटल बिहारी वाजपेयी

उतर- (2)

11

भारत व संयुक्त राष्ट्र संघ

वर्साय की संधि में ही दूसरे महायुद्ध के बीज विद्यमान थे जिसके परिणामस्वरूप 1939 से 1945 तक द्वितीय विश्व युद्ध का आगाज हुआ और इसके बाद अंतर्राष्ट्रीय शांति एवं सुरक्षा को बनाए रखने के लिए अथवा मानवीय सभ्यता की सुरक्षा के लिए 24 अक्टुबर, 1945 को अमेरिका के न्यूयार्क शहर में एक अंतर्राष्ट्रीय शांति संघ की स्थापना हुई जिसे संयुक्त राष्ट्र संघ के नाम से जाना जाता है। यदि इसकी स्थापना से लेकर 2022 तक इसके विकास एवं सहयोग में भारत की भूमिका पर विचार किया जाए तो हमें भारतीय होने पर गर्व होगा।

भारत की भूमिका :

- हमारा देश हमेशा से शांति एवं अंहिसा की नीति का उपासक रहा है। भारत जब ब्रिटेन का गुलाम था उसी समय से वह संयुक्त राष्ट्र संघ के संस्थापक सदस्यों देशों में से एक था।
- संयुक्त राष्ट्र संघ की स्थापना का पहला कदम अटलांटिक चार्टर, 14 अगस्त, 1941 को माना जाता है। ब्रिटिश प्रधानमंत्री विस्टर्न चर्चिल एवं अमेरिकी राष्ट्रपति फ्रैंकलिन डी रूजवेल्ट ने अटलाण्टिक चार्टर, 1941 पर हस्ताक्षर किये और यह निर्णय किया कि वे युद्ध

के बाद विस्तार की नीति नहीं अपनायेंगें और न ही प्रोदशिक बदलाव करेंगे।

- इसके बाद मास्को सम्मेलन, अक्टुबर, 1943 में अमेरिका, ब्रिटेन व सोवियत संघ के विदेश मंत्रियों ने निर्णय किया कि वे विश्व शांति के लिए एक अंतर्राष्ट्रीय संगठन की स्थापना करेंगे। इसके बाद अगस्त-सितंबर, 1944 में अमेरिका, ब्रिटेन, सोवियत संघ व चीन ने तय किया कि वे अप्रैल, 1945 को सेनफ्रांसिस्कों में डम्बर्टन ऑक्स सम्मेलन में मिले ताकि संयुक्त राष्ट्र संघ का संविधान बनाया जा सके। 4 से 11 फरवरी, 1945 को काला सागर के क्रीमिया द्वीप के पास याल्टा नामक स्थान पर याल्टा सम्मेलनक का आयोजन हुआ जिसमें अमेरिकी राष्ट्रपति रूजवेल्ट, ब्रिटिश प्रधानमंत्री चर्चिल व सोवियत संघ के राष्ट्रपति स्टालिन ने भाग लिया और पाँच स्थायी सदस्यों व उन्हें विटो देने का निर्णय लिया गय। याल्टा सम्मेलन के निर्णय के अनुसार 25 अप्रैल से 26 जून, 1945 तक अमेरिका के सेनफ्रांसिस्को शहर में सम्मेलन आयोजित हुआ और अंततः 26 जून, 1945 की तारीख को 50 देशों ने अंतिम रूप से तैयार चार्टर पर हस्ताक्षर किये। पौलेण्ड के द्वारा 15 अक्टुबर, 1945 को हस्ताक्षर किये गए। अतः वह 51 वां मूल संस्थापक सदस्य देश बना। 24 अक्टुबर, 1945 को संयुक्त राष्ट्र संघ की औपचारिक रूप से स्थापना हुई। इसके चार्टर में 19 अध्याय, 111 धाराएं एवं 10000 शब्द विद्यमान थे। इसके चार ध्येय घोषित किये गए। ज्ञातव्य है कि यूएनओं के 6 अंग महासभा, सुरक्षा परिषद, आर्थिक व सामाजिक परिषद, न्यास परिषद, अंतर्राष्ट्रीय न्यायालय एवं सचिवालय है। इस समय 193 देश इसके सदस्य है।
- ज्ञातव्य हो कि भारत संयुक्त राष्ट्र संघ में 30 अक्टुबर, 1945 की तारीख को शामिल हुआ। वह स्थापना के बाद यूएनओं का सदस्य बना है।
- संयुक्त राष्ट्र शांति सेना में अब तक सर्वाधिक सैन्य बल भेजने वाला भारत पहला राष्ट्र है।

- ज्ञातव्य हो कि महासभा के 8 वें वार्षिक अधिवेशन की अध्यक्षता 1952 में भारतीय महिला प्रतिनिधि विजयलक्ष्मी पण्डित के द्वारा की गई जो कि नेहरू की बहन एवं संविधान सभा की सदस्या थी।
- अटल बिहारी वाजपेयी पहले व्यक्ति थे जिन्होंने पहली बार हिंदी में संयुक्त राष्ट्र संघ की महासभा को संबोधित किया।
- 1 जनवरी, 2021 को भारत 8 वीं बार सुरक्षा परिषद का अस्थायी सदस्य निर्वाचित हुआ है। इससे पूर्व 1950-1951 तक, 1967-1968, 1973-1973, 1977-1978, 1984-1985, 1991-1992, 2011-2012 व 2021 से 31 दिसंबर, 2022 तक।
- भारत की ओर से अंतर्राष्ट्रीय न्यायालय में बी एन राव, नगेंद्र सिंह, आर एस पाठक व दलबीर भण्डारी दूसरी बार न्यायधिश के रूप में निर्वाचित हुए है।
- इनमें से नगेंद्र सिंह जो कि राजस्थान से है, उन्होंने मुख्य न्यायधिश के रूप में कार्य किया है।
- शशि थरूर के द्वारा लम्बे समय तक संयुक्त राष्ट्र संघ में भारतीय प्रतिनिधि के रूप में कार्य किया गया है।

विविध प्रतियोगी परीक्षाओं में आए हुए महत्वपूर्ण प्रश्नोतर :

प्रश्न- 1 संयुक्त राष्ट्र संघ दिवस मनाया जाता है

(1)24 अक्टूबर को (2)23 सितम्बर को (3)10 दिसंबर को (4) 11 फरवरी को

उतर- (1)

प्रश्न- 2 वैश्विक गांव के जनक के रूप में किसे जाना जाता है

(1) थामस पोगे (2)नाओमी क्लेन (3)मार्शल मैक्लुहान (4) एस्काबोर

उतर- (3)

प्रश्न- 3 संयुक्त राष्ट्र शब्द किसकी देन है

(1)विल्सन (2)डी रूजवेल्ट (3)स्टालिन (4)चर्चिल

उतर- (2)

प्रश्न- 4 संयुक्त राष्ट्र संघ चार्टर पर हस्ताक्षर कब हुए

(1)24 अक्टुबर, 1945 (2)26 जून, 1945(3)21 फरवरी,1945

(4)11 फरवरी, 1945

उत्तर- (2)

प्रश्न- 5 यूएनओं किसकी परिणति है

(1) याल्टा सम्मेलन(2)डंकनटन सम्मेलन(3)सेन फ्रांसिस्कों सम्मेलन (4)वियतनाम सम्मेलन

उत्तर- (3)

प्रश्न- 6 संयुक्त राष्ट्र संघ का मुख्यालय कहाँ स्थित है

(1)वाशिगंटन डीसी (2) सेनफ्रांसिस्कों (3)न्यूयार्क (4)कोलबिया

उत्तर- (3)

प्रश्न- 7 भारत संयुक्त राष्ट्र संघ का सदस्य कब बना

(1)30 अक्टुबर, 1945 को (2)24 अक्टुबर, 1945 को (3)20 अक्टुबर, 1945 को (4)11 फरवरी, 1945 को

उत्तर- (1)

12

भमण्डलीकरण के विशेष संदर्भ में अंतर्राष्ट्रीय राजनीति की उभरती प्रवृतिया

भूमण्डलीकरण वैश्विक बदलाव की आर्थिक नीति का एक अभिन्न हिस्सा है जिसने अंतर्राष्ट्रीय राजनीति के मूल स्वरूप को ही बदल दिया है। आधुनिक दूनिया में इसका आगमन लगभग 1980 के दशक से माना जाता है। इसे छोटे रूप में एलपीजी के नाम से जाना जाता है अर्थात् लिबरलाईजेशन, प्राईविटाईजेशन एवं ग्लोबलाईजेशन की अवधारणा। उदारीकरण, निजीकरण एंव भूमण्डलीकरण की नीतियों ने दूनिया के राज्यों को एक दूसरे के बहुत अधिक नजदीक ला दिया है जो भले ही भौतिक रूप से मीलों दूर अवस्थित होते है परंतु विज्ञान एवं तकनीक के विकास ने इन भौगोलिक दूरियां को बेमानी बना दिया है।

अंतर्राष्ट्रीय राजनीति में पहले विश्व युद्ध से दूसरे महायुद्ध तक और दूसरे महायुद्ध से लेकर शीतयुद्ध के अंत तक एवं एलपीजी की अवधारणा के बाद अनगनित एवं आमूलचूल बदलाव आए है। इन्हें ही

अंतर्राष्ट्रीय राजनीति की नवीन प्रवृतियों के नाम से जाना जाता है जो कि निम्नलिखित है :

1 वैश्विक गांव की अवधारणा का आगमन
2 राजनीतिक हितों की अपेक्षा आर्थिक हितों पर बल
3 राज्यरूपी कर्ताओं की अपेक्षा गैर राज्य अभिकर्ताओं की भूमिका में वृद्धि
4 व्यक्तिगत हितों की अपेक्षा सामान्य हितों पर बल
5 एक या द्विधुरवीय विश्व व्यवस्था से बहुध्रुवीय वैश्विक व्यवस्था का आगमन
6 अनौपचारिक प्रक्रियाओं, संस्थाओं एवं अभिकर्ताओं की भूमिका
7 अंतर्राष्ट्रीय राजनीतिक अर्थव्यवस्था
8 संघर्ष एवं सघर्ष विराम
9 क्षेत्रीय समूहों का उदय
10 राष्ट्र-राज्य, राष्ट्रवाद एवं राष्ट्रीय सीमाओं की धारणा में बदलाव
11 अंतर सरकारी संगठनों, गैर सरकारी संगठनों एवं पार राष्ट्रीय निगमों की भूमिका
12 अमीर व गरीब देशों के बीच अंतर्राष्ट्रीय व्यापार, संचार, तकनीकी एवं वैज्ञानिक सहयोग, मुद्रा समनव्य, सांस्कृतिक अदला-बदली से नवीन संबंधों की स्थापना
13 एकिक विश्व व्यापार या समग्रता का व्यापार
14 नवीन वैश्विक शक्तियों का उदय

13
राज्यपाल का कार्यालय, राज्यपाल की भूमिका एवं कार्य

भारत में केन्द्र के समान ही संसदीय प्रणाली को राज्य स्तर पर भी अपनाया गया है। राज्य की कार्यपालिका एवं विधायिका में संघ के समान ही घनिष्ठ संबंध होते है। भारत संघ के लिए एक ही संविधान का निर्माण किया गया है अर्थात् अमेरिका के समान राज्यों का अलग संविधान नहीं है। संघ के समान ही भारतीय संविधान के भाग-6 में अनुच्छेद 152 से लेकर 237 तक राज्य सरकार का उल्लेख किया गया है। इसमें अनुच्छेद 153 से 167 तक राज्य की कार्यपालिका का, अनुच्छेद 168 से 213 तक राज्य की विधायिका का एवं अनुच्छेद 214 से 231 तक राज्य की उच्च न्यायपालिका का एवं अनुच्छेद 233 से 237 तक अधीनस्थ न्यायपालिका का उल्लेख किया गया है। जिस प्रकार से संघ का कार्यकारी व संवैधानिक मुखिया राष्ट्रपति होता है उसी प्रकार से राज्य का कार्यकारी एवं संवैधानिक अध्यक्ष राज्यपाल होता है। केंद्र के समान ही राज्य में भी राज्यपाल नाममात्र की कार्यपालिका के रूप में कार्य करता है और वास्ततिक शक्तियों का उपयोग मुख्यमंत्री व उसकी

मंत्रिपरिषद करती है। संविधान के अनुसार राज्यपाल का पद एक स्वतंत्र व संवैधानिक पद होता है वह केंद्र सरकार के अधीन या नियंत्रण में नहीं होता है। अतः 319,घ के तहत राजय के लोक सेवा आयोग के सदस्य को राज्यपाल नियुक्त किया जा सकता है। परंतु व्यावहारिक रूप से राज्यपाल केंद्र सरकार के अभिकर्ता के रूप में कार्य करता है और उसने भारतीय इतिहास में ऐसे अनेकानेक उदाहरण प्रस्तुत किये है, विशेष रूप से केन्द्र के ईशारे पर राष्ट्रपति शासन, 356 को लागू करने की सिफारिश के रूप में। सामान्यतया वह केंद्र व राज्य के बीच की धूरी होता है।

अनुच्छेद-152 के तहत राज्य पद का उल्लेख किया गया है जिसके अनुसार वह केवल इस भाग के लिए ही मान्य होगा अन्य प्रयोजन के लिए नहीं।

सर्वप्रथम राज्य की कार्यपालिका का वर्णन किया गया है जिसमें राज्यपाल, मुख्यमंत्री एवं उसकी मंत्रिपरिषद् तथा महाधिवक्ता को शामिल किया जा सकता है।

भारतीय संविधान में राज्यपाल के बारे में निम्नलिखित संवैधानिक उपबंध हैः-

- अनुच्छेद-153 प्रत्येक राज्य के लिए एक राज्यपाल होगा।
- परंतु 7 वें संविधान संशोधन अधिनियम, 1956 के अनुसार इस अनुच्छेद की कोई बात एक ही व्यक्ति को दो या अधिक राज्यों का राज्यपाल नियुक्त किये जाने से निवारित नहीं करेगी। इसके तहत राजप्रमुख शब्द का भी विलोप कर दिया गया है। 1 नवंबर, 1956 से पूर्व राज्यपाल को राजप्रमुख के नाम से जाना जाता था।
- अनुच्छेद-154 के खण्ड 1 में लिखा है कि राज्य की कार्यपालिका की शक्ति राज्यपाल में निहित होगी और वह इसका प्रयोग इस संविधान के अनुसार स्वयं या अपने अधीनस्थ अधिकारियों के द्‌वारा करेगा।
- ज्ञातव्य रहे कि राज्य की कार्यपालिका का मुखिया राज्यपाल होता है। अतः राज्य के अधीन कार्य करने वाले समस्त कार्मिक राज्यपाल के अधीन होते है। वह संविधान के अनुसार राज्य का संवैधानिक

अध्यक्ष होता है।
- खण्ड 2 के तहत इस अनुच्छेद की कोई बात :

क-किसी विद्यमान विधि द्वारा किसी अन्य प्राधिकारी को प्रदान किये गए कृत्य राज्यपाल को अंतरित करने वाले नहीं समझे जाएगें।
ख- राज्यपाल के अधीनस्थ किसी प्राधिकारी को कृत्य प्रदान करने से संसद या राज्य के विधान-मण्डल को निवारित नहीं करेगी।
अनुच्छेद-155 राज्यपाल को राष्ट्रपति अपने हस्ताक्षर एवं मुद्रा सहित अधिपत्र द्वारा नियुक्त करेगा।

- ज्ञातव्य हो कि व्यवहार में राज्यपाल की नियुक्ति संघीय मंत्रिपरिषद की अनुशंसा पर राष्ट्रपति द्वारा की जाती है और सरकारिया आयोग, 1983 की सिफारिशों व परम्परा के अनुसार दो बातों का ध्यान रखा जाता है कि वह उस राज्य का मूल निवासी नहीं हो और नियुक्ति से पूर्व राष्ट्रपति को उस राज्य के मुख्यमंत्री से परामर्श कर लेना चाहिए।
- ज्ञातव्य हो कि भारतीय संविधान में राज्यपाल की नियुक्ति का प्रावधान कनाडा के संविधान से लिया गया है, जहाँ राज्यपाल को केंद्र के द्वारा नियुक्त किया जाता है। अमेरिका में राज्यपाल प्रत्यक्ष रूप से निर्वाचित होता है। संविधान निर्माताओं ने निर्वाचित राज्यपाल के उपबंध को स्वीकार नहीं किया है क्योंकि इससे राजनीतिक संघर्ष को बढ़ावा मिलता।
- अनुच्छेद- 156 में राज्यपाल की पदावधि का उल्लेख किया गया है अर्थात्

खण्ड-1 राज्यपाल, राष्ट्रपति के प्रसादपर्यंत पद धारण करेगा।
खण्ड-2 राज्यपाल, राष्ट्रपति को संबोधित अपने हस्ताक्षर सहित लेख द्वारा अपना पद त्याग सकेगा।
खण्ड-3 के तहत खण्ड 1 व 2 के अधीन रहते हुए, राज्यपाल अपने पदग्रहण की तारीख से पांच वर्ष की अवधि तक पद धारण करेगा।

परंतु राज्यपाल अपने पद की अवधि समाप्त हो जाने पर भी, तब तक पद धारण करता रहेगा जब तक उसका उतराधिकारी पद अपना पदग्रहण नहीं कर लेता है।

- ज्ञातव्य हो कि राष्ट्रपति किसी भी समय राज्यपाल को उसके पद से पदच्युत कर सकता है और ऐसा वह केन्द्रीय मंत्रिमण्डल के परामर्श के अनुसार करता है। राज्यपाल की पदावधि व्यावहारिक रूप से राष्ट्रपति की इच्छा पर निर्भर करती है। यद्‌यपि राज्यपाल को किस आधार पर हटाया जा सकता है, इसका संविधान में कोई उल्लेख नहीं है।
- अनुच्छेद-157 में राज्यपाल नियुक्त होने के लिए अर्हताएं निर्धारित की गई हे अर्थात कोई व्यक्ति राज्यपाल नियुक्त होने का पात्र तभी होगा जब वह भारत का नागरिक है और 35 वर्ष की आयु पूरी कर चुका है।
- ज्ञातव्य हो कि राज्यपाल के लिए संविधान के अनुसार केवल दो ही योग्यताएं निर्धारित की गई है जबकि राष्ट्रपति के लिए 3 योग्यताएं तय की गई है।
- अनुच्छेद- 158 राज्यपाल के पद के लिए शर्ते-

खण्ड-1 राज्यपाल, संसद के किसी सदन का या पहली अनुसूची में विनिर्दिष्ट किसी राज्य के विधान-मण्डल के किसी सदन का सदस्य नहीं होगा और यदि सदस्य राज्यपाल नियुक्त हो जाता है तो यह समझा जाएगा कि उसने उस सदन में अपना स्थान राज्यपाल के रूप में पदग्रहण की तारीख से रिक्त कर दिया है।

खण्ड-2 राज्यपाल अन्य कोई लाभ का पद धारण नहीं करेगा।

खण्ड-3 राज्यपाल बिना किराया दिये, अपने शासकीय निवासों के उपयोग का हकदार होगा और ऐसे उपलब्ध्यिें, भत्तों एवं विशेषाधिकारों का हकदान होगा जो संसद विधि द्‌वारा निर्धारित करे और इनका उल्लेख दूसरी अनुसूची में विनिर्दिष्ट है।

ज्ञातव्य हो कि आरंभ में राज्यपाल का वेतन 5500 रूपये था। वर्तमान

में राज्यपाल का वेतन 3.50 लाख रूपये प्रतिमाह है। उसका वेतन राज्य की संचित निधि पर भारित होता है। राज्य विधानमण्डल को इस पर मतदान का अधिकार नहीं है और उसका वेतन केंद्र या संसद तय करती है।

खण्ड- 3क, इसे 7 वें संविधान संशोधन अधिनियम, 1956, 1 नवंबर, 1956 से लागू, के द्वारा जोडा गया है कि जहाँ एक ही व्यक्ति को दो या अधिक राज्यों का राज्यपाल नियुक्त किया जाता है, वहाँ उस राज्यपाल को संदेय उपलब्धियां और भत्ते उन राज्यों के बीच ऐसे अनुपात में आंवटित किये जाएगें जो राष्ट्रपति आदेश द्वारा अवधारित करे।

खण्ड-4 राज्यपाल की उपलब्धियां व भत्ते पदावधि के दौरान कम नहीं किये जाएगें।

- अनुच्छेद- 159 प्रत्येक राज्यपाल और प्रत्येक व्यक्ति जो राज्यपाल के कृत्यों का निर्वहन कर रहा है, अपना पदग्रहण करने से पहले उस राज्य के संबंध में अधिकारिता का प्रयोग करने वाले उच्च न्यायालय के मुख्य न्यायमूर्ति या उसकी अनुपस्थिति उस न्यायालय उपलब्ध ज्येष्ठतम न्यायधिश के समक्ष निम्न प्रारूप में शपथ लेगा अर्थात्

मैं अमुक . . . . ईश्वर की शपथ लेता हूँ कि मैं श्रद्धापूर्वक राज्य के राज्यपाल के पद का पालन सत्यनिष्ठा से प्रतिज्ञा करता हूँ, पद का कार्यपालन करूंगा तथा अपनी पूरी योग्यता से संविधान और विधि का परिरक्षण, संरक्षण और प्रतिरक्षण करूंगा और मैं राज्य की जनता की सेवा और कल्याण में निरत रहुंगा।

अनुच्छेद-160 राष्ट्रपति ऐसी किसी आकस्मिकता में, जो इस अध्याय में उपबंधित नहीं है, राज्य के राज्यपाल के कृत्यों के निर्वहन के लिए ऐसा उपबंध कर सकेगा जो वह ठीक समझता है।

राज्यपाल की नियुक्ति संबंधी अनुशंसा करने वाले आयोग/समिति :

1 प्रथम प्रशासनिक सुधार आयोग, 1966

2 राजमन्नार समिति, 1969

तमिलनाडु सरकार के द्वारा नियुक्त की गई थी।

3 भगवान सहाय समिति, 1970

4 सरकारिया आयोग, 1983

इसकी दो सिफारिशों का सरकार ने स्वीकार कर लिया है। प्रथम वह राज्य का मूल निवासी नहीं होना चाहिए। दुसरा उसकी नियुक्ति से पूर्व राष्ट्रपति संबंधित राज्य के मुख्यमंत्री से परामर्श करेगा।

राज्यपाल की भूमिका एवं कार्य :

संविधान के विविध उपबंधों के आधार पर राज्यपाल के कार्यों या शक्तियों कों निम्न स्वरूप में विभाजित किया जा सकता है-

1 कार्यपालिका या कार्यकारी शक्तियां

2 विधायी शक्तियां-

3 वितीय शक्तियां-

4 न्यायिक शक्तियां-

5 स्वविवेकीय शक्तियां -

1 कार्यपालिका संबंधी शक्तियां या कार्य :

ज्ञातव्य है कि राज्य की कार्यपालिका की शक्तियां राज्यपाल में निहित होगीं जिनका प्रयोग वह संविधान के अनुसार स्वयं या अपने अधीनस्थ अधिकारियों के द्वारा करेगा। वह राज्य की कार्यपालिका या कार्यकारी मुखिया होता है। वह राज्य की समस्त स्थायी कार्यपालिका का मुख्य कार्यकारी अधिकारी होता है। उसके द्वारा अनुच्छेद-164 के तहत राज्य के मुख्यमंत्री की नियुक्ति, मुख्यमंत्री की सलाह से अन्य मंत्रियों की नियुक्ति, अनुच्छेद-165 के तहत राज्य के महाधिवक्ता की नियुक्ति, अनुच्छेद-316 के तहत राज्य लोक सेवा आयोग के अध्यक्ष व सदस्यों की नियुक्ति, राज्य न्यायिक सेवा के सदस्यों की नियुक्ति, जिला न्यायधिशों की नियुक्ति, राज्य निर्वाचन के अध्यक्ष व सदस्यों की नियुक्ति, राज्य वित आयोग के अध्यक्ष व सदस्यों की नियुक्ति, राजकीय विश्वविद्यालयों के कुलपतियों की नियुक्ति, स्वयं का कुलाधिपति होना, अधीनस्थ न्यायालयों के न्यायधिशों की नियुक्ति, लोकायुक्त की नियुक्ति, राज्य मानवाधिकार आयोग के अध्यक्ष व

सदस्यों की नियुक्ति, उच्च न्यायलयों के न्यायधिशों को शपथ दिलाना एवं उनकी नियुक्ति में राष्ट्रपति के साथ परामर्श करता है। अनुच्छेद 166 के खण्ड 1 व 2 उपबंधां का स्वरूप निदेशात्मक है, आदेशात्मक नही अर्थात राज्य की समस्त कार्यपालिका के कार्य राज्यपाल के नाम पर ही जाने जाएंगे। लेकिन इस पर यह प्रश्न नहीं होगा कि वे कार्य राज्यपाल ने नहीं किये है। न ही ऐसे कार्यो की प्रामाणिकता को चुनौती दी जाएगी।

2 विधायी शक्तियां :

अनुच्छेद-168 के तहत राज्यपाल राज्य विधानमण्डल या राज्य की विधायिका का अभिन्न हिस्सा होता है। उसकी अनुमति के बिना कोई भी विधेयक कानूनी स्वरूप नहीं ले सकता है।

राज्यपाल अनुच्छेद-333 के तहत राज्यों की विधानसभाओं में यदि किसी राज्य के राज्यपाल की यह राय है कि आंग्ल-भारतीय समुदाय का पर्याप्त प्रतिनिधित्व नहीं है तो उस समुदाय से एक सदस्य या जितने वह उचित समझे नामनिर्दिष्ट कर सकेगा।

ज्ञातव्य रहे कि पहले केवल 1 सदस्य का प्रावधान था परंतु 23 वें संविधान संशोधन अधिनियम, 1969 के द्वारा इसकी जगह जितने उचित समझे शब्द प्रतिस्थापित कर दिया गया था। इसी के साथ यह भी ध्यान रहे कि 104 वें संविधान संशोधन अधिनियम, 2019 के द्वारा 25 जनवरी, 2020 से अनुच्छेद 334,ख के अंतर्गत प्रतिनिधित्व के आरक्षण को लोक सभा व विधान सभा के लिए इसे स्थगित कर दिया गया है।

अनुच्छेद- 171 के खण्ड 5 के तहत राज्यपाल राज्य की विधान परिषद् में उसकी कुल सदस्य संख्या के 1/6 सदस्यों को पाँच क्षेत्रों क्रमशः साहित्य, विज्ञान, कला, सहकारी आंदोलन एवं समाज सेवा में विशेष ज्ञान या व्यावहारिक अनुभव रखने वालों को मनोनीत करेगा।

ज्ञातव्य है कि इस समय 2022 में भारत के 6 राज्यों में विधानपरिषद् है जिनमें कर्नाटक-75 उतरप्रदेश-100, महाराष्ट्र-58 बिहार-75, आंध्रप्रदेश- एवं तेलगांना-40 विद्यमान है। कर्नाटक व बिहार में समान संख्या है।

अनुच्छेद-174 के तहत राज्यपाल विधानमण्डल के सत्र, सत्रावसान

एवं विघटन करता है अर्थात् खण्ड-1 के तहत विधानमण्डल के सदन या प्रत्येक सदन को ऐसे स्थान व समय पर जो वह उचित समझे, अधिवेशन आहूत करेगा, परंतु एक सत्र की अंतिम बैठक व आगामी सत्र की प्रथम बैठक के लिए नियत तारीख के बीच 6 माह से अधिक अंतर नहीं होगा।

खण्ड 2 के तहत वह समय-समय पर सदन का या किसी सदन का सत्रावसान कर सकेगा और विधान सभा का विघटन कर सकेगा।

अनुच्छेद- 175 राज्यपाल को सदन या सदनों में अभिभाषण का और संदेश भेजने का अधिकार होगा। दो सदन होने पर एक साथ समवेत दोनों सदनों में।

अनुच्छेद-176 राज्यपाल साधारण निर्वाचन के बाद प्रथम सत्र में और इसके बाद प्रत्येक वर्ष के प्रथम सत्र के आरंभ में यदि दो सदन है तो एक साथ समवेत दोनों सदनों में अभिभाषण करेगा और बुलाए जाने का कारण बताएगा।

अनुच्छेद- 200 के अनुसार राज्य विधानमण्डल से पारित विधेयक जब राज्यपाल के समक्ष प्रस्तुत किया जाता है तो वह

विधेयक पर अनुमति देता है या अनुमति रोक लेता है या विधेयक को राष्ट्रपति के विचार के लिए आरक्षित रखता है।

इसके अलावा वह किसी विधेयक को जो कि अनुच्छेद-199 के अनुसार धन विधेयक नहीं है तो उसे पुनर्विचार के लिए लौटा सकेगा परंतु यदि विधानमण्डल संशोधन सहित या बिना संशोधन के विधेयक पुनः राज्यपाल के समक्ष प्रस्तुत किया जाता है तो वह अनुमति नहीं रोकेगा या अनुमति देगा।

इसी के साथ ऐसा विधेयक जिससे उच्च न्यायालय की शक्तियों का अल्पीकरण हो, राज्यपाल की नजर में तो उसे वह राष्ट्रपति के लिए आरक्षित करेगा।

अनुच्छेद-201 यदि किसी विधेयक को राष्ट्रपति के लिए आरक्षित रख लिया जाता है तो उस पर राष्ट्रपति अनुमति देगा या नहीं देगा। राष्ट्रपति द्वारा विधेयक को यदि पुनर्विचार के लिए लौटाया जाता है तो उस तारीख से 6 माह के पश्चात विधानमण्डल इसे राष्ट्रपति के समक्ष

संषोधन सहित या बिना संशाधन के प्रस्तुत करत सकता है परंतु अब भी उसे स्वकार करना या नहीं करना राष्ट्रपति की इच्छा पर निर्भर होगा। अनुच्छेद-213 के तहत राज्यपाल को जब विधानमण्डल सत्र में नहीं हो और ऐसी परिस्थितियां उत्पन्न हो गई हो जिनके लिए शीघ्र नए कानून की आवश्यकता है तो राज्यपाल अध्यादेश जारी कर सकेगा। परंतु जिन मामलों में राष्ट्रपति की पूर्व स्वीकृति आवश्यक है उनमें उसकी स्वीकृति से अन्यथा जारी कर सकेगा। अध्योदश का वही बल एवं प्रभाव होगा जैसा कि सामान्य कानून का होता है। विधानमण्डल के अधिवेशन की बाद वाली बैठक के 6 सप्ताह तक मान्य होगा और यदि स्वीकृति मिले तो वह कानून बन जाएगा। अध्यादेश को कभी भी राज्यपाल वापस ले सकता है। इसकी अधिकतम अविध 6 माह होती है। वह अध्यादेश केवल उन विषयों पर जारी कर सकता है जिन पर राज्य विधानमण्डल कानून बनाता है।

३ वितीय शक्तियां :

अनुच्छेद-199 के तहत धन विधेयक तथा इसके अलावा अन्य कोई वित विधेयक राज्यपाल की पूर्व अनुमति से ही पहले विधानसभा में प्रस्तुत किया जा सकता है। धन विधेयक की परिभाषा अनुच्छेद 199 में है जिसके तहत इसमें उल्लिखित 6 में से किसी या किसी एक से अर्थात् कर अधिरोपण, राज्य संचित या आकस्मिक निधि में धन जमा या व्यय करने, इन पर भारित घोषित करने, अभिरक्षा इत्यादि, से अनिवार्य रूप से संबंधित होने पर वह धन विधेयक होता है। ऐसे विधेयकों को विधानपरिषद केवल 14 दिनों तक विलंब कर सकती है। अनुच्छेद 198 के तहत धन विधेयक पर विधानपरिषद केवल सिफारिश कर सकती है जिन्हें स्वीकार या अस्वीकार करना विधानसभा की इच्छा पर निर्भर होगा। 199 के तहत यदि यह प्रश्न उठता है कि कोई विधेयक धन विधेयक है या नहीं तो इस प्रश्न पर विधानसभा अध्यक्ष का विनिश्चय अंतिम होगा। 200 के तहत जब इसे राज्यपाल की अनुमति के लिए भेजा जाता है तो उस पर विधानसभा अध्यक्ष के हस्ताक्षर से प्रमाण पृष्ठांकित किया जाएगा कि वह धन विधेयक है। ज्ञातव्य रहे कि अन्य सामान्य विधेयकों को विधानपरिषद दो चरणों में पहले चरण में 3 माह

व दूसरे चरण में 1 माह कुल 4 माह तक विलंब कर सकती है।

अनुच्छेद 202 के तहत राज्य का बजट राज्यपाल की स्वीकृति से ही वितमंत्री द्वारा विधानसभा में प्रस्तुत किया जाता है।

अनुच्छेद 266, 2 के तहत राज्य की संचित निधि पर राज्यपाल का अधिकार होता है और उससे विनियोग बिल के माध्यम से ही खर्च किया जा सकता है।

267, 2 के अनुसार राज्य की आकस्मिक निधि पर राज्यपाल का स्वामित्व होता है, उसकी अनुमति के बिना इस निधि में से व्यय नहीं किया जा सकता है।

203 के खण्ड 3 के तहत अनुदान की मांगों को राज्यपाल की संस्तुति से ही विधानसभा में पेश किया जाता है।

207 के अंतर्गत 199 के तहत जो धन विधेयक नहीं है अर्थात् वित विधेयक है उसे राज्यपाल की सिफारिश से ही विधानसभा में रखा जा सकता है परंतु किसी कर को घटाने या समाप्त करने के लिए राज्यपाल की पूर्व सिफारिश की आवश्यकता नहीं है।

४ न्यायिक शक्तियां :

अनुच्छेद 161 के अनुसार मृत्यु-दण्ड व सेना न्यायालय के मामलां के अलावा राज्यपाल को किसी सिद्धदोष व्यक्ति को क्षमा करने की शक्ति प्राप्त है अर्थात् वह क्षमा, प्रविलंबन, निलंबन, लघुकरण की शक्ति प्राप्त है।

अनुच्छेद- 192 के तहत यदि यह प्रशन उत्पन्न होता है कि विधानमण्डल का कोई सदस्य अनुच्छेद 191 के खण्ड 1 में वर्णित अर्थात् लाभ का पद धारण करता है, न्यायालय द्वारा विकृत चित घोषित, दिवालिया, नागरिक नहीं या संसद की विधि का उल्लघंन जो इस संबंध में निर्मित हो इत्यादि, किसी अयोग्यता से ग्रसित है या नहीं तो इसका विनिश्चय राज्यपाल करेगा और वह अंतिम होगा। यद्यपि ऐसे विनिश्चय से पूर्व वह निर्वाचन आयोग की राय लेगा और उस राय के अनुसार कार्य करेगा।

५ स्वविवेकीय शक्तियां :

अनुच्छेद 163 के तहत स्वविवेकीय मामलों में उसे मंत्रिपरिषद सहायता

व सलाह नहीं दे सकती है।

200 के तहत किसी विधेयक को राष्ट्रपति के लिए आरक्षित करना।

अनुसूची 6 में अनुच्छेद 9 खण्ड 2 तथा 18 के खण्ड 3 में व अनुच्छेद 371क व अनुच्छेद 239 के तहत असम जनजाति प्रशासन के लिए तथा असम, नागालैण्ड, सिक्किम, मिजोरम, अरूणाचल प्रदेश के राज्यपालो की विशिष्ट शक्तिया।

मध्यप्रदेश, छतीसगढ, उडीसा व झारखण्ड में एक जनजातीय मंत्री की नियुक्ति करना।

विधानसभा में किसी दल को स्पष्ट बहुमत नहीं मिलने पर।

मंत्रिपरिषद में विश्वास पर शंका उत्पन्न होने पर।

अल्पमत के मुख्यमंत्री की विधानसभा भंग करने की सलाह पर।

राज्यपाल की भूमिका एवं विवाद :

1. सर्वाधिक विवाद उसकी स्वविवेकीय शक्तियों को लेकर व अनुच्छेद 356 के प्रयोग को लेकर है। राज्पाल द्वारा मुख्यमंत्री की नियुक्ति, मंत्री को अपदस्थ करना, विधानसभा को भंग करना एवं राष्ट्रपति शासन की सिफारिश करना इन विषयों को लेकर उसकी भूमिका हमेशा ही विवादास्पद रही है।

2. उसके द्वारा बहुमत दल के नेता को मुख्यमंत्री नियुक्त करने की अपेक्षा अन्य व्यक्ति को सरकार बनाने का निमंत्रण दिया है जैसे कि राजस्थान में 1961 में, मद्रास में 1951 में, पंजाब में 1967 में, बिहार में 1969 में, हरयाणा में 1982 में इत्यादि।

3. सरोजनी नायडू राज्यपाल उस पक्षी की भाँति है जो सोने के पिंजरे मे बंद है।

4. पटटाभि सीतारम्मैया राज्यपाल का कार्य मेहमानों की इज्जत, उनको चाय, भोजन, दावत देने के अलावा कुछ नहीं है।

5. वह नाममात्र की राज्य की कार्यपालिका की शक्तियों को धारित करता है। संसदीय प्रणाली में वह केवल रबर की मोहर के समान है। वह केंद्र व राज्य के बीच धूरी की तरह घूमता रहता है।

राजस्थान का राज्यपाल :

राजस्थान के एकीकरण के दौरान राजप्रमुख का पद सर्जित किया गया। अतः 30 मार्च, 1949 को सवाई मानसिंह का राजस्थान का राजप्रमुख बनाया गया जिन्होंने 1 नवंबर, 1956 तक इस पद पर कार्य किया और 1 नवंबर, 1956 को सरदार गुरूमुख निहाल सिंह ने राज्यपाल का पदग्रहण किया। राजप्रमुख के पद को 7 वें संविधान संशोधन अधिनियम, 1956 के द्वारा समाप्त किया गया और उसके स्थान पर राज्यपाल पद को सर्जित किया गया। निहाल सिंह की नियुक्ति के आदेश 25 अक्टुबर, 1956 को राष्ट्रपति राजेंद्र प्रसाद के द्वारा जारी किये गए थे। वे 15 अप्रैल, 1962 तक पद पर रहे। डॉ. संपूर्णानंद दूसरे राज्यपाल नियुक्त हुए और तीसरे राज्यपाल सरदार हुकुम सिंह बने।

प्रतिभा पाटिल 2004 से 2007 प्रथम महिला राज्यपाल बनी जो बाद में पहली महिला राष्ट्रपति भी बनी। राज्यपाल रघुकुल तिलक राजस्थान लोक सेवा आयोग के सदस्य थे। दरबारा सिंह, निर्मल चंद, शैलेंद्र सिंह व श्रीमती प्रभाराव पद पर मृत्यु हो गई।

राजस्थान में राष्ट्रपति शासन :

1. 13 मार्च से 24 अप्रैल, 1967 - 45 दिन तक, राज्यपाल - सम्पूर्णानंद, मुख्यमंत्री - कार्यवाहक मुख्यमंत्री मोहनलाल सुखाडिया
2. 30 अप्रैल,1977 से 21 जून, 1977 तक - 53 दिन तक, राज्यपाल - कार्यवाहक राज्यपाल, मुख्यमंत्री - हरिदेव जोशी
3. 17 फरवरी,1980 से 5 जून-1980 - 112 दिन तक, राज्यपाल - रघुकुल तिलक, मुख्यमंत्री - भैरोसिंह शेखावत
4. 15 दिसंबर, 1992 से 3 दिसंबर, 1993 तक- 11 माह 19 दिन तक, राज्यपाल - एम चैन्ना रेडडी, मुख्यमंत्री - भैरोसिंह शेखावत

विविध प्रतियोगी परीक्षाओं में आए हुए महत्वपूर्ण प्रश्नोतर :

प्रश्न-1 राज्य गवर्नर उतरदायी होता है-
(1) राज्य विधानसभा के प्रति (2) भारत के राष्ट्रपति के प्रति (3) सर्वोच्च न्यायालय के प्रति

(4) संसद के प्रति
उतर- (2)

प्रश्न-2 राज्यपाल की पदावधि के संबंध में त्रुटिपूर्ण है-
(1) उसका कार्यकाल 5 वर्ष होता है।
(2) वह राष्ट्रपति के प्रासादपर्यन्त बना रहता है।
(3) उसे महाभियोग द्वारा पदच्यूत किया जा सकता है।
(4) अपने उतराधिकारी के परधारण तक वह अपने पद पर बना रहता है।
उतर- (3)

प्रश्न-3 संविधान के अनुच्छेद 213 के अनुसार राज्यपाल का अध्यादेश जारी करने का अधिकार
(1) स्वविवेकीय
(2) कार्यपालिकीय
(3) यह शक्ति मंत्रिमण्डल के परामर्श से प्रयुक्त की जाती है।
(4) केंद्र सरकार के परामर्श से
उतर- (3)

प्रश्न-4 निम्न में से राज्य का वास्तविक कार्यपालिका प्रधान कौन है-
(1) राज्यपाल (2) मुख्यमंत्री (3) मंत्रिमण्डल (4) मुख्य सचिव
उतर- (2)

प्रश्न-4 राज्य वित आयोग पंचायतों की वितीय स्थिति के बारे में किसे अनुशंसा करता है-
(1) राज्यपाल को (2) मुख्यमंत्री को (3) राज्य के वित मंत्री को (4) राज्य के वित सचिव को
उतर- (1)

प्रश्न-5 राजस्थान में राष्ट्रपति शासन पहली बार लगाने पर राज्यपाल थे-
(1) हुकूम सिंह (2) संपूर्णानंद (3) रघुकुल तिलक (4) जोगिंदर सिंह
उतर- (2)

प्रश्न-6 राज्यपाल अपना त्यागपत्र संबोधित करता है-
(1) प्रधानमंत्री को (2) राष्ट्रपति को (3) संघ के गृहमंत्री को (4) उच्च

न्यायालय के मुख्य न्यायमूर्ति

उतर- (2)

प्रश्न-7 संविधान के अनुरूप किसी विधेयक के लिए राज्यपाल की पूर्वानुमति आवश्यक हो, परंतु इसके बिना ही विधानसभा विधेयक पारित करके राज्यपाल को भेज दे तो-

(1) जहाँ राज्यपाल अनुमति देता है तो वह अधिनियम अविधिमान्य नहीं होगा।

(2) वह संवैधानिक प्रावधानों के अतिक्रमण के आधार पर अनुमति रोक सकता है।

(3) वह उसे राष्ट्रपति की अनुमति के लिए भेज देगा।

(4) यदि राज्यपाल या राष्ट्रपति अनुमति दे तो न्यायालय उसे संवैधानिक उपबंधों के आधार पर शून्य घोषित कर देगा।

उतर- (1)

प्रश्न-8 संविधान के अनुसार एक व्यक्ति एक समय में कितने राज्यों का राज्यपाल हो सकता है-

(1) एक (2) दो (3) तीन (4) अधिकतम संख्या निर्धारित नहीं है।

उतर- (4)

प्रश्न-9 राज्यपाल के स्वविवकाधिकार का संवैधानिक प्रावधान है-

(1) 123 (2) 163 (3) 132 (4) 213

उतर- (2)

प्रश्न-10 किसे स्वविवेक के अनुसार कार्य करने की शक्ति प्राप्त है-

(1) प्रधानमंत्री (2) राज्यपाल (3) राष्ट्रपति (4) मुख्यमंत्री

उतर- (2)

प्रश्न-11 राज्य के राज्यपाल की नियुक्ति के समय आयु कितनी आवश्यक है-

(1) 34 वर्ष (2) 18 वर्ष (3) 35 वर्ष (4) 30 वर्ष

उतर- (3)

प्रश्न-12 राज्य की कार्यपालिका का संवैधानिक अध्यक्ष होता है-

(1) मुख्य मंत्री (2) राज्यपाल (3) उच्च न्यायालय का मुख्य न्यायधीश (4) सर्वोच्च न्यायालय का मुख्य न्यायधीश

उतर- (2)

प्रश्न-13 राज्यपाल किसके प्रसाद पर्यन्त बना रहता है-
(1) मुख्यमंत्री (2) प्रधानमंत्री (3) राष्ट्रपति (4) उपराष्ट्रपति
उतर- (3)

प्रश्न-14 राज्यपाल उतरदायी होता है-
(1) राज्य विधान सभा के प्रति (2) राष्ट्रपति के प्रति (3) संसद के प्रति (4) न्यायालय के प्रति
उतर- (2)

प्रश्न- 15 राज्यपाल पद का प्रावधान किस अनुच्छेद में किया गया है
(1) 152 (2) 153 (3) 154 (4) 155
उतर- (2)

14
मुख्यमंत्री एवं मंत्रिमण्डल-राज्य मंत्रिपरिषद्

भारतीय संविधान के अनुरूप केंद्र के समान ही राज्य स्तर पर या उसकी इकाईयों के स्तर पर भी संसदीय शासन प्रणाली को स्वीकार किया गया है। राज्य स्तर पर भी कार्यपालिका की शक्तियां राज्यपाल को प्रदान की गई है जिनका प्रयोग व अधीनस्थों के द्वारा एवं राज्य के मुख्यमंत्री एवं मंत्रिपरिषद् की सहायता व सलाह से करता है।

ज्ञातव्य रहे कि केंद्र में जिस भूमिका का निर्वहन प्रधानमंत्री के द्वारा किया जाता है, वैसी ही भूमिका राज्य में कमोबेश मुख्यमंत्री के द्वारा निभाई जाती है। राज्यपाल स्थायी कार्यपालिका का मुखिया एवं राज्य का संवैधानिक अध्यक्ष होता है जबकि मुख्यमंत्री राजनीतिक कार्यपालिका एवं राज्य की सरकार का मुखिया होता है।

मुख्यमंत्री व मंत्रिपरिषद् संबंधी संवैधानिक प्रावधान :

- भारतीय संविधान के भाग -6 में अनुच्छेद 163 के अंतर्गत राज्य की मंत्रिपरिषद् का उल्लेख किया गया है। 163 के खण्ड 1 के अनुसार

स्वविवेक के मामलों के अलावा राज्यपाल को उसके कृत्यों का निर्वहन करने में सहायता एवं सलाह देने के लिए एक मंत्रिपरिषद् होगी, जिसका मुखिया, मुख्यमंत्री होगा।

- संविधान के अनुच्छेद 164 में मुख्यमंत्री व अन्य मंत्रियों की नियुक्ति, उतरदायित्व, पदमुक्ति, शपथ एवं अन्य प्रावधानों का उल्लेख किया गया है। अनुच्छेद- 164 के खण्ड 1 के अनुसार राज्यपाल के द्वारा मुख्यमंत्री की नियुक्ति की जाएगी एवं अन्य मंत्रियों की नियुक्ति मुख्यमंत्री की सलाह से राज्यपाल के द्वारा की जाएगी। सभी मंत्री राज्यपाल के प्रसादपर्यंत पर धारण करेंगें अर्थात् व्यक्तिगत रूप से राज्यपाल के प्रति उतरदायी होंगें।
- ज्ञातव्य हो कि 91 वें संविधान संशोधन, 2003 के द्वारा मंत्रिपरिषद् का आकार सीमित कर दिया गया है। यह अधिनियम, 1 जनवरी, 2004 से लागू है। यद्यपि आंरभ में राज्यों को 6 माह तक उन्मुक्ति दी गई थी। इस संशोधन के द्वारा संविधान में अनुच्छेद-164 के खण्ड 1 में उपखण्ड क जोडा गया है जिसके अनुसार राज्य मंत्रिपरिषद का आकार राज्य विधानमण्डल के निम्न सदन अर्थात् विधान सभा की कुल सदस्य संख्या के 15 प्रतिशत से अधिक नहीं होगा। इसी के साथ किसी भी राज्य में मंत्रिपरिषद का आकार मुख्यमंत्री सहित 12 सदस्यों से कम नहीं होगा।
- ज्ञातव्य रहे कि इस प्रावधान के अनुसार राजस्थान में कम से कम 11 मंत्री व एक मुख्यमंत्री होगा अर्थात् कुल 12 सदस्य तथा अधिकतम मुख्यमंत्री सहित 30 मंत्री हो सकते है या मुख्यमंत्री के अलावा 29 मंत्री हो सकते है।
- अनुच्छेद - 164 के खण्ड 2 के तहत राज्य की मंत्रिपरिषद् सामुहिक रूप से विधानसभा के प्रति उतरदायी होती है।
- इसी अनुच्छेद के खण्ड 3 के अनुसार प्रत्येक मंत्री को पदग्रहण करने से पहले राज्यपाल के समक्ष तीसरी अनुसूची में दिये गए प्रारूप में पद व गोपनीयता की शपथ लेनी होती है।
- किसी ऐसे व्यक्ति को भी मंत्री बनाया जा सकता है जो कि विधानमण्डल का सदस्य नहीं हो परंतु उसे पदग्रहण की तारीख से

6 माह के भीतर किसी सदन की सदस्यता अनिवार्य रूप से प्राप्त करनी होगी, अन्यथा वह पद पर नहीं रहेगा। ऐसा एक विधान सभा के कार्यकाल में एक व्यक्ति एक बार ही कर सकता है। मंत्रियों के वेतन, भत्तों का निर्धारण विधानमण्डल समय-समय पर निर्धारित करता है। उन्हें दुसरी अनुसूची के अनुसार राज्य की संचित निधि से वेतन दिया जाता है।

- केंद्र के समान ही राज्य स्तर पर भी मंत्री वेतन, भत्ते अधिनियम के तहत तीन श्रेणियों के मंत्रि होते है अर्थात् प्रथम केबिनेट मंत्री, दूसरे राज्य मंत्री व तीसरे उपमंत्री।

मुख्यमंत्री की भूमिका एवं कार्य :

1. मुख्यमंत्री मंत्रिपरिषद एवं मंत्रिमण्डल की बैठकों की अध्यक्षता करता है। मुख्यमंत्री की मंत्रीपरिषद सामुहिक उतरदायित्व के सिद्धांत पर कार्य करती है अर्थात् यदि मुख्यमंत्री त्यागपत्र दे या उसकी मृत्यु हो जाए या उसे हटा दिया जाए तो समस्त मंत्रिपरिषद का भी अंत हो जाता है। अतः यह कहा जाता है कि सभी मंत्री एक साथ डूबते है और तैरते है। मुख्यमंत्री मंत्रिपरिषद एवं राज्यपाल के बीच कडी के रूप में कार्य करता है। मुख्यमंत्री के द्वारा सभी मंत्रियों को मंत्रालय एवं विभाग आंवटित किये जाते है। वह राज्य का सर्वोच्च बडा राजनीतिक पदाधिकारी होता है।

2. मुख्यमंत्री राज्य आयोजना बोर्ड का अध्यक्ष होता है। इसी के साथ वह राष्ट्रीय विकास परिषद् एवं अंतर्राज्यीय परिषद का पदेन सदस्य होता है।

3. वह केंद्रीय नेतृत्व से वार्तालाप करने वाला राज्य का प्रतिनिधि होता है।

4. वह राज्यपाल एवं मंत्रिपरिषद के बीच की कडी होता है। उसके द्वारा राज्य विधान एवं प्रशासन संबंधी समस्त लिखित सूचना राज्यपाल को दी जाती है और यदि ऐसे सूचना वह मांगे तो मुख्यमंत्री सूचना प्रदान करता है। इसके अलावा राज्यपाल के द्वारा कहने पर मंत्री के

किसी विनिश्चय को मंत्रिपरिषद के समक्ष रखवाता है।

5. मुख्यमंत्री के द्वारा राज्यपाल को अन्य मंत्रियों की नियुक्ति के संबंध में, महाधिवक्ता की नियुक्ति के बारे में, राज्य निर्वाचन आयोग एंव वित आयोग के अधच एवं सदस्यों की नियुक्ति के बारे में, राजस्थान लोक सेवा आयोग के अध्यक्ष एवं सदस्यों की नियुक्ति के संबंध में परामर्श प्रदान करता है।
6. मुख्यमंत्री, राज्यपाल को विधानसभा के सत्र बुलाने के बारे में सलाह देता है।
7. मुख्यमंत्री की सलाह से ही राज्यपाल विधानसभा का विघटन करता है।
8. मुख्यमंत्री विधानसभा का सदस्य होने के कारण वह विधानसभा का नेता या विधानसभा में विधायक दल का नेता होता है।

विविध प्रतियोगी परीक्षाओं में आए हुए महत्वपूर्ण प्रश्नोतर :

प्रश्न-1 संविधान के अनुसार मुख्यमंत्री होता है-

(1) निर्वाचित (2) नियुक्त (3) चयनित (4) मनोनीत

उतर- (2)

प्रश्न-2 राज्य में संसदीय सचिव किसके समक्ष शपथ लेता है-

(1) राज्यपाल के समक्ष (2) मुख्यमंत्री के समक्ष (3) विधानसभा अध्यक्ष के समक्ष (4) उच्च न्यायालय के मुख्य न्यायमूर्ति

उतर- (2)

प्रश्न-3 किसी राज्य के मुख्यमंत्री की नियुक्ति कौन करता है-

(1) राज्यपाल (2) राष्ट्रपति (3) प्रधानमंत्री (4) महाधिवक्ता

उतर- (1)

प्रश्न-4 राज्य विधान सभा का नेता कौन होता है-

(1) राज्यपाल (2) विपक्षी दल का मुखिया (3) मुख्यमंत्री (4) विधान सभा अध्यक्ष

उतर- (3)

प्रश्न- 5 राज्य विधान परिषद का गठन होता है-

(1) प्रत्यक्ष मतदान के द्वारा (2) निर्वाचक मण्डल के द्वारा (3)

मुख्यमंत्री के मनोनयन के द्वारा (4) संसद के सदस्यों के द्वारा
उतर- (2)

प्रश्न-6 राजस्थान में मुख्यमंत्री सहित मंत्रीपरिषद के अधिकतम सदस्य विधानसभा की संख्या का कितने फीसदी हो सकते है-
(1) 10 प्रतिशत (2) 15 प्रतिशत (3) 20 फीसदी (4) 25 फीसदी
उतर- (2)

प्रश्न-7 यदि मंत्रिपरिषद का सदस्य अपनी नियुक्ति के समय विधायक नहीं है तो उसे कितनी समयावधि में सदस्यता प्राप्त करनी होगी-
(1) 1 वर्ष (2) 6 माह (3) 8 माह (4) 4 माह
उतर- (2)

15
राजस्थान में विधानसभा

भारत में संघ के समान ही राज्य स्तर पर भी संसदीय प्रणाली को अपनाया गया है। संघ की तरह राज्य स्तर पर भी शासन के तीन प्रमुख अंग या भाग होते है अर्थात् राज्य की कार्यपालिका, राज्य की विधायिका या राज्य का विधानमण्डल एवं राज्य की न्यायपालिका।

संघ के समान ही भारतीय संविधान के भाग-6 में अनुच्छेद 152 से लेकर 237 तक राज्य सरकार का उल्लेख किया गया है। इसमें अनुच्छेद 153 से 167 तक राज्य की कार्यपालिका का, अनुच्छेद 168 से 213 तक राज्य की विधायिका का एवं अनुच्छेद 214 से 231 तक राज्य की उच्च न्यायपालिका का एवं अनुच्छेद 233 से 237 तक अधीनस्थ न्यायपालिका का उल्लेख किया गया है।

संविधान के भाग-6 के अनुच्छेद 168 के खण्ड 1 तहत प्रत्येक राज्य में एक विधानमण्डल होगा जो कि राज्यपाल एवं एक या दो सदनों से मिलकर बनेगा।

खण्ड-2 के अनुसार जहाँ किसी राज्य के विधानमण्डल के दो सदन है, वहाँ एक का नाम विधान परिषद एवं दूसरे का नाम विधानसभा होगा और जहाँ केवल एक सदन है, वहाँ उसका नाम विधानसभा होगा।

ज्ञातव्य हो कि इसका मतलब ऐसा कभी नहीं हो सकता कि

विधानपरिषद तो हो परंतु विधानसभा नहीं हो।

अनुच्छेद 169 के तहत यदि किसी राज्य की विधानसभा कुल सदस्य संख्या के और उपस्थित एवं मतदान करने वाले सदस्यों की संख्या के दो तिहाई बहुमत से इस आशय का प्रस्ताव पारित कर देती है तो संसद विधान परिषद का अंत या सर्जन कर सकती है। अर्थात् अंतिम निर्णय संसद के हाथ में होता है, वह चाहे तो राज्य विधानसभा के प्रस्ताव को माने या नहीं माने।

ज्ञातव्य रहे कि 18 अप्रैल, 2012 को राजस्थान विधान सभा ने भी विधानपरिषद के सर्जन का प्रस्ताव केंद्र को भेज रखा है। 66 सदस्यों के लिए विधानपरिषद के सर्जन अब तक संभव नहीं हो सका है। इस संबंध में शांताराम नायक समिति, 2013 का भी गठन किया गया है।

यह भी ज्ञातव्य हो कि इस समय भारत के 28 में से 22 राज्यों में केवल विधानसभाएं है और 6 राज्यों उतर प्रदेश-100, तेलंगाना-40, आंध्रप्रदेश, महाराष्ट्र, बिहार व कर्नाटक में विधान परिषदे भी विद्यमान है।

राजस्थान में विधानसभा की संरचना :

संविधान के अनुच्छेद 170 के अनुसार 333 के उपबंधों के अधीन रहते हुए अधिकतम 500 एवं न्युनतम 60 सदस्य संख्या का प्रावधान है। राजस्थान की पहली विधानसभा -1952 में 160 सीटें निर्धारित थी जो कि दूसरी विधानसभा में 1957 को 176 कर दी गई जो कि चौथी विधानसभा में 1967 में 184 एवं छठवी विधानसभा में 1977 को 200 कर दी गई जो कि अब तक 2022 तक 200 ही है।

विधानसभा का कार्यकाल :

अनुच्छेद 172 के अनुसार पहली बैठक को नियत तारीख से पाँच वर्ष तक कार्यकाल अर्थात् लोक सभा के समान ही रहता है। यद्यपि इससे पहले भी मुख्यमंत्री की सलाह पर राज्यपाल के द्वारा विधानसभा का विघटन किया जा सकता है। 5 वर्ष का कार्यकाल पूरा होने पर वह स्वतः ही विघटित हो जाती है। इसके अलावा राष्ट्रीय आपातकाल के दौरान संसद एक बार में एक वर्ष के लिए विधानसभा का कार्यकाल बढा सकती

है।

ज्ञातव्य रहे कि इंदिरा गांधी के दौर के आपातकाल 1975-1977 में राजस्थान की विधानसभा के कार्यकाल को बढाने की आवश्यकता नहीं पडी क्योंकि पाँचवी विधानसभा का कार्यकाल पहले से ही 15 मार्च,1972 से मार्च,1977 तक था। यद्‌यपि वह पाँच वर्ष से अधिक समय 30 अप्रैल, 1977 तक रही। इसके बाद राष्ट्रपति शासन लागू कर दिया गया। आपातकाल के दौरान राजस्थान के राज्यपाल सरदार जोगेंद्र सिंह थे।

ज्ञातव्य हो कि अब तक केवल 2 बार राजस्थान की विधानसभा समय से पूर्व भंग की गई है। पहली बार 6 वीं राजस्थान विधानसभा को कार्यकाल 1977 -1982 से पूर्व 1980 में ही भंग कर दिया गया। दूसरी बार 9 वीं विधानसभा अपने कार्यकाल 1990-1995 से पहले बाबरी मस्जिद प्रकरण के चलते 1993 में विघटित कर दी गई। अब तक 15 विधानसभाओं का गठन हो चुका है। 15 वीं विधानसभा का कार्यकाल 2018 से 2023 तक है।

सदस्यों के लिए योग्यताएं :

अनुच्छेद 173 के तहत वह व्यक्ति जो भारत का नागरिक हो और तीसरी अनुसूची के तहत शपथ लेता है। विधानसभा के लिए उसकी आयु 25 वर्ष हो और इसके अलावा जो संसद विधि द्‌वारा निर्धारित करे।

ज्ञातव्य रहे कि विधानसभा के सदस्य लोक सभा के सदस्यों के समान ही प्रत्यक्ष व गुप्त मतदान द्‌वारा निर्वाचित होते है। उस राज्य की मतदाता सूची में उसका नाम पंजीकृत होना आवश्यक है अर्थात लोकसभा का चुनाव भारतवर्ष से कही से भी लडा जा सकता है परंतु विधानसभा के लिए राज्य का मतदाता होना आवश्यक है।

अनुच्छेद 178 के तहत विधानसभा अपने में से दो सदस्य अध्यक्ष व उपाध्यक्ष के रूप में निर्वाचित करती है।

राजस्थान की पहली विधानसभा के अध्यक्ष नरोतमलाल जोशी एवं उपाध्यक्ष लालसिंह शक्तावत थे। पहले प्रोटेम स्पीकर संग्राम सिंह थे।

राजस्थान विधानसभा के ऐतिहासिक एवं स्मरणीय तथ्य :

- राजस्थान का अपना एक संवैधानिक प्रतिनिधित्व का अविस्मरणी इतिहासर रहा है। राजपुताना राज्य के 22 प्रिंसली स्टेटस अर्थात् 19 देशी रियासते व 3 मुख्य क्षेत्र-किशनगढ, लावा व निमराणा, को मिलाकर आधुनिक राजस्थान का गठन हुआ है। राजस्थान का एकीकरण कुल 7 चरणों में अर्थात् 17 मार्च, 1948 से 1 नवंबर, 1956 तक सम्पन्न हुआ है।
- राजस्थान की पहली विधानसभा के चुनाव 4 से 24 जनवरी, 1952 को हुए तथा इसका उद्घाटन मानसिंह टाउनहॉल में 23 फरवरी, 1952 को हुआ जिसे बाद में विधानसभा के रूप में परिवर्तित कर दिया गया। 29 मार्च, 1952 को शपथ ग्रहण समारोह हुआ। इसमें 160 सीटों में से 82 सीटें कांग्रेस को मिली। **मुख्य विपक्षी दल राम राज्य परिषद या आर आर पी को 24 सीटें**, भारतीय जनसंघ को 8 सीटें, कृषिकार लोक पार्टी को 7 सीटें, हिंदू महासभा को 2 सीटें, कृषक मजदूर पार्टी को 1 सींट तथा निर्दलीय को 35 सीटों पर जीत मिली।
- इस दौरान तीन मुख्यमंत्री बदले अर्थात् पहले मुख्यमंत्री टीकाराम पालिवाल उसके बाद जयनारायण व्यास एवं उसके बाद मोहनलाल सुखाडिया मुख्यमंत्री बने। नेता प्रतिपक्ष निर्दलीय सदस्य के रूप में जसवंत सिंह बने।
- 31 मार्च, 1952 को झुंझुनु से निर्वाचित विधायक **नरोतमलाल जोशी अध्यक्ष एवं लालसिंह शक्तावत उपाध्यक्ष** के रूप में निर्वाचित हुए। **पहले प्रोटेम या अस्थायी स्पीकर महाराव संग्राम सिंह बने।** इस समय राजप्रमुख मानसिंह थे। आर पी पी मान्यता प्राप्त विपक्षी दल था। इस समय तक अजमेर-मेरवाडा की अलग विधानसभा थी जिसे धारा सभा के नाम से जाना जाता था और इसके 30 सदस्य 1 नवंबर, 1956 को राजस्थान विधानसभा में मिल गए जिससे एक बार यह सदस्य संख्या 190 तक हो गई थी।
- मुख्यमंत्री हीरालाल देवीपुरा केवल 15 दिन तक मुख्यमंत्री रहे जिन्होंने एक बार भी विधानसभा का सामना नहीं किया।
- 5 वी विधानसभा का कार्यकाल सर्वाधिक रहा जो कि पाँच वर्ष से कुछ अधिक था।

- पूनमचंद विश्नोई सबसे ज्यादा बार प्रोटेम स्पीकर रहे है तथा वे प्रोटेम स्पीकर के साथ ही अध्यक्ष व उपाध्यक्ष भी रहे है।
- रामनिवास मिर्धा सबसे लंबे समय तक विधानसभा स्पीकर रहे है।
- लक्ष्मण सिंह चार विधानसभाओं में विधानसभा में विपक्ष के नेता रहे है।
- राज्यपाल रघुकुल तिलक ने भैरोंसिंह, जग्गनाथ पहाडिया व शिवचरण माथुर तीन मुख्यमंत्रियों के समय तक कार्य किया है। राजप्रमुख ने भी तीन मुख्यमंत्रियों के साथ कार्य किया था।
- हरिदेव जोशी लगातार 10 विधानसभाओं में सदस्य निर्वाचित होने वाले देश के एकमात्र विधायक है।
- राजस्थान की 12 वी विधानसभा,2003 में ईवीम मशीन का उपयोग किया गया।
- दूसरे अध्यक्ष रामनारायण मिर्धा एवं उपाध्यक्ष श्री नारायण सिंह मसूदा 7 मई, 1962 को निर्वाचित हुए। अंतिम उपाध्यक्ष राव राजेंद्र सिंह 15 जनवरी, 2019 तक थे।

15 विधानसभा एक नजर में :

1. इस विधानसभा के लिए कुल 200 सीटें निर्धारित है। इनमें से 34 सीटें अनुसूचित जाति समुदाय के लिए एवं 25 सीटें अनुसूचित जनजाति समुदाय के लिए आरक्षित है अर्थात कुल 59 सीटें आरक्षित है। 34 एससी में 8 महिलाएं, 25 एसटी में 2 महिलाओं को प्रतिनिधित्व मिला है। इस समय कुल 27 महिला प्रतिनिधि है जिनमें से 10 भाजपा से, कांग्रेस से 15 व 1 निर्दलीय -श्रीमती रमिला व 1 आरएलटीपी से इंदिरा देवी है।
2. 12 दिसंबर, 2018 को गठन हुआ। कांग्रेस को 107 सीटें मिली है जिसने बसपा के साथ मिलकर सरकार का गठन किया है। गहलोत तीसरी बार मुख्यमंत्री बने है। इसमें नेता प्रतिपक्ष एवं प्रोटेम स्पीकर गुलाबचंद कटारिया है और विधानसभा अध्यक्ष सी पी जोशी है।

3. इसमें 2 सीटें डुंगरगढ से गिरधारीलाल व हनुमागढ के भादरा से बलवान पूनिया के नेतृत्व में सीपीआई एम को प्राप्त हुई है।आरएलटीपी को 3 सीटें प्राप्त हुई है। बीटीपी को 2 सीटें प्राप्त हुई है।

विविध प्रतियोगी परीक्षाओं में आए हुए महत्वपूर्ण प्रश्नोतर :

प्रश्न-1 राजस्थान की पहली विधानसभा में कितनी सीटे थी
(1)200 (2)160 (3)176 (4) 186
उतर- (2)

प्रश्न-2 राजस्थान विधानसभा का उल्लेख संविधान के कौनसे अनुच्छेद में है
(1)168 (2)169 (3)153 (4) 123
उतर- (1)

प्रश्न-3 राजस्थान विधानसभा के पहले प्रोटेम स्पीकर कौन थे
(1)सवाईसिंह (2)सग्रांम सिंह (3)भूपसिंह (4) नरोतमलाल जोशी
उतर- (2)

प्रश्न-4 राजस्थान की पहली विधानसभा का गठन कब हुआ
(1)23 मार्च, 1952 (2)29 मार्च, 1952 (3)23 फरवरी, 1952 (4) 29 फरवरी, 1952
उतर- (3)

प्रश्न-5 कौनसी विधानसभा में सीटो की संख्या 200 हुई
(1)5 वी (2)6 वीं (3)7 वी (4) 8 वीं
उतर- (2)

प्रश्न-6 राजस्थान विधानसभा के पहले स्पीकर कौन थे
(1)लालसिंह शक्तावत (2)नरोतमलाल जोशी (3)रामनिवास मिर्धा (4)लक्ष्मण सिंह
उतर- (2)

प्रश्न-7 राजस्थान में वर्तमान विधानसभा अध्यक्ष कौन है
(1)गुलाब चंद कटारिया (2)सी पी जोशी (3)अशोक गहलोत (4) सचिन पायलट

उतर- (2)

प्रश्न-8 राजस्थान में विधानसभा में आरक्षित सीटों की संख्या कितनी है

(1) 59 (2) 54 (3) 36 (4) 42

उतर- (1)

प्रश्न- 9 राजस्थान में विधानपरिषद कौन गठित कर सकता है

(1) प्रधानमंत्री (2) मुख्यमंत्री (3) संसद (4) विधानसभा

उतर- (3)

प्रश्न- 10 राजस्थान विधानसभा में प्रोटेम स्पीकर, स्पीकर एवं डिप्टी स्पीकर तीनों पदों पर कौन रहा हुआ है

(1) रामनिवास मिर्धा (2) पूनमचंद विश्नोई (3) नथमल (4) ग्यारसी लाल

उतर- (2)

16
राज्य सचिवालय एवं राज्य सचिव

राज्य प्रशासन की प्रशासनिक तंत्र के केंद्र को राज्य सचिवालय के नाम से जाना जाता है। जैसा कि सर्वविदित है कि कार्यकाल के आधार पर कार्यपालिका के दो मुख्य स्वरूप होते है- स्थायी एवं अस्थायी कार्यपालिका। अस्थायी या राजनीतिक कार्यपालिका को पर्दे के पीछे से चलाने वाली कार्यकारी शाखा के कार्यालय का नाम ही सचिवालय होता है। राज्य सरकार की समस्त नौकरशाही का मुख्य कार्यकारी अधिकारी संविधान के अनुसार राज्यपाल होता है और इस शक्ति का प्रयोग करने वाला राज्य का सबसे बडा राज्यपाल का अधीनस्थ राज्य का सचिव या मुखिया होता है जिसका कार्यालय ही राज्य सचिवालय के नाम से जाना जाता है।

राज्य सचिवालय का सीधा सा अर्थ होता है- राज्य के सचिव का कार्यालय। इस कार्यालय से ही राज्य स्तर की समस्त प्रशासिनक प्रक्रिया का संचालन होता है। राज्य सचिव अखिल भारतीय सेवा का सबसे वरिष्ठ पदाधिकारी होता है। ज्ञातव्य रहे कि राष्ट्रपति शासन में राज्य की शक्तियों का व्यवहार में उपयोग करने वाला पदाधिकारी राज्य सचिव ही होता है। राजस्थान में राज्य सचिवालय का मुख्यालय जयपुर में स्थित है।

राज्य सचिव एवं राज्य का मुख्यमंत्री :

राज्य का सचिव एवं मुख्यमंत्री सबसे नजदीक राजनीतिक व स्थायी कार्यपालिका के मुखिया होते है। इन दोनों के बीच की समझ के आधार पर ही समस्त राज्य की प्रशासनिक व राजनीतिक प्रणाली संचालित होती है। राज्य में राज्य सचिव के महत्व के कारण ही राज्य सचिव को मुख्यमंत्री का दाहिना हाथ या राज्य की तीसरी नजर, कान इत्यादि के उपनामों से जाना जाता है। वह समस्त राज्य प्रशासन का संचालनकर्ता, निगरानीकर्ता एवं जवाबदेयता रखने वाला कार्मिक होता है। राज्य सचिव को मुख्यमंत्री का मुख्य सलाहकार माना जाता है। उसे मुख्यमंत्री का सचिव भी कहा जाता है। मुख्य सचिव की नियुक्ति मुख्यमंत्री की इच्छा का ही परिणाम होती है। उसकी इच्छा के अधिकारी को ही राज्यपाल नियुक्त करता है। प्रत्येक राज्य की अपनी सुविधानुसार राज्य सचिवालय की प्रणाली होती है। यदि राजस्थान राज्य के राज्य सचिवालय की बात करे तो इस निम्न आरेख द्वारा स्पष्ट किया जा सकता है-

मुख्य सचिव के प्रमुख कार्य :

1 प्रशासनिक एवं नीति संबंधी मामलों में मुख्यमंत्री को सलाह देना।
2 राज्य के केबिनेट सचिव के रूप में कार्य करना।
3 राज्य प्रशासन के अंतर विभागीय विवादों का समधान करना।
4 राज्य के संकटकालीन प्रशासन का संचालन करना।
5 राष्ट्रपति शासन के दौरान शक्तियों का वास्तविक प्रयोग करना।
6 राष्ट्रीय विकास परिषद एवं अंतर्राज्य परिषद में मुख्यमंत्री का सहयोगी।
7 राज्य की समस्त प्रशासनिक मशीनरी के मुखिया का उतरदायित्व निभाना।

मुख्य सचिव की भूमिका :

1 राज्य प्रशासन के मुखिया के रूप में
2 मुख्यमंत्री के सलाहकार के रूप में
3 राज्य प्रशासन की विभिन्न इकाईयों में समनव्य के रूप में
4 नियम, विनियम, कानून के निर्माणकर्ता के रूप में

5 राज्य के विकास एवं जनकल्याण की नीतियों, योजनाओं, कार्यक्रमां एवं परियोजनाओं के निर्माता के रूप में

ज्ञातव्य हो कि राजस्थान के प्रथम मुख्य सचिव के राधाकृष्णन थे जिन्हें 13 अप्रैल, 1949 को मुख्य सचिव के रूप में नियुक्त किया गया। वर्तमान में 2022 में उषा शर्मा राज्य सचिव के रूप में कार्य कर रहीं है।

विविध प्रतियोगी परीक्षाओं में आए हुए महत्वपूर्ण प्रश्नोतर :

प्रश्न-1 राज्य सचिव की नियुक्ति कौन करता है

(1)राज्यपाल (2)मुख्यमंत्री (3)राष्ट्रपति (4) प्रधानमंत्री

उतर- (2)

प्रश्न-2 राज्य सचिव होता है

(1)सरकारी सेवक (2)मुख्यमंत्री का सचिव (3)राज्य का प्रशासनिक मुखिया (4)उपरोक्त सभी

उतर- (4)

प्रश्न-3 राज्य सचिव का कार्यकाल बढाया जा सकता है

(1)राज्य सरकार के द्वारा (2)केंद्र सरकार के द्वारा (3)राष्ट्रपति के द्वारा (4) कोइ सही नहीं है

उतर- (1)

प्रश्न-4 राजस्थान राज्य सचिवालय का मुख्यालय है

(1)जोधपुर में (2)जयपुर में (3)बीकानेर में (4) नागौर में

उतर- (2)

प्रश्न-5 राजस्थान के पहले मुख्य सचिव थे

(1)उषा शर्मा (2)डी बी गुप्ता (3)के राधाकृष्णन (4) राधेश्याम

उतर- (3)

17
राजस्थान लोक सेवा आयोग-संगठन एवं भूमिका

कम्पनी भारत में सरकारी सेवाओं में भारतीयों के साथ बडे स्तर पर भेदभाव किया जाता था। पहली बार ब्रिटिश भारत में 1858 के श्रेष्ठतर अधिनियम के माध्यम से यह ऐलान किया गया कि भारतीयों के साथ भेदभाव नहीं किया जाएगा। यद्यपि इसकी बावजूद भी यह भेदभाव जारी रहा।

भारत शासन अधिनियम, 1919 के अंतर्गत पहली बार संवैधानिक स्तर पर लोक सेवकों की भर्ती करने के लिए एक लोक सेवा आयोग के गठन का प्रावधान किया गया। इस प्रावधान के तहत लॉर्ड आर्थर हेमिल्टन ली की अध्यक्षता में 1923 में एक आयोग का गठन किया गया जिसे शाही आयोग या उसके नाम पर ली आयोग के नाम से जाना जाता है। इस ली आयोग की सिफारिशों के आधार पर ब्रिटिश सरकार ने 1 अक्टुबर, 1926 को सर रॉस बॉर्कर की अध्यक्षता में लोक सेवा आयोग का गठन किया। ज्ञातव्य रहे कि इस समय जिस आयोग का गठन किया गया था, वह केवल संघ स्तर के लिए ही था, प्रांतीय स्तर के लिए नहीं। भारत

शासन अधिनियम, 1935 के तहत संघ लोक सेवा आयोग एवं प्रांतों में लोक सेवा आयोग दोनों का प्रावधान शामिल किया गया।

राजस्थान लोक सेवा आयोग का ऐतिहासिक स्वरूप :

- ज्ञातव्य है कि भारत शासन अधिनियम, 1919 में प्रांतीय स्तर पर लोक सेवा आयोग का कोई प्रावधान नहीं किया गया था। इस समय तक प्रांत व रियासते अपने स्तर पर आयोग का निर्माण करने के लिए स्वतंत्र थे। राजस्थान देशी रियासत थी जहाँ गवर्नर जनरल एवं ब्रिटिश भारत के कानून मान्य नहीं थे अपितु राजाओं का अपने स्तर पर प्रशासन विद्यमान था। राजपूताना भी एक देशी राज्य या रियासती राज्य था जिसमें अनेक छोटी-छोटी रियासतें थी।
- राजस्थान प्रांत के एकीकरण या गठन के समय 22 प्रांतों में से केवल तीन प्रांतों जयपुर, जोधपुर एवं बीकानेर में लोक सेवा आयोग कार्यरत थे।
- तत्कालीन राज्य प्रबंधन ने 16 अगस्त, 1949 को अध्यादेश जारी कर अन्य लोक सेवा आयोगों के अंत किया गया और राजस्थान लोक सेवा आयोग की स्थापना की पहल आंरभ की। 20 अगस्त, 1949 को राजस्थान लोक सेवा आयोग अध्यादेश,1949 को राजपत्र में प्रकाशित किया गया। इसकी धारा 1,3 के अनुसार यह घोषित किया गया कि यह अध्यादेश, राजस्थान लोक सेवा आयोग के अध्यक्ष की नियुक्ति की तिथि के लिए प्रकाशित राजपत्र की तारीख से प्रभावी होगा।
- राजस्थान के तत्कालीन मुख्य न्यायधिश सर एस के घोष को 22 दिसंबर, 1949 को राजप्रमुख मानसिंह के द्वारा अध्यक्ष नियुक्त किया गया। अतः आयोग इसी तारीख से प्रभाव में आ गया। इसीलिए इस आयोग की स्थापना 22 दिसंबर, 1949 को हुई और वह इसी तिथि को अस्तित्व मे आया।
- इस समय 1 अध्यक्ष व 2 सदस्यों का प्रावधान रखा गया। इसी के साथ अन्य आयोगों को समाप्त कर दिया गया और केवल एक आयोग राजस्थान लोक सेवा आयोग को रखा गया।

- 1951 में आयोग के कार्यों को नियमित करने के ध्येय से राजप्रमुख द्वारा भारतीय संविधान के अनुसार निम्न विनियम पारित किये गए। 1951 में राजप्रमुख मानसिंह के द्वारा भारतीय संविधान के अनुरूप- राजस्थान लोक सेवा आयोग सेवा की शर्ते नियम, 1951 तथा राजस्थान लोक सेवा आयोग कार्यो की सीमा अधिनियम, 1951 जारी किये। इसी के साथ समय-समय पर अनेक नियम जारी किये जाते रहे है। जैसे कि अधिनियम, राजस्थान लोक सेवा आयोग नियम व विनियम, 1963, अध्यादेश 1975 एवं 1976 इत्यादि। इसके अलावा अनुच्छेद- 16, 234 वे 315 से 323 तक इसके प्रावधान है।
- मूल रूप से आयोग में 1 अध्यक्ष व 2 सदस्यों का प्रावधान किया गया था। इस समय आयोग में 1 अध्यक्ष व 7 सदस्यों का प्रावधान है। अध्यक्ष व सदस्य 6 वर्ष या 62 वर्ष जो भी पहले हो तक कार्य करते है और यह पर संवैधानिक है और राज्यपाल की आज्ञा से नियुक्त किया जाता है। प्रशासनिक एवं वितीय कायो्र के लिए अखिल भारतीय सेवा के सदसय को सचिव नियुक्त किया जाता है। वर्तमान में संजय कुमार श्रोतिय इसके अध्यक्ष है व 6 अन्य सदस्य है और एक सदस्य का पद रिक्त है।

सविंधान में प्रावधान :

1. भारतीय संविधान के भाग- 14 में अनुच्छेद- 308 से 323 तक संघ व राज्य के अधीन सेवाएं शीर्षक से इनका उल्लेख किया गया है। अतः राजस्थान लोक सेवा आयोग एक संवैधानिक आयोग है।
2. संविधान के **अनुच्छेद- 315** में उल्लेख किया गया है कि संघ के लिए एक लोक सेवा आयोग होगा और प्रत्येक राज्य के लिए एक राज्य लोक सेवा आयोग होगा जिसे उसक राज्य के नाम से जाना जाएगा। अतः हमारे लोक सेवा आयोग का नाम **राजस्थान लोक सेवा आयोग** है। इसके अलावा यदि दो या अधिक राज्य सहमत हो तो संयुक्त राज्य लोक सेवा आयोग का गठन भी किया जा सकता है।

3. 316 के तहत राज्य लोक सेवा आयोग का **अध्यक्ष व सदस्य राज्यपाल के द्वारा नियुक्त** होंगे। इनका कार्यकाल **62 वर्ष की आयु या 6 वर्ष की पदावधि** जो भी पहले हो, होगा। इससे पहले वे अपना त्यागपत्र राज्यपाल को दे सकते है।

4. 317 के तहत राज्य लोक सेवा आयोग के अध्यक्ष व सदस्यों को कदाचार के आधार पर **राष्ट्रपति के द्वारा** सर्वोच्च न्यायालय की जांच समिति के प्रतिवेदन पर हटाया जा सकता है। पागल, दिवालिया या सिद्धदोष अपराध में लिप्त होने पर राष्ट्रपति बिना जांच के भी हटा सकता है।

5. 320 के तहत आयोग का **मुख्य कार्य परीक्षाओं आयोजन** कराना है।

6. 322 के तहत आयोग के अध्यक्ष व सदस्यों व आयोग का व्यय राज्य की संचित निधि पर भारित होगा।

7. 323 के अनुसार आयोग **प्रतिवर्ष राज्यपाल को प्रतिवेदन प्रस्तुत** करेगा।

8. इस समय राजस्थान लोक सेवा आयोग में 1 अध्यक्ष एवं 7 सदस्यों की संरचना विद्यमान है अर्थात् अध्यक्ष सहित कुल 8 सदस्य होते है। इनका कार्यकाल 6 वर्ष की अवधि या 62 वर्ष की आयु, जो भी पहले हो, वह होता है।

    आयोग के पहले अध्यक्ष 22 दिसंबर, 1949 से 25 जनवरी, 1950 तक मुख्य न्यायधिश सर एस के घोष थे। इसके बाद 28 जुलाई, 1950 से 7 अगस्त, 1951 तक एस सी त्रिपाठी थे। अब तक 35 अध्यक्ष बने है परंतु एक भी महिला अध्यक्ष नहीं बनी है। आयोग में प्रशासनिक एवं वितीय कार्यों के सहयोग के लिए एक उपसचिव एवं एक परीक्षा नियंत्रक होता है। 20 जनवरी, 1950 को **पहले सचिव श्याम सुंदर शर्मा** थे। वर्तमान में 2022 में हरजी लाल अटल है।

9. आयोग का मुख्यालय घूघरा घाटी, अजमेर में है।

विविध प्रतियोगी परीक्षाओं में आए हुए महत्वपूर्ण प्रश्नोतर :
प्रश्न-1 राजस्थान लोक सेवा आयोग का मुख्यालय है
(1)पंजशीर घाटी में (2)घूंघरा घाटी में (3)माणिक घाटी में (4)मेवाड

घाटी में

उतर- (2)

प्रश्न-2 राजस्थान लोक सेवा आयोग का उल्लेख संविधान के कौनसे भाग में है

(1)10 (2)14 (3)15 (4) 16

उतर- (2)

प्रश्न-3 राज्य लोक सेवा आयोग के सदस्य की नियुक्ति कौन करता है

(1)मुख्यमंत्री (2)राष्ट्रपति (3)राज्यपाल (4)प्रधानमंत्री

उतर- (3)

प्रश्न-4 राजस्थान लोक सेवा आयोग का गठन कब हुआ

(1)20 अगस्त को (2)16 अगस्त को (3)22 दिसंबर को (4) 23 दिसंबर को

उतर- (3)

प्रश्न-5 राजस्थान लोक सेवा आयोग के पहले अध्यक्ष कौन थे

(1) न्यायधिश (2)आईएएस (3)आरएएस (4) राजनेता

उतर- (1)

प्रश्न-6 राजस्थान लोक सेवा आयोग की स्थापना के पहले लोक सेवा आयोग नहीं था

(1)जयपुर में (2)बीकानेर में (3)अजमेर मे (4) जोधपुर में

उतर- (3)

प्रश्न-7 राजस्थान लोक सेवा आयोग की मूल संरचना थी

(1)एक अध्यक्ष व दो सदस्य (2)एक अध्यक्ष व तीन सदस्य (3)एक अध्यक्ष व सात सदस्य (4) एक अध्यक्ष व चार सदस्य

उतर- (1)

प्रश्न-8 राजस्थान लोक सेवा आयोग में अध्यक्ष सहित सदस्य है

(1) 7 (2)8 (3) 9 (4) 10

उतर- (2)

प्रश्न-9 राजस्थान लोक सेवा आयोग का संबंध संविधान के कौनसे अनुच्छेद से है

(1)312 (2) 314 (3) 315 (4) 324

उतर- (3)

प्रश्न-10 राज्य लोक सेवा आयोग के सदस्य को कौन हटा सकता है
(1) उच्च न्यायालय (2) सर्वाच्च न्यायालय (3) राज्यपाल (4) राष्ट्रपति

उतर- (4)

18

राज्य मानवाधिकार आयोग

मानव अधिकार का अभिप्राय ऐसी सुविधाओं से है, जो कि मानव जीवन के लिए अपरिहार्य होती है और इनके अभाव में मानव के व्यक्तित्व का विकास असंभव होता है। मानव इस दूनिया की सर्वश्रेष्ठ रचना है। इसके लिए 24 अक्टुबर, 1945 न्यूयार्क में स्थापित सयुंक्त राष्ट्र संघ के द्वारा 10 दिसंबर, 1948 ई. को मानव अधिकार सार्वभौमिक घोषणापत्र या यूडीएचआर जारी किया गया। इस घोषणा के अनुसार ऐसे अधिकार जो कि मानव के जीवन से, स्वतंत्रता से, समता से और गरिमा से संबंधित होते है, वे दूनियाभर में सभी मानवों को मिलें।

भारत ने अंतर्राष्ट्रीय प्रसंविदा, दिसंबर, 1966 पर हस्ताक्षर किये है। इसमें पहली बार राजनीतिक एवं सिविल अधिकारों तथा आर्थिक, सामाजिक एवं सांस्कृतिक अधिकारों को श्रेणीगत किया गया। मानव अधिकारों के संबंध में प्रथम अंतराष्ट्रीय स्तर की कार्यशाला या वर्कशॉप का आयोजन अक्टुबर, 1991 ई. को फ्रांस की राजधानी पेरिस में हुआ जिसमें भारत सहित अनेक देशों ने भाग लिया और इसकी मान्यताओं को स्वीकार किया जिसे पेरिस सिद्धांत या संधि के नाम से जाना जाता है। सभी देशों से अपने स्तर पर मानव अधिकारों के संरक्षण के लिए यथोचित व्यवस्था करने का आग्रह किया गया।

इस कड़ी में भारतीय संसद के द्वारा मानव अधिकार संरक्षण अधिनियम, 1993 पारित किया गया जो कि 08 जनवरी, 1994 से लागू हुआ। आरंभ में यह एक संविधानेतर व परामर्शदात्री आयोग था जो कि बाद में एक सांविधिक या स्टेट्यूटरी संस्था के रूप में परिवर्तित हो गया। **मानव अधिकार संरक्षण अधिनियम, 1993 के मूल संविधान में 8 अध्याय व 43 धाराएं** विद्यमान है। इसके मूल अधिनियम, 1993 में अब तक दो बार संशोधन हो चुके है अर्थात् मानव अधिकार संरक्षण संशोधन अधिनियम, 2006 एवं मानव अधिकार संरक्षण संशोधन अधिनियिम, 27 जुलाई, 2019

इस अधिनियम की **धारा 21 के अनुसार** प्रत्येक राज्य में एक **मानवाधिकार आयोग** होगा जिसे उस राज्य के नाम के आधार पर जाना जाएगा। अतः हमारे आयोग का नाम राजस्थान राज्य मानव अधिकार आयोग है। राजस्थान सरकार के द्वारा इस संबंध में पहली बार **18 जनवरी, 1999 को अधिसूचना** जारी की गई है। **राजस्थान राज्य मानव अधिकार आयोग की स्थापना 23 मार्च, 2000** को हुई है। तब से यह राज्य स्तर पर मानव अधिकारों के संरक्षण एवं उन्नति के लिए कार्य कर रहा है। राजस्थान राज्य मानव अधिकार आयोग के लिए **19 जनवरी, 2001** को राजस्थान सरकार के द्वारा विनियम जारी किया गया है।

आयोग की मूल व वर्तमान संरचना :

1993 के अधिनियम की धारा 21 के अनुसार एक अध्यक्ष व चार सदस्यों का प्रावधान किया गया था परंतु 23 नवबंर, 2006 के अनुसार इसमें 1 अध्यक्ष व 2 सदस्यों का प्रावधान किया गया है जिनकी संरचना इस प्रकार से है :-

- एक अध्यक्ष- उच्च न्यायालय का मुख्य न्यायधिश या अन्य न्यायधिश रहा हो;
- एक सदस्य - उच्च न्यायालय का अन्य न्यायधिश हो या रहा हो; या 7 वर्ष का अनुभव रखने वाला जिला न्यायधिश हो या रहा हो
- एक सदस्य - मानव अधिकार क्षेत्र में अनुभव रखने वाला हो।
- इस प्रकार एक अध्यक्ष व दो सदस्यों का प्रावधान किया गया है।

- इनके अलावा आयोग का एक सचिव होगा जो कि मुख्य कार्यकारी अधिकारी के रूप में होगा। वह राज्य सचिव के समकक्ष होता है। आयोग की वितीय एवं प्रशासनिक शक्तियों को धारण करता है। राज्य सरकार के द्वारा निर्धारित अन्य प्राधिकार जो उसे प्रदत हो।
- आयोग का मुख्यालय होगा जो राज्य सरकार तय करे, इस समय राजस्थान मानव अधिकार आयोग का मुख्यालय, जयपुर में है।
- आयोग राज्य सूची व समवर्ती सूची के विषयों पर मानव अधिकार के उल्लंघन की जांच करता है।
- आयोग उन मामलों में जांच नहीं करता है जो पहले से ही विधि द्वारा स्थापित आयोग के अधीन लंबित हो।

अध्यक्ष व सदस्यों की नियुक्ति का प्रावधान :

अधिनियम की धारा 22 के अनुसार अध्यक्ष व सदस्यों की नियुक्ति एक खोजबिन समिति की अनुशंसाओं के आधार पर राज्यपाल के द्वारा की जाएगी, इस समिति में -

- अध्यक्ष- राज्य का मुख्यमंत्री;
- सदस्य - स्पीकर विधानसभा
- सदस्य - यदि विधानपरिषद हो तो उसका सभापति
- सदस्य - गृहमंत्री
- सदस्य - विधानसभा में विपक्ष का नेता
- सदस्य- यदि विधानपरिषद हो तो विपक्ष का नेता
- ज्ञातव्य हो कि राजस्थान में राज्य विधानमण्डल एकसदनीय है जहाँ केवल विधानसभा है।
- ज्ञातव्य रहे कि न्यायिक सदस्य की नियुक्ति के मामले में उच्च न्यायालय के मुख्य न्यायधिश से परामर्श लिया जाएगा।

अध्यक्ष या सदस्यों के त्यागपत्र व हटाने संबंधी प्रावधान :

- धारा 23 के अनुसार इस आयोग के अध्यक्ष व सदस्य राज्यपाल को संबोधित लिखित त्यागपत्र दे सकते है।
- ज्ञातव्य हो कि अध्यक्ष व सदस्यों की नियुक्ति तो राज्यपाल करता है परंतु हटाने का अधिकार केवल राष्ट्रपति को ही है।
- आयोग के अध्यक्ष व सदस्यों को राष्ट्रपति के द्वारा असक्षमता एवं कदाचार के आधार पर सर्वोच्च न्यायालय की जांच समिति के प्रतिवेदन पर ही हटाया जा सकता है, अन्यथा नहीं।
- यदि आरोप पागलपन, दिवालिया एवं लाभ के पर से संबंधित हो तो राष्ट्रपति कभी भी हटा सकता है और इसके लिए न्यायिक जांच समिति की आवश्यकता नहीं है।

अध्यक्ष व सदस्यों के कार्यकाल संबंधी प्रावधान :

1. धारा 24 के अंतर्गत संशोधन अधिनियम 2019 के अनुसार अध्यक्ष व सदस्यों का कार्यकाल पदग्रहण करने की तारीख से 3 वर्ष होगा परंतु वे 70 वर्ष से अधिक आयु तक पदधारण नहीं करेंगें। अर्थात् अधिकतम आयु 70 वर्ष है। अध्यक्ष व सदस्य दोनों ही पुनः नियुक्ति के पात्र होंगे।
2. पदमुक्ति के बाद अध्यक्ष व सदस्य इससे नीचे के पद पर भारत या राज्य सरकार के अधीन कहीं भी कार्य नहीं करेंगें।
3. धारा 25 के तहत यदि अध्यक्ष की पदरिक्ति मृत्यु, पदत्याग या हटाने से हो तो किसी सदस्य को राज्यपाल अध्यक्ष का कार्यभार सौंप सकता है। जब तक कि नये अध्यक्ष की नियुक्ति नहीं हो जाती है।
4. धारा 26 के अनुसार आयोग के अध्यक्ष व सदस्यों के वेतन, भत्ते व अन्य सुविधाएं राज्य सरकार पर भारित है।
5. ज्ञातव्य रहे कि धारा 28 के अनुसार मानव अधिकार आयोग के द्वारा प्रतिवर्ष अपना वार्षिक प्रतिवेदन राज्य सरकार को देना होगा और राज्य सरकार इसे राज्य विधानमण्डल में रखवाती है।

6. आयोग के लेखाओं का परीक्षण कैग या भारत के नियंत्रक एवं महालेखाकार परीक्षक के द्वारा किया जाता है।
7. धारा 30 के अनुसार इस आयोग के अधीन मानव अधिकार आयोग न्यायालय स्थापित किये जाएंगें।

आयोग के क्षेत्राधिकार :

1 धारा 36 के अनुसार ऐसे मामलों में भी सुनवाई नहीं करेगा जो कि विधि द्वारा स्थापित किसी आयोग, भारत या राज्य सरकार के अधीन प्रक्रियाधीन हो।

2 इसी धारा के तहत यह आयोग सामान्यतया एक वर्ष से पुराने मामलों में सुनवाई नहीं करेगा।

3 आयोग की अपने पास एक विशेष अनुसंधान करने वाली टीम होती है और आयोग का कार्य भी अनुसंधान की प्रकृति जैसा ही है।

4 यह आयोग सिविल एवं दीवानी न्यायिक प्राधिकार ही धारण करता है, न्यायिक नहीं अर्थात् यह न्यायालयों की तरह सजा देने वाला न्यायिक आयोग नही होता है।

- राजस्थान मानव अधिकार आयोग की पहली अध्यक्ष न्यायधिश **श्रीमती कांता भटनागर** को 23 मार्च, 2000 ई. का बनाया गया जो 11 अगस्त, 2000 तक पद पर रही। वे पहली महिला अध्यक्ष थी।
- 2021 में गोपाल कृष्ण व्यास इसके अध्यक्ष है।
- आयोग का आदर्श वाक्य है- मानव अधिकार सबके लिए है। यह एक संविधानेतर एवं परामर्शदात्री संगठन है जिसे 1993 से एक सांविधिक संस्थान का दर्जा दे दिया गया है।

विविध प्रतियोगी परीक्षाओं में आए हुए महत्वपूर्ण प्रश्नोतर :

प्रश्न-1 राजस्थान राज्य मानवाधिकार आयोग का कार्यालय स्थित है
(1)अजमेर में (2)जोधपुर में (3)जयपुर में (4)बीकानेर मे
उतर- (3)

प्रश्न-2 राज्य मानवाधिकार आयोग का उल्लेख किस धारा में है

(1)21 (2) 20 (3) 45 (4)25

उतर- (1)

प्रश्न-3 राजस्थान मानवाधिकार आयोग की पहल अध्यक्ष थी

(1)कातां भटनागर (2)सरोज शर्मा (3) बी बी कौर (4) सहनवाज बानो

उतर- (1) प्रश्न-4 राज्य मानवाधिकार कितने पुराने मामलों में सुनवाई नहीं करता है

(1) एक वर्ष (2)1 माह (3) 1 दशक (4) 6 माह

उतर- (1)

प्रश्न-5 राज्य मानवाधिकार आयोग सुनवाई नहीं करता है

(1)राज्य सूची के मामलों में (2)समवर्ती सूची के मामलों में (3)संघ सूची के मामलों में (4) सभी में

उतर- (3)

19

पंचायती राज-स्थानीय प्रशासन

राजस्थान देशी राज्य में पंचायतों का स्वरूप :

भारत की आजादी से पूर्व राजपूताना रियासत में अनेक स्थानों पर पंचायतीराज प्रणाली विद्यमान थी। ज्ञातव्य है कि देशी राज्य ब्रिटिश भारत की इकाई नहीं थे, यही कारण रहा कि यहाँ पर ब्रिटिश सरकार के कानून लागू नहीं थे। इनका अपना प्रशानिक स्वरूप था। राजस्थान के एकीकरण की प्रक्रिया 1 नवंबर, 1956 को पूर्ण हुई है। इससे पूर्व **बीकानेर रियासत में 1928 में ग्राम पंचायत अधिनियम** लागू था। बीकानेर पहली रियासत है जिसमें ग्राम पंचायत को वैधानिक दर्जा देने के साक्ष्य उपलब्ध है।

स्वतंत्रता के पश्चात् **राजस्थान पंचायती राज अधिनियम, 1953** पूरे राज्य में लागू किया गया जिसके तहत संम्पूर्ण राजस्थान में ग्राम पंचायते विद्यमान थी। यह अधिनियम पूरे प्रांत में लागू था। राजस्थान लोकतांत्रिक विकेंद्रीकरण की प्रक्रिया को लागू करने वाला पहला राज्य था। ज्ञातव्य रहे कि राजस्थान पंचायती राज अधिनियम, 1953 के माध्यम से राजस्थान में ग्राम स्तर पर ग्राम पंचायते विद्यमान थी।

राजस्थान पंचायत अधिनियम, 1953 एवं **राजस्थान पंचायत समिति एवं जिला परिषद अधिनियम, 1959** के तहत राजस्थान में सितम्बर-

अक्टुबर, 1959 में प्रथम निर्वाचन सम्पन्न हुए थे। भारत के पहले प्रधानमंत्री पण्डित जवाहरलाल नेहरू ने 2 अक्टुबर, 1959 को **बगदरी गांव, नागौर से पंचायतीराज का दीप प्रज्ज्वलित किया।** अतः त्रिस्तरीय पंचायती राज राजस्थान में सर्वप्रथम लागू हुई थी। यह भी ज्ञातव्य रहे कि इससे पहले बलवंत राय मेहता समिति, 1957 ने अपनी रिपोर्ट प्रस्तुत कर दी थी। 11 अक्टुबर, 1959 को इसे स्वीकार करने वाला **दूसरा राज्य आंध्रप्रदेश था,** जहाँ शादनगर से पंचायती राज शुरू हुई। पण्डित नेहरू ने पंचायती राज को लोकतंत्र की प्रथम पाठशाला कहा है। इस समय राजस्थान में राज्यपाल सरदार गुरूमुख निहालसिंह व मुख्यमंत्री मोहनलाल सुखाडिया थे।

ज्ञातव्य है कि 1960 के मध्य तक भारत के अनेक राज्यों ने पंचायती राज अधिनियम पारित किये जिसके परिणामस्वरूप इस समय तक भारत में 2,17,000 ग्राम पंचायतों की स्थापना हुई। **राजस्थान सरकार ने अपने स्तर पर चार समितियां गठित की जिनमें सादिक अली समिति, 1964, गिरधारी लाल व्यास समिति,1973, हरलालसिंह खर्रा समिति, 1990 एवं कटारिया समिति, 2009 प्रमुख है।**

73 वें अधिनियम से पूर्व भारतीय संविधान में पंचायती राज :

मूल रूप से भारतीय संविधान के भाग-4 में अनुच्छेद 40 के अंतर्गत ग्राम पंचायतों के संगठन का और इसके लिए ऐसी शक्तियों एवं प्राधिकार के हस्तातंरण का कर्तव्य निर्धारित किया गया जिससे कि ग्राम पंचायते स्वायत इकाईयों के रूप में प्रभावी हो सके। यद्यपि राज्य का यह कर्तव्य गैर न्यायिक प्रकृति का है। राज्य के नीति निदेशक तत्वों का पालन करना राज्य की इच्छा पर निर्भर रहा है।

73 वें संविधान संशोधन अधिनियम, 1992 के द्वारा भारतीय संविधान में पंचायत शीर्षक के नाम से एक नया भाग, भाग-9 जोड़ा गया है जिसके अंतर्गत अनुच्छेद 243 व 243क से 243ण तक कुल 16 अनुच्छेद एवं 11 वी अनुसूची शामिल की गई है। पंचायती राज या ग्रामीण स्थानीय स्वशासन के लिए शासन के 29 विषयों का भी निर्धारण किया गया। इस अधिनियम में उल्लिखित किया गया कि अधिनियम लागू होने के 1

वर्ष के भीतर राज्यों को इसे लागू करना होगा। स्थानीय स्वशासन राज्य सूची का विषय है जो कि राज्य सूची में प्रविष्टि संख्या 5 पर इंद्राज या अंकित है।

पंचायती राज के संवैधानिक उपबंध :

- अनुच्छेद- 243 इस भाग में जिला, ग्राम सभा, पंचायत समिति, पंचायत, पंचायत क्षेत्र, जनसंख्या और ग्राम शब्दों इत्यादि की अर्थात् सात परिभाषाएं दी गई है।
- 243,क- ग्राम सभा, राज्य विधानमण्डल द्वारा निर्धारित ग्राम स्तर की शक्तियों का प्रयोंग करेगी।
- 243,ख-खण्ड 1 के तहत प्रत्येक राज्य में ग्राम, मध्यवर्ती एवं जिला स्तर पर पंचायतों का गठन किया जाएगा परंतु खण्ड 2 के तहत यदि किसी राज्य की जनसंख्या 20 लाख से अधिक नहीं हो तो मध्यवर्ती स्तर का गठन नहीं किया जा सकेगा।
- 243,ग- राज्य सरकार पंचायतों की संरचना संबंधी नियम बना सकेगी जिसमें समस्त राज्य में संभवतया जनसंख्या व क्षेत्र समान अनुपात में हो, सभी स्थान प्रादेशिक निर्वाचन क्षेत्रों से प्रत्यक्ष निर्वाचन से भरे जाएंगे।
- खण्ड-3 के तहत राज्य विधानमण्डल प्रतिनिधित्व के लिए यह उपबंध कर सकेगा कि
- ग्राम पंचायतों के अध्यक्ष, मध्यवर्ती पंचायतों में और यदि मध्यवर्ती स्तर नहीं हो तो जिला पंचायतों में सदस्य हो,
- मध्यवर्ती पंचायतों के अध्यक्ष, जिला पंचायतों में सदस्य हो,
- लोक सभा व विधान सभा के सदस्य जो मध्यवर्ती या जिला पंचायतों के क्षेत्र का अंशतः या पूर्णतः प्रतिनिधित्व करते हो, उनमें सदस्य हो,
- राज्य सभा व विधान परिषद के सदस्य जो मध्यवर्ती स्तर पर मतदाता के रूप में पंजीकृत हो तो मध्यवर्ती स्तर पर सदस्य हो,
- और यदि जिला स्तर पर मतदाता के रूप में पंजीकृत हो तो जिला स्तर पर सदस्य हो।

- किसी पंचायत के अध्यक्ष व सदस्य जो प्रत्यक्ष रूप से निर्वाचित हो या नहीं पंचायतों की अधिवेशनों में मत देने का अधिकार होगा।
- ग्राम स्तर पर पंचायम अध्यक्ष का निर्वाचन राज्य विधानमण्डल द्वारा निर्धारित विधि से होगा परंतु
- मध्यवर्ती एवं जिला पंचायत के अध्यक्ष का चुनाव, निर्वाचित सदस्यों द्वारा अपने में से किया जाएगा।
- 243,घ, खण्ड 1 के तहत प्रत्येक पंचायत में कुल जनसंख्या के अनुपात में अनुसूचित जातियों व जनजातियों के लिए चक्रानुक्रम में आरक्षण देय होगा।
- इस वर्ग की महिलाओं को प्रत्यक्ष निर्वाचन द्वारा भरे जाने वाले स्थानों में और पंचायतों के अध्यक्षों के लिए एक तिहाई आरक्षण जनसंख्या के अनुपात में देय होगा। खण्ड 6 के तहत पिछडे वर्गों के लिए आरक्षण का प्रावधान किया जा सकेगा। ज्ञातव्य है कि इसी के तहत अन्य पिछडा वर्ग को भी आरक्षण देय है।
- 243,ड.- पंचायतों की अवधि, यदि पहले विघटित न की गई हो तो, पहले अधिवेशन की नियत तारीख से पांच वर्ष तक होगी। विघटन के बाद 6 माह की अवधि के भीतर निर्वाचन करा लिया जाएगा, यदि शेष अवधि 6 माह से ज्यादा है तो वह उस अवधि तक बनी रहेगी परंतु यदि शेष अवधि 6 माह से कम हो तो, शेष अवधि वाले चुनाव कराना आवश्यक नहीं है।
- 243,च- किसी पंचायत के सदस्य के लिए योग्यता का निर्धारण, वह 21 वर्ष की आयु को हो और राज्य विधानमण्डल द्वारा निर्धारित योग्यता रखता हो, यदि योग्यता का प्रश्न उत्पन्न हो तो, वह प्राधिकारी निर्णय करेगा, जिसे राज्य विधानमण्डल निर्धारित करे।
- 243,छ- राज्य इस प्रकार की शक्तियां व प्राधिकार देगा जिससे वे स्वायत इकाई के रूप में कार्य कर सके और आर्थिक विकास व सामाजिक न्याय बना सके और 11 वीं अनुसूची के विषयों संबंधी नीति लागू कर सके।
- 243,ज- राज्य विधानमण्डल कर आरोपित की शक्तियां दे सकेगा, राज्य संचित निधि से अनुदान दे सकेगा।

- 243,झ- अधिनियम के लागू होने के एक वर्ष के बाद यथाशीघ्र और उसके बाद प्रत्येक 5 वर्ष की अवधि पर पंचायतों की वितीय स्थिति का पुनर्विलोकन करने के लिए एक वित आयोग का गठन किया जाएगा।
- 243,ञ- राज्य विधानमण्डल पंचायतों के लेखाओं की संपरीक्षा के लिए उपबंध करे सकेगा।
- 243,ट- खण्ड 1 के तहत पंचायतों के निर्वाचनों के अधीक्षण, निदेशन और नियंत्रण के लिए एक राज्य निर्वाचन आयोग होगा, जिसमें एक निर्वाचन आयुक्त होगा, जो कि राज्यपाल द्वारा नियुक्त किया जाएगा।
- खण्ड 2 के तहत राज्य निर्वाचन आयुक्त की सेवा की शर्ते व पदावधि ऐसी होगीं जो राज्यपाल निर्धारित करे, परंतु
- राज्य निर्वाचन आयुक्त को उसके पद से उसी रीति से और उन्हीं आधारों पर ही हटाया जाएगा, जिस रीति से और जिन आधारों पर उच्च न्यायालय के न्यायधिश को हटाया जाता है। अन्यथा नहीं। नियुक्ति के बाद कोई अलाभकारी परिवर्तन नहीं किया जाएगा।
- 243,ठ- संघ राज्य क्षेत्रों में भी ये प्रावधान लागू होंगें, 239 के तहत प्रशासक के लिए निदेश और यदि विधानसभा हो तो उसके द्वारा निर्मित विधि अथवा राष्ट्रपति, लोकअधिसूचना द्वारा निदेश दे सकेगा।
- 243,ड- अनुच्छेद 244 खण्ड 1 व 2 के अधीन अनुसूचित, क्षेत्रों में लागू नहीं होगी अर्थात् नागालैण्ड, मेघालय, मिजोरम राज्य में और
- मणिपुर राज्य के पर्वतीय क्षेत्र जहाँ जिला परिषदे हो और
- कोई उपबंध पश्चिम बंगाल के दार्जलिंग जिले की जिला स्तरीय पंचायत या पर्वतीय परिषद या दार्जलिंग गोरखा पर्वतीय परिषद पर प्रभाव डालने पर लागू नहीं होगा।
- 83 वें संशोधन अधिनियम, 2000 की कोई बात 243,घ अर्थात् अनुसूचित जातियों के आरक्षण का प्रावधान अरूणाचल प्रदेश राज्य में लागू नहीं होगा।

- 243,ढ- इस अधिनियम के लागू होने से पूर्व की विधियों का बने रहना जब तक कि विधानमण्डल कानून न बनाएं।
- 243,ण- परीसीमन के मामले को किसी न्यायालय में प्रश्नगत नहीं किया जाएगा।

राजस्थान पंचायती राज अधिनियम, 1994 :

अधिनियम के प्रावधानों के अनुसार इसे राज्यों को 1 वर्ष में लागू करना आवश्यक था इसीलिए यह अवधि पूरी होने से पहले ही राजस्थान सरकार के द्वारा राजस्थान पंचायती राज अधिनियम, 1994 को 23 अप्रैल, 1994 को लागू किया। इस अधिनियम में अब तक 1996 एवं 1999 में संशोधन किये जा चुके है। इस अधिनियम के तहत मुख्यमंत्री भैरोंसंह के नेतृत्व में कार्य व प्राधिकार पंचायती राज संस्थाओं को प्रदान किये गए है।

ग्राम पंचायत की संरचना व पदाधिकारी

1. अध्यक्ष- सरपंच, उपाध्यक्ष- उप सरपंच , सदस्य - वार्ड पंच
2. त्यागपत्र- सदस्य, अध्यक्ष व उपाध्यक्ष - खण्ड विकास अधिकारी को
3. पदेन सदस्य- नहीं
4. न्यूनतम वार्ड- 3 हजार की जनसंख्या पर 9 वार्ड और इसके आगे प्रति हजार जनसंख्या पर 2 वार्ड
5. बजट निर्माण- पंचायती समिति द्वारा
6. सर्वोच्च सरकारी पदाधिकारी- पंचायत सचिव या ग्राम विकास अधिकारी या वीडीओ
7. सामान्य बैठकों का आयोजन- 15 दिन में एक बार
8. वेतन व भत्ते-1 अप्रैल, 2022 से- 4800/ रूपये प्रतिमाह वेतन, सरपंच के लिए, 240/ रूपये प्रति बैठक भत्ता

पंचायत समिति की संरचना एवं पदाधिकारी

1. अध्यक्ष- प्रधान, उपाध्यक्ष- उपप्रधान, सदस्य - पार्षद
2. त्यागपत्र - सदस्य व उपप्रधान - प्रधान को , प्रधान- जिलाप्रमुख को
3. पदेन सदस्य- सभी पंचायतां के सरपंच, संबंधित क्षेत्र के राज्य विधानसभा के सदस्य, राज्यसभा व विधानसभा के सदस्य
4. न्यूनतम वार्ड- 1 लाख की जनसंख्या पर 15 वार्ड और इसके आगे प्रति 15 हजार जनसंख्या पर 2 वार्ड
5. बजट निर्माण- जिला परिषद द्वारा
6. सर्वोच्च सरकारी पदाधिकारी- खण्ड विकास अधिकारी बीडीओ
7. सामान्य बैठकों का आयोजन- प्रत्येक 1 माह में एक बार
8. वेतन व भत्ते-1 अप्रैल, 2022 से 8400/ रूपये प्रतिमाह वेतन, प्रधान के लिए, 420/ रूपये प्रति बैठक भत्ता

जिला परिषद की संरचना एवं पदाधिकारी

1. अध्यक्ष- जिला प्रमुख, उपाध्यक्ष- जिला उप प्रमुख , सदस्य - पार्षद
2. त्यागपत्र - सदस्य व जिला उपप्रमुख -जिला प्रमुख को, जिलाप्रमुख- संभागीय आयुक्त को
3. पदेन सदस्य- जिले की सभी पंचायत समितियों के प्रधान, जिले की लोक सभा के सदस्य
4. न्यूनतम वार्ड- 4 लाख की जनसंख्या पर 17 वार्ड और इसके आगे प्रति 1 लाख जनसंख्या पर 2 वार्ड
5. बजट निर्माण- राज्य सरकार द्वारा
6. सर्वोच्च सरकारी पदाधिकारी- मुख्य कार्यकारी अधिकारी या सीईओ
7. सामान्य बैठकों का आयोजन- प्रत्येक 3 माह में एक बार
8. वेतन व भत्ते-1 अप्रैल, 2022 से 12000/ रूपये प्रतिमाह वेतन, जिलाप्रमुख के लिए, 600/ रूपये प्रति बैठक भत्ता

वार्ड सभा का प्रावधान :
पंचायत के क्षेत्र को अनेक वार्डों में विभाजित किया जाता है। प्रत्येक वार्ड में एक वार्ड सभा होगी जिसकी प्रत्येक वित वर्ष में दो बैठके होना

आवश्यक है। परंतु यदि 1/10 सदस्य लिखित में विशेष बैठक की मांग करे तो 15 दिन के भीतर बैठक का आयोजन होगा। वार्ड सभा की बैठक की गणपूर्ति उस वार्ड की कुल सदस्य संख्या के 1/10 भाग है। संशोधन अधिनियम, 2000 के तहत पंचायत सचिव बैठक में भाग लेगा।

ग्राम सभा का प्रावधान :

ग्राम पंचायत की मतदाता सूची में सभी पंजीकृत मतदाता ग्राम सभा के पदेन सदस्य होते है। ग्राम सभा की बैठक की गणपूर्ति ग्राम पंचायत की कुल जनसंख्या का 1/10 भाग होगी। एक वित वर्ष में ग्राम सभा की 4 बैठकें आवश्यक है। परंतु 1/10 सदस्यों की लिखित मांग पर ग्राम सभा की बैठक का आयोजन 15 दिवस के भीतर ग्राम पंचायत मुख्यालय पर किया जा सकता है। सामान्यतया ये बैठके 26 जनवरी, 15 अगस्त, 2 अक्टुबर, व 1 मई की तारीख के दिन नहीं अपितु उनके 15 दिन के भीतर आयोजित की जानी चाहिए। ग्राम सभा की बैठक की अध्यक्षता सरपंच या उपसरपंच या बहुमत से चयनित प्रतिनिधि करता है। इसका सदस्य सचिव पंचायत समिति का खण्ड विकास अधिकारी या उसका प्रतिनिधि होता है।

पेसा अधिनियम, 1996 -1999

- ज्ञातव्य है कि संविधान का भाग-9 पांचवी अनुसूची के क्षेत्रों में लागू नहीं होता है। अतः संघ सरकार ने संविधान के भाग-9 को अनुसूचित क्षेत्रों में विस्तारित करने के लिए 1994 में दिलीप सिंह भूरिया की अध्यक्षता में भूरिया समिति का गठन किया। भूरिया समिति ने 1995 में अपनी रिपोर्ट प्रस्तुत की जिसके आधार पर पेसा एक्ट या अनुसूचित क्षेत्रों में पंचायतीराज विस्तार अधिनियम, 1996 लागू किया गया। इस समय यह 10 राज्यों में लागू है। सभी राज्यों में समरूपता के लिए बी डी शर्मा समिति, 2006 का गठन किया गया।
- राजस्थान सरकार के द्वारा पेसा एक्ट को लागू करने के लिए पेसा एक्ट की संख्या 40 के अनुरूप 26 जनवरी, 1999 को इसे लागू किया। राज्य सरकार ने पेसा उपांतरण अधिनियम, 2011 भी लागू किया है।

- ज्ञातव्य रहे कि पांचवी अनुसूची के तहत किसी क्षेत्र को अनुसूचित क्षेत्र घोषित करने की शक्ति भारत के राष्ट्रपति के पास होती है। वह ऐसे आदेश राज्यपाल के साथ परामर्श करके जारी करता है। 2018 के आदेश के तहत राजस्थान के कुल 8 जिलों में जिनमें डूंगरपुर, बांसवाडा, प्रतापगढ के समस्त भाग एवं पाली, उदयपुर, राजसमंद, चित्तौड, सिरोही के आंशिक भाग पेसा एक्ट में शामिल है। इन क्षेत्रों में सामान्य के अलावा विशिष्ट प्रावधान होते है।
- ज्ञातव्य रहे कि 1 अप्रैल, 1999 को ग्रामीण विकास विभाग की स्थपना की गई। 23 मार्च, 2006 को ग्रामीण विकास एवं पंचायती राज विभाग की स्थापना की गई है। राज्य में अब तक पांच वित आयोग गठित किये जा चुके है।

विविध प्रतियोगी परीक्षाओं में आए हुए महत्वपूर्ण प्रश्नोतर :

प्रश्न-1 सबसे पहले पंचायती राज किस राज्य में लागू हुई

(1)आंध्रपदेश (2)राजस्थान (3)मध्यप्रदेश (4) उतरप्रदेश

उतर- (2)

प्रश्न-2 पंचायती राज विषय है

(1)राज्य सूची का (2)संघ सूची का (3)समवर्ती का (4) अवशिष्ट का

उतर- (1)

प्रश्न-3 आरंभ में ग्राम पंचायत का उल्लेख किस अनुच्छेद में किया गया था

(1) 40 (2)243 (3)243क (4) 345

उतर- (1)

प्रश्न-4 राजस्थान में पंचायती राज का श्रीगणेश किसने किया

(1)अटल बिहारी वाजपेयी ने (2) नेहरू ने (3) गांधी ने (4) अम्बेडकर ने

उतर- (2)

प्रश्न-5 राजस्थान का वह गांव जहाँ से स्थानीय ग्रामीण स्व-शासन का डंका बजाया गया है

(1) बगदरी (2)बाजवा (3)धोरीमन्ना (4) पीपलखूंट

उतर- (1)

प्रश्न-6 दूसरा राज्य जिसने पंचायती राज को राजस्थान के 9 दिन बाद शुरू किया

(1) गुजरात (2) पंजाब (3) मध्यप्रदेश (4) आंध्रप्रदेश

उतर- (4)

प्रश्न-7 राजस्थान की रियासत जिसमें पंचायती राज को 1928 में कानूनी दर्जा दिया गया था

(1) जैसलमेर (2)बीकानेर (3)भरतपुर (4) जोधपुर

उतर- (2)

प्रश्न-8 ग्रामीण स्थानीय स्वशासन का संबंध किस अनुसूची से है

(1) 11 वीं से (2)12 वीं से (3) 8 वीं से (4) 5 वी से

उतर- (1)

प्रश्न-12 किस समिति का संबंध राजस्थान पंचायती राज से नहीं है

(1)सादिक अली समिति (2)गिरधारीलाल समिति (3)कटारिया समिति (4) अशोक मेहता समिति

उतर- (4)

प्रश्न-13 किस समिति की अनुशंसा पर पेसा एक्ट लागू हुआ

(1)भूरिया समिति (2)कटारिया समिति (3)बलवंतराय मेहता समिति (4)ककडनाथ समिति

उतर- (1)

प्रश्न-14 राजस्थान में पेसा एक्ट कब लागू हुआ

(1)1999 (2) 1998 (3)1997 (4) 1995

उतर- (1)

प्रश्न-15 पंचायती राज का प्रथम पाठशाला किसने कहा है

(1) गांधी ने (2) नेहरू ने (3)सरदार पटेल ने (4)राजीव गांधी ने

उतर- (2)

प्रश्न-16 राजस्थान में पंचायती राज के उद्घाटन के समय राज्यपाल कौन थे

(1)गुरूमुख निहाल सिंह (2)मानसिंह (3)जयसिंह (4)संपूर्णानंद

उतर- (1)

प्रश्न-17 पंचायती राज का आरंभ होने पर मुख्यमंत्री कौन थे
(1)अशोक गहलोत (2)मोहनलाल (3)टीकाराम पालिवाल (4) जयनारायण व्यास
उतर- (2)

प्रश्न-18 भूरिया समिति के अध्यक्ष कौन थे
(1)दिलीप सिंह (2)मलिकसिंह (3)रायसिंह (4)खडग सिंह
उतर- (1)

प्रश्न-19 राजस्थान में स्वतंत्रता के बाद कौनसा अधिनियम ग्रामीण स्तर पर लागू था
(1)राजस्थान ग्राम पंचायत, 1953 (2)राजस्थान ग्राम पंचायत, 1959(3) दोनों (4) कोइ नहीं
उतर- (1)

प्रश्न-20 स्थानीय स्वशासन का पिता किसे माना जाता है
(1)रिपन को (2) नेहरू को (3)मेयों को (4) गांधी को
उतर- (1)

www.ingramcontent.com/pod-product-compliance
Lightning Source LLC
LaVergne TN
LVHW041219080526
838199LV00082B/1224